KB091064

문법 문식성과 문법교육

# 문법 문식성과 문법교육

2021년 6월 28일 초판 1쇄 찍음
2021년 7월 5일 초판 1쇄 펴냄

지은이  조진수

펴낸이  윤철호·고하영
책임편집  정세민·김채린
편집  최세정·이소영·임현규·김혜림·엄귀영·정용준·한예진
디자인  김진운
본문조판  민들레
마케팅  최민규

펴낸곳  ㈜사회평론아카데미
등록번호  2013-000247(2013년 8월 23일)
전화  02-326-1545
팩스  02-326-1626
주소  03993 서울특별시 마포구 월드컵북로6길 56
이메일  academy@sapyoung.com
홈페이지  www.sapyoung.com

ⓒ 조진수, 2021

ISBN  979-11-6707-011-1 93700

# 문법 문식성과 문법교육

조진수 지음

사회평론아카데미

문법교육을 연구하면서 어떻게 하면 문법 지식을 유용하고 가치 있게 활용할 수 있을까 하는 고민을 많이 하였다. 국어 수업에서 배운 문법 지식이 삶에서 의미 있게 활용되고, 문법을 배우는 사람 역시 그러한 점을 인식할 수 있으면 좋겠다는 생각을 했다. 문법을 배우는 것이 어려울 때도 쉬울 때도 있겠지만, 조금 어렵더라도 배우고 나서 활용 가치가 크다는 것을 학생들에게 잘 알려주면 수업 시간에 학생들의 열의가 더 커지리라 생각했다.

이런 생각으로 문법 지식의 활용 사례를 모으기 시작했다. 교과서나 논문에 언급된 사례부터 신문, 책 등에 사용된 문장과 글을 수집했다. 글에 사용된 문법적 장치의 표현 효과에 대한 연구도 적지 않았고, 흥미로운 사례도 많았다. 바로 교과서에 적용해서 문법 지식의 유용성과 가치를 보여줄 만한 것들도 있었다. 하지만 무엇보다 중요한 것은 이러한 사례를 모으면서 문법 지식의 활용에 대한 몇 가지 물음이 싹트게 되었다는 점이다.

첫 번째 물음은 "문법에 주목하는 특별한 순간은 언제인가?"이다. 문법 지식을 활용한 사례들은 구체적 내용이 무엇이든 모두 문법에 주목하는 데에서 출발하고 있었다. 물론 텍스트에 사용된 혹은 사용될 문법에 주목하는 현상 자체가 새로운 것은 아니다. 언어를 메타적으로 인식하는 활동이 문법교육에서 강조되어야 한다는 논의가 이미 다양한 각도에서 이루어졌고, 문법교육 현장에서도 문법 인식이 중요하다는 생각이 보편화되어 있다. 따라서 새로움은 문법 인식 자체에 있는 것이 아니라, 문법 인식이 시작되는 순간이 언제인가를 묻는 데 있다.

문법 지식을 활용하여 텍스트를 읽거나 쓰는 사람들은 특히 어떤 순간에 문법에 주목하게 되었을까? 텍스트를 읽거나 쓰는 모든 순간마다 의식적인 노력을 들여 문법을 인식하지는 않기에 문법에 주목한 순간이 특별한 것이다. 문법 지식을 활용하기 위해서는 문법을 인식하는 활동이 전제되어야 하는데, 매 순간 의식적으로 문법에 주목하는 것이 아니라면 어떤 순간에 문법에 주목해야 하는가? 문법 지식을 활용하는 것 자체보다는 문법 지식을 유용하고 가치 있게 활용하는 데 문법교육의 목적을 둔다면, 문법에 주목하는 특별한 순간이 언제인지 밝히는 것의 필요성은 더욱 커질 것이다.

두 번째 물음은 "주목의 대상이 되는 특정한 문법적 장치는 무엇인가?"이다. 첫 번째 물음이 '특별한 순간'에 대한 것이었다면 두 번째 물음은 '특정한 대상'에 대한 것이다. 문법은 언어가 실현되는 곳이라면 어디에나 존재한다. 이러한 편재성(遍在性) 때문에 문법 인식 활동을 할 때 어떠한 문법적 장치에 특히 주목해야 하는지 판단하기 쉽지 않다. 다만 문법 지식을 유용하고 가치 있게 활용한 사례들은 단순히 모든 문법적 장치가 아닌, 텍스트에 사용되었거나 사용될 특정한 문법적 장치에 주목하고 있었다.

문법에 주목하는 특별한 순간을 묻는 첫 번째 물음과 주목의 대상이 되는 특정한 문법적 장치를 묻는 두 번째 물음은 문법 지식의 활용 사례를 모으는 과정에서 싹텄다. 이는 궁극적으로 문법 지식을 어떻게 활용할 수 있는지 이론화해야겠다는 학문적 다짐으로 이어졌다. 이 책은 이러한 두 물음이 어떤 맥락에서 제기되었고, 또 어떠한 논리로 이론화될 수 있는지에 대한 학문적 고민의 기록이다.

이러한 목적을 달성하기 위해 이 책은 문법 문식성이라는 다소 낯선 개념을 소개하고 이를 문법교육적으로 정교화하는 데 많은 장을 할애한다. 본문에서도 밝힌 바와 같이 문법 문식성은 이 책에서 처음 쓴 용어가 아니고, 남가영 선생님이 「초등학교 문법 문식성 연구의 과제와 방향」이라는 논문에서 처음 사용한 용어이다. 이 책에서는 문법 문식성이 앞서 언급한 두 가지 물음에 대해 이론적 수준의 답을 제공할 수 있는 개념이라고 보고, 체계기능언어학을 도입하여 문법 문식성을 하나의 이론으로 정립하고자 하였다. 그 결과 문법 문식성을 "체계기능언어학의 사회기호학적 문법관을 바탕으로 텍스트에 사용되었거나 사용될 특정한 문법적 장치에 주목하여 이를 구조, 기능, 장르, 이데올로기 층위에 걸쳐 분석 및 해석하는 능력"으로 개념화하고, 이를 바탕으로 문법 문식성 교육 내용을 제안하였다.

문법 문식성을 정의하고 문법 문식소를 문법 문식성 실현에 관여하는 최소 단위로 설정함으로써 문법 문식성의 작용을 문법 문식소의 설정, 분석, 해석으로 구체화할 수 있었다. 이를 통해 주목의 대상이 되는 특정한 문법적 장치를 묻는 두 번째 물음에는 문법 문식소라는 답을, 문법에 주목하는 특별한 순간을 묻는 첫 번째 물음에는 문법 문식소 설정이라는 이론적 수준의 답을 제시할 수 있게 되었다. 문법 문식소가 무엇인지, 문법 문식소 설정이 어떠한 하위 과정으로 구성되어 있는지에 대해서는 본문에서 상세히 논의하였다.

이 책은 크게 세 부분으로 나누어져 있다. 첫 번째 부분은 문법 문식성이 어떤 맥락에서 등장하게 되었는지 소개하는 Ⅰ장과 문법 문식성이 무엇인지 설명하는 Ⅱ장이다. 두 번째 부분은 학습자와 숙련자의 수행을 분석하여 문법 문식성이 실제로 어떻게 발현되는가를 다루는 Ⅲ장으로, 구성주의 근거이론이라는 방법론을 사용하여 구체적 수행 양상을 토대로 문법 문식성을 이론화하였다. 세 번째 부분은 문법 문식성이 교육 내용으로서 어떠한 성격을 갖는지를 설명하고 어떤 순서로 가르쳐야 하는지 제시한 IV장이다. IV장에서는 앞선 논의를 통해 정립된 문법 문식성 이론을 실제 교육에서 어떻게 다루어야 할지 구체적인 사례를 들어 가며 논의하였다.

이 책은 필자의 박사학위논문인 「문법 문식성 관점의 문장 구조 교육 내용 연구」를 단행본의 체제에 맞게 일부 수정하고 보완한 것이다. 딱딱한 논문의 문체를 조금 더 부드럽게 바꾸고, 가독성을 높이기 위해 너무 세분화된 내용까지 다루는 각주는 일부 삭제하였다. 각주에서 다루었던 내용 중 본문 이해에 도움이 될 만한 보충 설명 부분과 쟁점이 잘 드러나는 부분들은 조금 더 보완한 후 따로 묶어 각 장의 끝에 '더 알아보기', '쟁점 탐구'라는 이름으로 제시하였다. 문법 문식성과 관련하여 박사논문 이후에 나온 최근 연구들도 일부 소개하고 참고문헌에 추가하였다.

무엇보다 박사논문을 지도하고 심사해 주신 선생님들께 감사의 마음을 전하고 싶다. 학부 때부터 박사학위를 받기까지 은사이신 민현식 선생님께 받은 학문적 은혜는 잊을 수 없다. 강의실에서는 제자들의 작은 질문에도 늘 열정적으로 답해 주셨고, 연구실에서는 늦은 시간까지 불을 밝히시며 학자로서 교육과 연구를 어떻게 해야 하는지 몸소 보여 주셨다. 선생님을 따라갈 수는 없겠지만, 성실한 자세로 꾸준히 연구하는 것으로 선생님께 받은 학문적 은혜를 조금씩이라도 갚아 나가고자 한다.

박사논문 심사위원장을 맡아 주시고 국어문법교육 연구모임을 통해 문법교육에 대한 고민을 지속적으로 이어갈 수 있게 도와주신 구본관 선생님께도 감사드린다. 특히, 국어문법교육 연구모임에서의 발표와 토론 활동은 연구 활동을 해 나가는 데 큰 동력이 되었다. 이관규 선생님은 체계기능언어학을 기반으로 문법교육학을 이론화하는 작업이 의미 있다고 격려해 주시며 문법교육을 위해 필요한 내용이 논문에 담길 수 있도록 조언해 주셨고, 김호정 선생님은 문법 문식성이라는 개념에 적합한 연구 방법론이 사용될 수 있도록 여러 조언을 아끼지 않으셨다. 박진호 선생님은 논문에서 다룬 정보 구조에 대해 국어학적 조언을 해 주셨고, 논문에서 정확한 개념어를 사용하는 것이 중요함을 일깨워 주셨다. 선생님들의 지도와 격려, 조언에 있었기에 이 책을 낼 수 있었다.

끝으로 출판을 맡아 주신 사회평론 윤철호 사장님, 사회평론아카데미 고하영 대표님과 세부적인 내용까지 꼼꼼하게 살펴어 편집해 주신 정세민 대리님께 감사드린다. 그리고 공부하는 삶을 늘 지지해 주는 가족들에게도 고마움을 전하고 싶다.

2021년 5월

조진수

**차례**

# III 문법 문식성은 실제로 어떻게 발현되는가

# IV 문법적 안목으로 세상 보기를 위한 마중물

# V 맺음말

# 문법 문식성의 출발점

들어가며

Ⅰ장에서는 '문법 문식성'이라는 개념이 어떤 문제의식에서 출발했는지를 설명한다. 문법 문식성을 본격적으로 정의하기에 앞서, 문법 문식성이라는 개념의 맹아(萌芽)적 발상이 어떤 맥락에서 싹튼 것인지를 보여 주고자 한 것이다. 이를 위해 문법교육이 제공하는 교육적 경험을 '문법 탐구 경험'과 '문법 문식 경험'의 두 가지로 나누고, 문법의 기능성에 관해 이루어진 그간의 담론들을 세밀하게 살핀다.

더하여 Ⅰ장에서는 '문법 문식성'이라는 새로운 개념을 하나의 이론으로 정립하기 위하여 '구성주의 근거이론'이라는 방법론을 어떠한 방식으로 적용하였는지도 상세히 설명한다. 이 부분은 질적 연구를 이론화에 활용하고자 하는 독자들에게 도움이 될 것이다.

# 1. 문법교육이 제공하는 두 가지 경험

텍스트를 수용하거나 생산할 때 문장에 사용되었거나 사용될 특정한 문법적 장치에 주목하게 되는 특별한 순간이 있다. 이 순간이 특별한 이유는 문장에 사용되었거나 사용될 모든 문법적 장치에 매 순간 주목하는 것이 아니라는 데 있다. 문법적 장치에 주목하게 되는 특정한 순간이 있으며, 주목과 분석, 해석의 대상이 되는 특정한 문법적 장치가 존재한다. 그러나 어떤 상황에서 특정한 문법적 장치에 주목하게 되고, 이를 대상으로 한 분석과 해석이 어떤 기제에 의해 이루어지는지에 관한 종합적 이론 체계는 아직 정립되지 않았다. 다음 학습자의 사례에서 확인할 수 있듯이 이러한 경험은 직관적 수준에서 파편적으로 이루어지고 있으며 수행의 질도 높지 않다.

> 문장 구조에 주목해 볼 필요가 있다고 생각하는 문장은 '초등 1, 2학년에서 영어 교육을 하는 곳은 대부분 사립학교이다.'이다. … '대부분의 사립학교는 초등 1, 2학년 때 영어 교육을 시킨다.'로 문장을 바꿔 보았는데 약간의 의미의 변질이 일어나서 저절로 이 부분에 주목하게 되었다. 〔학생 글, ㉮-B-147〕

텍스트에 사용되었거나 사용될 특정한 문법적 장치에 주목하여 이를 분석하고 해석하는 경험을 문법교육의 내용으로 정립하기 위해서는, 이러한 경험의 문법교육적 위상에 대한 논의가 선행되어야 한다. 이러한 관점에 따라 이 책은 문법교육이 학습자에게 제공하는 교과 고유의 경험이 무엇인지에 대한 근본적 물음에서 출발하고자 한다. 이 물음은 문법교육학이라는 학문에 내재한 고유한 경험 구조를 묻는 것으로 이해될 수 있는데, 문법교육이 국어교육의 하위 개념이라는 점 때문에 필연적으로 국어교육 내에서 문법교육이 담당하는 역할에 대한 물음을 포함하게 된다. 따라서 문법교육학이 학습자에게 제공하는 교과 고유의 경험이 무엇인지의 문제는 문법교육이 국어교육과 어떤 관계에 놓이는지에 대한 고려(민현식, 2005: 135-136)를 바탕으로 논의되어야 한다.

그간 문법교육학에서는 문법교육 무용론에 맞선 다양한 담론적 논의[1]를 통하여 문법교육이 국어학적 지식을 요약적으로 제시하는 교과가 아니라, 학습자가 언어 주체로서 문법을 탐구하는 경험을 제공하는 교과라는 잠정적 합의에 도달하였다. 문법 탐구는 구조주의적, 기능적, 이데올로기적 언어관을 포괄하며 다층적인 국어 인식 활동으로 체계화되었고(김광해, 1992, 1997; 남가영, 2008), 문법 탐구 경험은 문법교육이 학습자에게 제공하는 교육적 경험으로서의 위상을 확립하였다.

문법 탐구가 문법교육이 제공하는 주요한 교육적 경험이라는 점은 그간의 연구와 교육적 실천을 통해 입증되어 왔지만, 그것이 유일한 교육적 경험인지는 여전히 논란의 대상이다. 문법 탐구가 교수·학습 방법 층위에 한정되는 것이 아니라 그 자체로 교육 내용임과 동시에 문법교육의 철학적 층위와 관련되는 것이라는 점(주세형, 2005ㄴ: 567)을 고려하면 문법 탐구가 문법교육학에서 갖는 위상을 축소해서는 안 되겠지만, '문법 탐구'라는 개념이 문법교육에서 이루어지는 모든 인식 활동을 포괄할 수 있

---

1　그간 문법교육에서 이루어진 담론적 논의로는 '독자론'(권재일, 1995), '통합론'(최영환, 1995), '상호보완론 및 포괄론'(이성영, 1995; 김광해, 1995, 1997), '통합적 문법교육론'(주세형, 2005ㄱ, 2014ㄴ), '신독자론'(신명선, 2006ㄱ, 2006ㄴ), '통합적 문법교육'(이관규, 2009; 민현식, 2010), '생활문법'(민현식, 2008; 민현식 외, 2016) 등이 있다. 특히, '통합적 문법교육론'과 '신독자론'의 담론 논쟁에 대한 분석으로 남가영(2007ㄴ)을 참조할 수 있다.

는지는 여전히 불분명하기 때문이다.

문법 탐구가 구조주의적 언어관뿐 아니라 기능적, 이데올로기적 언어관을 포괄하는 방식으로 체계화되는 것은 타당하다. 그러나 후자를 바탕으로 한 문법적 활동이 모두 문법 탐구로 수렴될 수 있는 것은 아니다. 즉, 기능적 차원 및 사회문화적 차원의 문법 탐구가 존재한다는 것이 해당 차원의 문법적 활동 모두가 문법 탐구에 귀속됨을 의미하는 것은 아니다.

이 책에서는 언어 주체가 텍스트에 사용되었거나 사용될 문법 장치에 주목하여 해당 문법 장치의 다층적 기능을 인식하고 이를 활용하는 독특한 경험 양식이 존재한다고 보고, 이를 '문법 문식 경험'으로 규정하여 기존에 논의된 '문법 탐구 경험'과 구분하고자 한다. 이는 문법교육이 제공하는 교육적 경험이 '문법 탐구 경험'이라는 단일한 양상으로 환원되지 않음을 의미한다.

물론 '탐구'라는 용어의 외연을 '모든 인식 활동' 혹은 '모든 학습 과정'으로 폭넓게 규정할 경우, 이를 벗어나는 인식 활동 및 학습 과정이 존재하기 어려울 수밖에 없다. 어떠한 문법적 인식 활동 및 학습 과정도 탐구의 한 양상을 가리키는 것이 되어 버리기 때문이다. 이 책에서는 '탐구'가 '모든 인식 활동'을 포괄하는 것이 아니라 '특정한 속성을 지닌 인식 활동'[쟁점 탐구 1)]을 가리키는 것이라고 보고 '문법 탐구 경험'과 '문법 문식 경험'을 구분한다.

참고로 남가영(2009: 313-314)에서도 '문법 현상을 탐구하는 과정에서 얻는 인지적이고 정의적인 경험의 가치'와 '이러한 탐색의 결과 얻은 문법지식이 학습자의 언어활동에서 어떠한 힘으로 작용하는지를 의미화하는 것'을 구분하여 각각을 문법교육의 두 축으로 설정하고, 후자에 주목하는 관점을 '문법지식의 응용화'로 명명한 바 있다. 또한 민현식 외(2016: 12)에서도 '생활문법'을 문법 탐구와 구분하면서 이를 '탐구를 통하여 드러난 지식문법을 생활 속에 적용 실천하는 것'으로 규정하고 하위 유형으로 '표현 생활문법'과 '이해 생활문법'을 제시하였다. 이 책에서 이야기하는 '문법 문식 경험'은 문법 탐구와는 구분되는 것으로 '문법지식의 응용화'나 '생활문법'에 가깝다.

이러한 관점에서 문법 탐구 경험과 구분되는 문법 문식 경험이 존재한다고 보고, 사회기호학적 문법관을 바탕으로 텍스트에 사용되었거나 사용될 특정한 문법적 장치에 주목하여 이를 구조, 기능, 장르, 이데올로기 층위에 걸쳐 분석하고 해석하는 경험 구조가 존재한다는 가설을 제안하고자 한다. 이러한 경험 구조가 텍스트에 사용되었거나 사용될 특정한 문법적 장치를 대상으로 한 일종의 문식 활동이라는 점을 고려하여 이 책에서는 이를 '문법 문식성(grammar literacy)'[2]으로 개념화한다.

문법 문식성을 개념화하는 작업은 문법교육이 제공하는 교육적 경험을 '문법 탐구'라는 단일 개념으로 환원하지 않고, '문법 탐구 경험'과 '문법 문식 경험'으로 구분하여 다각화된 문법교육적 설계를 가능하게 한다는 점에서 문법교육적 의의가 있다. 또한 문법과 문식 활동의 관련 양상을 규명함으로써 교과로서의 문법교육학이 국어교육학에서 갖는 위상을 밝힐 수 있다는 점에서도 의의를 찾을 수 있다. 이 책에서는 문법교육이 국어교육의 언어적 기반(민현식, 2005; 구본관·신명선, 2011; 고춘화, 2013; 주세형, 2014ㄴ; 제민경, 2015)으로서 그 위상을 확립해야 한다는 관점에서 논의를 전개한다.

물론 문법과 문식성의 관련성을 논의하는 자리에는 늘 문법 지식의

--------

2 '문법 문식성'은 남가영(2011)에서 처음 제안된 용어로, 남가영(2011: 101-102)에서는 '문법 문식성'의 개념화 방향으로 '문식성의 구인으로서 문법에 주목하는 방식'과 '문법에 대한 소양에 주목하는 방식'이라는 두 가지가 가능함을 지적하였다.

효용성에 대한 반론이 제기되어 왔다. 반론은 두 가지 양상을 띠는데, 하나는 전통 문법에 대한 학습이 읽기와 쓰기 능력의 향상으로 이어진다는 증거가 미약하다는 것이고, 다른 하나는 기능 문법의 경우라 할지라도 복잡한 요인이 관여하는 문식 활동에서 문법에 대한 인식이 관여하는 영역은 매우 좁다는 것(정희모, 2013: 145-147)이다.

전자는 문법의 범위를 전통 문법으로 한정하고 있다는 점에서 적절한 반론으로 보기 어려우나, 후자는 구조주의적 문법에서 기능 문법으로 문법의 외연을 확장한다 할지라도 문식 활동에서 문법이 차지하는 비중이 크지 않다는 입장을 취하고 있어 보다 중요한 문제 제기라고 볼 수 있다. 후자와 같은 반론에는 능숙한 독자 및 필자의 자연스러운 읽기와 쓰기 활동이 문법에 대한 명시적 인식을 바탕으로 수행된다고 볼 수 있는지에 대한 회의적 의문이 담겨 있다.

'문법 문식성'은 이러한 해묵은 논쟁을 극복하고 문법과 문식 활동의 생산적 관계 정립을 가능하게 하는 방향으로 개념화된다. 문법 문식성은 '언어 사용과 구성의 원리로서의 문법' 그 자체와 '문법에 대한 메타적 인식'을 구분하는 데에서 출발한다. 문법은 모든 언어활동의 기저에 작용하지만 모든 문식 활동에서 문법에 대한 명시적인 인식이 작동하는 것은 아니다. 그러나 문법에 대한 명시적인 인식이 작동하는 문식 활동 역시 존재한다.

이러한 구분은 그간 존재했던 문법과 문식 활동의 관계에 대한 오해를 일정 부분 해소하는 데 기여할 수 있다. 예컨대, 모든 문식 활동에 문법이 작용하느냐는 물음과 모든 문식 활동이 문법에 대한 인식을 바탕으로 이루어지느냐는 물음을 구분할 수 있게 된다. 첫 번째 물음의 경우 '문법'을 '언어 사용과 구성의 원리'로 본다면 모든 문식 활동의 기저에 문법이 작동한다는 대답이 가능하다. 두 번째 물음의 경우 모든 문식 활동에 '문법에 대한 메타적 인식'이 이루어지는 것은 아니라는 대답이 가능하다. 그러나 동시에 '문법에 대한 메타적 인식'이 문식 활동의 한 층위를 이루는 경우도 존재한다는 대답이 가능하다.[더 알아보기 1]

이러한 답변은 다시 두 가지 근본적인 물음을 촉발한다. 문법에 대한 메타적 인식이 문식 활동의 한 층위를 이루는 경우란 무엇인가 하는 물음과, 어떠한 경우 문식 활동에서 문법에 대한 메타적 인식이 요구되는가 하는 물음이 그것이다. 이 물음은 다시 이러한 경험이 갖는 문법교육적, 국어교육적 가치는 무엇인가라는 교육적 물음으로 이어진다.

이러한 물음에 대한 답은 '문법 문식성'의 이론화(theorizing) 작업을 통해 도출될 수 있다. 문법 문식성을 이론화하기 위해서는 연역적 차원의 개념화 작업과 특정 문법 단위 차원에서 문법 문식성의 작용 구도를 해명하는 작업이 함께 이루어져야 한다. 후자는 일종의 '중간 층위 이론'(Stern, 1983; 최영환, 1999; 주세형, 2014ㄱ), '중간 범위(mid-range) 이론'(Glaser & Strauss, 1967/이병식 외 역, 2011: 54-55; 권향원·최도림, 2011: 290)을 구성하는 작업에 해당한다.[3]

이 책에서는 '문장 구조'를 통사 구조, 논항 구조, 정보 구조를 포괄하는 광의의 개념으로 재규정하고, 사회기호학적 언어관을 바탕으로 문장 구조를 대상으로 한 문법 문식성의 수행 구도를 규명하고자 한다. 특별히 문장 구조를 대상으로 삼은 것은 문장 구조의 실현에 문장 단위 이하의 다양한 문법 항목이 관련되어 있어, 문장 구조를 대상으로 문법 문식성의

.................

3 국어교육학의 정체성 정립을 위해 중간 층위의 연구가 필요하다는 점은 최영환(1999)에서 지적되었고, 국어교육학에서의 이론화 문제는 주세형(2014ㄱ)에서 상론한 바 있다. 중간 범위 이론은 근거이론에서 생성하고자 하는 이론으로, 글레이저와 스트라우스(Glaser & Strauss, 1967: 54-55)에서는 실질적 이론과 형식적 이론 모두 중간 범위 이론이며 이러한 이론은 일상생활의 '사소한 활동 가설'과 '광대한 이론' 사이에 위치한다고 보았다.

수행 구도를 규명할 경우 파급 효과가 커 연구 대상으로 적절하다고 판단하였기 때문이다.

이러한 문제의식을 바탕으로 이 책에서는 다음과 같은 주제를 탐색한다.

첫째, 문법 문식성의 위상과 개념, 구성 요소를 밝히고, 문장 구조 차원의 문법 문식성의 작용 구도를 이론적으로 탐색한다.

둘째, 문장 구조 차원에서 이루어지는 문법 문식 활동의 양상을 규명하고, 이를 구성주의 근거이론의 관점에서 이론화한다.

셋째, 문법 문식성의 수행 구도와 국면별 지식의 성격을 고려하여 문장 구조 차원의 문법 문식성 교육 내용을 선정하고 조직한다.

## 2. 문법의 기능성에 대한 그간의 담론들

'문법 문식성'이라는 개념은 용어 차원에서는 생경하게 느껴질 수 있다. 그러나 이 개념은 그간 문법교육에서 이루어진 논의와 무관하게 외부에서 도입된 것이 아니라 문법교육의 연구사적 흐름 속에서 구성된 개념이다. 이 절에서는 연구사 검토를 통해 문법 문식성 개념이 기존 연구의 흐름과 어떤 지점에서 접맥하고 있으며 기존 논의를 어떤 차원에서 발전시킬 수 있는지를 규명함으로써, 문법 문식성 개념의 연구사적 정당성을 확보하고자 한다.

이어 문법 문식성의 작동 기제를 특정 언어 단위 수준에서 이론화하기 위해 문장 구조 관련 연구를 검토한다. 문법 문식성이라는 관점이 문장 구조의 개념을 확장적으로 수용할 것을 요구한다는 점을 고려하여 통사 구조뿐 아니라 논항 구조, 정보 구조에 대한 논의를 함께 살핀다. 이러한 작업을 통해 문법 문식성의 작용 기제를 이론화하기 위한 시작점으로 문장 구조를 선택하는 것이 어떠한 점에서 보다 유리한지를 확인하고, 문법 문식성이라는 관점이 문장 구조에 관한 문법교육 연구의 흐름을 어떻게 발전시킬 수 있는지 논의한다.

문법과 문식성의 관계에 관한 연구사적 흐름을 확인하기 위해서는 문법교육에서 논의되어 온 통합 담론과 인식 담론을 종합적으로 검토할 필요가 있다. 문법교육에서의 인식 담론은 통상 문법 탐구와 연계되어 통합 담론과 구분되는 것으로 인식되어 왔다. 그러나 언어 인식이 비판적 언어 인식과 비판적 담화 분석으로 이어진다는 점, 문법이 구조, 기능, 이데올로기 층위에서 갖는 의미가 주목받고 있다는 점에서 인식 담론은 통합적 문법교육 담론과 무관하지 않다. 다시 말해, 문법교육에서 인식 담론은 탐구뿐 아니라 통합과도 긴밀히 연결되어 있다. 따라서 통합 담론과 인식 담론의 전개 과정에 대한 종합적 검토를 통해 문법 문식성이라는 개념의 필요성과 위상을 확인할 수 있다.

우선 통합 담론은 문법과 문식성의 관계를 어떤 방식으로 설정하느냐에 따라 두 유형으로 대별된다. 이 책에서는 문법을 기능 향상의 수단으로 간주하는 관점을 '문법의 기능성에 대한 외재적 정당화'로 보고, 문법교육의 관점에서 문법 본연의 기능성에 주목하는 관점인 '문법의 기능성에 대한 내재적 정당화'와 구분한다. 그간의 연구에서도 문법교육에서 이루어진 통합 담론을 '통합론'과 '통합적 문법교육론'으로 구분한 바 있다(남가영, 2007ㄴ: 473). 이 구분에 따르면 '통합론'은 전자에, '통합적 문법교육론'은 후자에 해당한다. 단, 문법교육의 관점에서 문법 본연의 기능성에 주목하는 논의는 체계기능언어학[4]에 기반을 둔 '통합적 문법교육론'보다 그 외연이 크기 때문에 이 책에서는 선행 연구보다 포괄적인 분류 방식을 사용한다. 특히, 이 책에 담긴 주장은 문법교육이 제공하는 고유한 교육적 경험에 주목한다는 점에서 통합론이 아닌 통합적 문법교육론과 관련되기 때문에 이와 같이 통합 담론의 세부 갈래를 구분하는 작업이 필요하다.[5]

통합론의 문제는 주로 정책적 층위에서 다루어져 왔는데, 문법을 가르치는 것이 쓰기 및 읽기 능력 향상에 기여하는지에 대해 첨예한 논쟁이

.................

4 체계기능언어학의 국어교육학적, 문법교육학적 의미는 주세형(2005ㄱ, 2009, 2014ㄴ)을, 체계기능언어학에 대한 개괄적 설명은 이관규 외(2021)를 참고할 수 있다.
5 문법의 기능성에 대한 관점이 선언적으로만 제시되고 교육 내용 수준에서 체계화된 논의가 이루어지지 않아 연구사적 위상을 부여하기 어려운 사례도 존재한다. 예컨대, 고들리(Goddley, 2004: 57)는 미하일 바흐친(Mikhail Bakhtin)의 '대화적 문법교육 이론(theory of dialogic pedagogy of grammar)'이 문식력(literacy)과 문법교육 연구에서 갖는 중요성이 과소평가되어서는 안 된다고 보고 이 이론이 최근 제기된 '맥락 안에서(Weaver, 1996), 수사학적 문법(Kolln, 2002), 의미 구성 활동(Fearn & Farnan, 1998)'에도 영향을 끼쳤다고 평가한 바 있으나, 이에 대한 구체적 논의가 교육 내용 수준에서 이루어지지는 않았다.

이루어져 왔다. 그간의 연구를 종합적으로 검토하고 있는 메타연구에서도 전통 문법이나 변형생성문법 지도가 쓰기 능력 향상에 기여한다고 볼 실증적 근거가 불충분하다는 입장(Wyse, 2001; Andrews et al., 2006)과 실증적 근거가 충분하다는 입장(Hudson, 2001, 2004)이 공존한다. 그러나 중요한 것은 그간 이루어진 실증적 연구들에서 어떤 문법인지의 문제가 명료하게 논의되지 않았다는 점이다(Jones et al., 2013: 1242). 효과성 검증만이 유일한 연구 질문이어야 하는지에 대한 심각한 문제 제기(Andrews et al., 2006: 53)가 이루어지고 있는 것 역시 교육 내용이 되는 문법 지식의 성격에는 주목하지 못했던 그간의 연구 경향에 대한 반성으로 볼 수 있다.

이러한 관점에서 처방적 문법과 기술적 문법을 구분하고 후자의 관점에서 문법과 필자의 수사적 의도 간의 관련성에 주목하는 연구 성과(Kolln, 2002; Locke, 2005; Micciche, 2004; Paraskevas, 2006)를 수용하여 문법교육이 쓰기 능력 향상에 기여하는지를 실증적 방법으로 탐색하고 있는 연구(Myhill et al., 2012; Jones et al., 2013)에 주목할 필요가 있다. 이러한 연구에서 소위 '맥락화된 문법교육(contextualized grammar instruction)' 이 특히 능숙한 필자의 쓰기 능력 향상에 기여한다는 점이 확인되었다.

문법이 읽기 능력의 향상에 기여하는지의 문제에 대해서는 쓰기와 달리 별다른 논의가 이루어지지 않았다. 영국에서 '쓰기를 위한 문법(grammar for writing)'(DfEE, 2000; DfES, 2002)에 이어 '읽기를 위한 문법(grammar for reading)'(DfES, 2003)이 개발되었고 일부 연구에 의해 그 필요성이 제기된 바 있으나(Keith, 2001; Dean, 2003), 효과성에 대한 실증적 연구는 거의 이루어지지 않았다(Cajkler & Dymoke, 2005: 128).

국내에서도 외재적 관점의 통합론 관점을 지지하는 연구(이춘근·김명순, 2003ㄱ, 2003ㄴ; 이삼형 외, 2013; 이재성, 2014)와 그 효과성을 부정적으로 보는 연구(정희모, 2013)가 공존하는 실정이다. 그러나 통합론 관점에서 이루어진 일련의 연구는 효과성 입증 여부와 별개로 문법의 가치를 기능 향상의 수단으로 제한한다는 점에서 근본적인 한계를 지닌다.[6]

통합론과 달리 문법 본연의 기능성에 주목하는 연구는 앞서 지적한 바와 같이 체계기능언어학에 기반을 두고 있음을 명시적으로 밝히고 있는 통합적 문법교육론 계열의 연구와, 체계기능언어학과는 별도로 문법 본연의 기능성을 논의한 연구로 구분된다. 이와 같은 관점에서 수행된 일련의 연구들은 문법을 쓰기나 읽기 능력 향상의 도구로 간주하는 문법 외부의 관점이 아니라 문법 본연의 기능성을 규명하는 문법 내부의 관점을 취하고 있다는 점에서 통합론과 구분된다.

통합적 문법교육론이 언어관으로 채택하고 있는 체계기능언어학은 맥락을 내포 기호학 체계로 간주하는 독특한 사회기호학적 관점을 통해 '맥락'을 이데올로기, 장르, 사용역 층위로, '언어'를 의미론, 어휘문법, 음운론 층위로 분석하는 중층적 관점을 기반으로 한다(Martin, 2015). 그간 국내에서 이루어진 통합적 문법교육론 계열의 연구는 언어관 층위(주세형, 2005ㄱ, 2014ㄴ)와 장르 층위(제민경, 2014, 2015; 주세형, 2015)의 거시적 논의와, 구체적 문법 현상 층위의 연구(남가영, 2009; 주세형, 2010ㄱ, 2010ㄷ; 이관희, 2010, 2012ㄴ; 제민경, 2011, 2013; 주세형·조진수, 2014; 조진수, 2015; 조진수 외, 2015ㄴ) 등으로 나누어 살펴볼 수 있다.

주세형(2014ㄴ)은 주세형(2005ㄱ)의 '기능 중심성'을 '체계 기능 중심성'으로 재명명하여 통합적 문법교육론이 논의하는 문법 본연의 기능성이 잠재태로 존재하는 선택항 체계의 설정에서 비롯됨을 언어관 차원에

---

6 이삼형 외(2013: 22)에서는 "독서 능력을 향상시키는 데 도움이 될 수 있는 문법 지식을 음운 층위부터 담화 층위까지의 내용 요소로 추출"했음을 명시적으로 밝히고 있어 이 책의 구분 방식에 따르면 외재적 관점의 통합론에 해당한다.

서 명확히 하였다. 선택항 체계는 체계기능언어학에서 어휘문법 층위에 존재하는데, 사회기호학적 관점에서 언어의 내용 형식에 해당하기 때문에 통합적 문법교육론 계열의 모든 연구에서 핵심 기제로 작용한다.

구체적 문법 현상 층위에서 이루어진 연구들의 경우 연구에서 주목한 문법적 장치는 '-(다)는 것이다'(남가영, 2009), '-도록 하-'와 '-게 하-'(이관희, 2010), '-기로 하-'(이관희, 2012ㄴ), '전망이다'(제민경, 2011), '-었었-'과 '-ㄴ바 있-'(제민경, 2013)과 같이 다양하지만, 신문 텍스트라는 텍스트 종류에 사용된 문법적 장치에 주목했다는 점에서 일정한 경향성을 보인다. 이러한 연구 경향은 장르 문법에서 국어교육의 '실제'로서 주목하는 층위가 분류 결과로서의 '텍스트 유형'이 아니라 언어 주체가 마주하는 '텍스트 종류' 층위(제민경, 2015: 68)라는 데에서 기인한다. 즉, 그간 구체적 문법 현상 층위에서 이루어진 일련의 연구는 개별적인 문법적 장치 그 자체에 주목한 것이라기보다는 신문 텍스트라는 텍스트 종류 층위에서 장르 문법을 실체화하기 위한 논의로 볼 수 있다.

장르 문법 교육 연구는 문법관 차원에서 "기능 중심성을 중심으로 하여 통합적 문법교육론과 밀접하게 연계"된다는 점과 "'말하기에 필요한 문법', '쓰기에 필요한 문법'과 같은 좁은 의미의 영역 통합이 아니라, '언어화'라는 언어 현상을 토대로 하는 내재적 통합"을 지향한다는 점(제민경, 2015: 56)에서 통합적 문법교육론 계열의 연구에 해당한다. 장르 문법 교육은 '장르 문법'을 교육 내용 구성의 조직자로 삼아 "장르성을 인식하여 사회문화적 의미 과정에 비추어 타당한 선택항을 구성하고 자신의 의미에 맞는 언어 형식을 선택할 수 있는 능력을 목표"(제민경, 2015: 76)로 하는 문법교육을 가리킨다.

체계기능언어학 계열의 장르 이론들은 마이클 할리데이(Michael Halliday)의 체계기능언어학적 관점에 기반을 두고 장르를 사회적 과정(social process)으로 간주한다는 점에서는 동일하지만, 장르를 개념화하는 방식에서는 차이를 보인다(Cope & Kalantzis, 1993; Frankel, 2013). 체계기능언어학 계열의 장르 이론은 '장르'를 체계(system) 내에 존재하는 잠재적 선택항으로 간주하는 '장르 관계' 이론(Martin & Rose, 2008; Martin, 2014a, 2014b, 2015; Rose, 2015)과 장르를 '묘사하기, 설명하기, 지시하기, 주장하기, 서사하기' 수준의 사회적 과정으로 규정하는 장르 이론(Knapp, 1992; Kress & Knapp, 1992; Knapp & Watkins, 2005)으로 대별할 수 있다. 후자가 장르를 원형적 수준에서 정의하고 '다중 장르적 텍스트(multi-generic text)' 개념을 통해 텍스트 종류의 복합적 성격을 설명하는 데 비해, 전자는 장르를 체계 내 선택항으로 규정함으로써 텍스트 종류의 복합적 성격을 설명한다.

제민경(2014, 2015), 주세형(2015) 등에서 논의되고 있는 장르 문법은 후자의 관점을 기반으로 하고 있다. 두 관점 모두 체계기능언어학적 관점을 공유하고 텍스트 종류에 주목하고 있으며, 특히 장르 관계 이론이 장르 문법의 장르성 개념 규명에 기여할 수 있기에, 두 관점은 상호보완적 관계에 놓인다. 따라서 장르 관계에 입각한 통합적 문법교육론의 구상에 관한 논의도 요구된다.

최근에는 체계기능언어학을 텍스트 평가의 이론으로 삼는 연구(이관규, 2018), 체계기능언어학의 대인적 기능에 주목한 연구(신희성, 2019), '건의하는 글'을 대상으로 필자의 스탠스 조정과 평가어 선택 양상에 주목한 연구(박진희·주세형, 2020) 등 체계기능언어학을 바탕으로 한 문법교육적 논의가 다방면에서 이루어지고 있다. 이러한 연구들은 문법 본연의 기능성을 중시하면서 문법교육의 다양한 부면에 주목하고 있다는 점에서 통합적 문법교육론의 영역을 확장하고 있다고 볼 수 있다.

한편, 통합적 문법교육론에 기반을 두고 이루어진 연구 중 문법이 가진 기능성의 특정 부면을 개념화한 논의(이관희, 2010, 2012ㄴ; 주세형, 2010

ㄴ, 2010ㄷ; 주세형·조진수, 2014)와 통합적 문법교육론과는 다소 구분되는 이론적 기반에서 문법의 기능성을 개념화한 논의(신명선, 2002, 2008ㄴ; 오현아, 2010)에도 주목할 필요가 있다.

문법이 가진 본연의 기능성을 읽기 차원과 관련지어 개념화한 연구로 신명선(2002, 2008ㄴ), 이관희(2010, 2012ㄴ), 주세형·조진수(2014)가 있다. 신명선(2008ㄴ)은 신독자론의 관점에서 정확성, 적절성, 타당성의 층위에서 특정한 문법적 현상을 읽어 내는 활동을 '문법 읽기'로 명명하였고, 이관희(2010, 2012ㄴ)는 텍스트의 이면에 존재하는 의미 구성 자원으로서의 문법 탐구를 통해 보다 비판적이고 심층적인 읽기가 가능하다는 전제하에 '문법으로 텍스트 읽기'의 개념을 제안하였다. 주세형·조진수(2014)는 '문법으로 텍스트 읽기' 방법을 활용하여 문법을 통해 '학습자가 읽기 활동을 바탕으로 생산한 쓰기 텍스트'의 의미를 해석하는 교수·학습 구도를 제안하고 이를 '독서의 언어학'으로 개념화하였다.

문법이 가진 본연의 기능성을 쓰기 차원과 관련지어 개념화한 연구로 주세형(2007, 2008, 2010ㄴ), 오현아(2010)가 있다. 주세형(2010ㄴ)은 할리데이 이론을 바탕으로 체계 내에서의 언어 형식 선택 과정에 대한 성찰을 핵심 기제로 하여 의미 생성을 위한 문법관을 제안하며 이를 '작문의 언어학'으로 명명하였다. 오현아(2010)는 민현식(2010)의 '작문 문법' 개념을 수용하여 능동적이고 생성적 속성을 지닌 교육 문법의 한 유형으로 '표현 문법' 개념을 제안하고 표현 문법 관점에서 문장 초점화 교육 내용에 대해 논의하였다.

문법이 가진 본연의 기능성을 읽기나 쓰기 층위 중 하나와 관련지어 개념화하지 않고 포괄적으로 개념화한 연구(남가영, 2009, 2011; 제민경, 2015; 이관규, 2009, 2011; 민현식, 2008; 민현식 외, 2016)도 존재한다. 남가영(2009: 313)은 문법 지식이 학습자의 언어생활 안에서 생산적이고 전략적인 힘으로 작용할 수 있도록 문법 지식을 재기술하는 관점을 '문법 지식의 응용화'로 명명하였다. 제민경(2015)은 언어 주체(신명선, 2007, 2013ㄱ)가 자신의 언어생활 속에서 스스로 선택항을 구성하고 선택하며 언어 운용 및 구성의 원리인 문법을 향유하는 동태적 행위를 개념화하기 위하여 라슨-프리먼(Larsen-Freeman, 2003)에서 제안한 '문법하기(grammaring)'라는 용어를 장르 문법의 관점에서 재개념화하고 이를 장르 문법 교육 내용 선정의 준거 틀로 활용하였다.[7] 남가영(2011)은 문법 문식성이라는 개념을 제안하고 '문식성의 구인으로서 문법에 주목하는 방식'과 '문법에 대한 소양에 주목하는 방식'이 모두 존재함을 논의하였는데, 특히 후자의 경우 문법에 대한 메타적 인식을 강조하여 언어 인식과 비판적 언어 인식의 방향과 맞물린다는 점을 지적하였다.

이관규(2011)는 국어교육에서의 통합 유형을 '1차적 통합(듣기, 말하기, 읽기, 쓰기의 통합), 2차적 통합(문법과 언어 기능의 통합), 3차적 통합(문법, 언어 기능, 문학의 통합)'으로 구분하고 통합 논의에서 문법이 차지하는 위상을 종합적으로 검토하였다. 민현식 외(2016)는 문법교육이 '새로운 언어학적 배경을 토대로 전통적 내용인 국어 구조 지식, 국어 규범 지식 위에 새로 국어 능력 지식, 국어 문화 지식을 융합하여 생활 속에 적용, 실천하는 역동적 생활문법으로 거듭나야 한다'고 주장하며, '언어 탐구-생활 적용'의 단계로 이루어지는 '생활문법' 개념을 제안하였다. 이 책의 관점에 따르면 생활문법은 문법 탐구와 문법 문식 활동을 포괄하는 개념에 해당한다.

구본관(2009, 2016)은 문법교육의 배경이 되는 학문의 패러다임 변화에 주목하며 문법교육의 방향을 제시한 거시적 연구이다. 특히, 구본관

---

7  '문법하기'라는 용어는 남가영(2008)에서도 사용된 바 있다. 남가영(2008: 50-51)에서는 '문법 탐구 경험'이 문법적으로 사고하는 경험인 동시에 문법을 문법답게 다루어 보는 경험이라는 점에서 이를 일종의 '문법하기'라고 보았다.

(2016)에서는 현 상황을 문법교육이 특정 문법학 이론이 아니라 다양한 문법학 이론의 영향을 받고 문법학보다 문법교육에 더 많은 초점이 주어진 '탈문법학 시대'로 규정하고, 언어의 기능과 다양한 장르에 나타나는 문법 관습에 주목하는 경향이 문법교육에 나타난다는 점을 지적한 바 있다.

문법의 기능성에 대한 그간의 연구를 살펴보면, 문법 본연의 기능성에 주목하고 이를 사회적 과정으로서의 장르 개념과 연계하여 교육 내용을 구축하려는 일정한 방향성이 포착된다. 이러한 과정에서 문법 본연의 기능성을 드러내기 위한 다양한 개념이 제안되었고, 이러한 개념들은 문법교육의 지평을 넓히는 데 기여해 왔다. 그러나 '텍스트로 문법 읽기, 문법 읽기, 독서의 언어학, 작문의 언어학, 표현 문법'과 같은 용어는 문법 본연의 기능성 중 특정 부면을 초점화하고 있어 기능성 전반을 포괄하지 못한다는 한계를 지닌다. 장르 문법은 장르 층위를 거점으로 언어화 전반을 포괄하는 용어지만 체계기능언어학에서 맥락을 '이데올로기,[8] 장르, 사용역' 층위로 다층화한다는 점을 고려할 때 특정 층위에만 주목했다는 한계를 지닌다. 또한 문법하기는 문법 탐구 논의에서도 활용되는 개념으로 문법교육 내용의 전반을 포괄한다는 점에서 너무 광범위한 개념역을 지니고 있다. 생활문법은 문법 탐구와 언어 적용을 포괄하는 거시적인 개

---

8  비판적 담화 분석 연구는 체계기능언어학 등 기능 문법을 분석 도구로 활용한다는 점에서 이데올로기 층위의 문제를 다루는 데 유용하다. 그러나 문법교육을 목적으로 삼는 것이 아니라 담화 분석을 통해 사회학적 이론을 구축하는 것을 목적으로 삼고 있기 때문에 문법의 기능성에 관한 연구사에서는 본격적으로 다루지 않았다. 이 책에서는 비판적 담화 분석의 연구 성과를 그대로 수용하는 방식을 취하지 않고, 문법 문식성 교육의 틀에서 재해석하여 활용하는 방식을 취한다. 예컨대, 비판적 담화 분석에서 사회적 행위 분석에 사용되는 기능화, 자연화, 상징화와 같은 기법을 '사회학적 문법(sociological grammar)'(van Leeuwen, 1995: 82)으로 명명한 바 있는데, 이는 문법이 이데올로기 층위에서 작용하는 양상을 가리키는 것으로 맥락을 다층적으로 재개념화한 사회기호학적 문법관의 체계 내에서 이해 가능하다. 따라서 이 책에서는 해당 개념을 그대로 사용하지 않고 사회기호학적 문법관을 수용한 문법 문식성 교육의 체계 내에서 재해석하여 활용한다.

넘이기 때문에, 문법 탐구를 제외한 언어 적용 부문에 대한 문법교육적 이론화 작업이 지속적으로 이어져야 함을 시사한다. 이러한 점을 고려할 때, 문법의 기능성에 대한 그간의 연구 성과를 종합하여 문법 본연의 기능성이 가진 다면적이고 다층적인 성격을 포괄적으로 규정하는 개념의 정립과 구체적 교육 내용의 마련이 요구된다.

문장 구조 교육에 관한 연구사 기술은 문장 구조의 개념 규정을 선결 과제로 요구하지만, 문장 구조의 개념 자체가 문장 구조 교육에 관한 관점과 관련을 맺으며 연구사의 흐름 속에서 달리 규정되어 왔기 때문에 문장 구조의 개념을 연구사와 무관하게 규정하는 것은 적절하지 않다. 따라서 이 책에서는 문장 구조 교육에 관한 관점의 형성과 변화에 따라 문장 구조의 개념이 어떻게 변화해 왔는지를 살피는 방식으로 연구사를 기술한다.

문장 구조 교육에 관한 연구사는 '문장 구조 연구와 문장 구조 교육 연구가 분리되기 이전 시기' 그리고 '문장 구조 연구와 별도로 문장 구조 교육에 관한 독자적 연구가 이루어진 시기'로 대별된다. 전자의 경우 문장 구조에 관한 국어학적 관점의 연구 성과가 국어 교과에 그대로 수용되어 왔다. 학교 문법 통일안에 따른 교과서 개발을 기점으로 그 이전에는 문장 구조에 대한 다양한 문법적 논의가 교육 내용에 포함되었고 그 이후에는 통일안에 따른 합의된 문장 구조에 관한 문법적 논의가 교육 내용이 된 것이다.[9]

문장 구조 교육에 관한 본격적 논의는 문법 탐구와 통합적 관점의 두 차원에서 시작된다. 김광해(1992, 1997)에서 제안한 문법 탐구는 문장 구조에 관한 국어학적 논쟁을 '합의'를 통해 단일화한 기존의 방식을 지양

..............
9   학교 문법에 대한 사적 고찰은 남기심·고영근(1993), 왕문용·민현식(1993), 민현식(1999), 고영근(2001), 이관규(2002, 2008), 왕문용(2005), 주세형(2005ㄱ) 등을 참조할 수 있다.

하고, 학술적 논쟁을 학습자의 탐구 주제로 재맥락화하는 방식을 지향하였다. 예컨대, 종속절과 부사절의 관계 문제(이익섭, 2000, 2003; 민현식, 2002; 고영근, 2004), '에, 로'와 교체되는 '을/를'(홍윤표, 1978; 임동훈, 2017)과 같은 국어학적 논쟁은 탐구 주제화되어 해당 주제가 가진 논쟁적 속성이 유지된 상태로 교육 내용화되었다.[10]

문장 구조에 관한 통합적 관점은 앞서 문법의 기능성에 관한 연구사에서 언급한 바와 같이 외재적 관점과 내재적 관점으로 구분하여 살필 수 있다. 문법 교과에서의 문장 구조 교육이 읽기, 쓰기 능력 향상에 기여할 수 있다고 보는 외재적 통합론 논의로는 이춘근·김명순(2003ㄱ, 2003ㄴ), 정미숙(2006), 황재웅(2007), 이재성(2014) 등이 있다. 이춘근 외(2003ㄴ)는 문장 사용 능력 발달이라는 외재적 목적 달성을 위한 문장 구조 교육이 필요하다고 보고, '주어, 서술어', '주어, 보어, 서술어', '주어, 목적어, 서술어', '주어, 목적어, 보어, 서술어'의 네 개 문형을 기본으로 삼고 '(독립어), 주어…(보어)…(목적어)…(보어)…서술어'를 통합 문형으로 삼는 문형 교육 내용을 제안하였다. 그러나 이 논의는 문장 구조를 문형으로 협소하게 규정하였고, 교육 내용으로 제시한 항목도 전통적 문형 교육의 범위를 크게 벗어나지 못하였다는 한계를 지닌다. 또한 문형 지도 단계로 '단순 구조-복잡 구조-비전형 구조'를 제안하였는데, 의미역을 고려하여 비전형 구조를 설정하였음에도 불구하고 의미역을 교육 내용 조직의 고려 사항으로만 다루어서 이를 학습자에게 제공되는 문장 구조 교육 내용에 적극적으로 포함시키지 못하였다. 이러한 문제는 동일한 관점에서 문장

---

10   문장 구조에 관한 이론적 쟁점을 어떻게 기술할지의 문제는 최근 교육 문법, 이론 문법, 생활 문법에 기준을 제공하는 참조 문법(reference grammar)의 성격을 갖춘 표준 문법(유현경 외, 2015; 구본관 외, 2015) 논의에서도 이어지고 있다.

성분을 다룬 이춘근·김명순(2003ㄱ)에서도 반복적으로 나타난다.

황재웅(2007)은 관점 층위에서 체계기능언어학을 표방하면서도 실제로는 내재적 관점이 아닌 외재적 관점에서 논의하고 있으며, 교육 내용 차원에서도 전통적인 문형 이론을 활용하여 '필수 성분으로 된 단일문 쓰기, 확장된 단일문 쓰기, 접속문 쓰기'와 같은 단계로 교육 내용을 제안했다는 한계를 보인다. 이는 체계기능언어학이 맥락과 언어를 각각 내용 형식과 표현 형식으로 간주하는 사회기호학적 관점을 수용하고 있다는 점을 인식하지 못하여 문장 구조라는 언어 형식이 사태와 맺는 접면을 교육 내용으로 다루지 못했기 때문에 발생한 문제로 볼 수 있다.

내재적 통합론 관점에 선 논의는 문장 구조가 가진 본연의 기능성을 분명한 이론적 관점에 입각하여 설명하고 이를 교육 내용으로 구성한다는 점에서 외재적 통합론 논의와 구분된다. 이러한 논의는 문장 구조가 지닌 기능성에 주목하여 교육 내용을 설계하기 때문에 문장 구조의 범위를 통사 구조에 제한하지 않고 논항 구조, 정보 구조로 확장하는 경향을 보인다. 문장 구조를 기능적 관점에서 접근한 연구로는 이용주(1993), 이상태(2002), 주세형(2005ㄷ, 2007, 2010ㄴ)을 들 수 있다.

이용주(1993)는 문장 구조 교육에 국한된 논의는 아니지만, '선택'이라는 개념을 통해 문장의 구성이 발신자가 표현하려는 심리 내용에 달려 있음을 지적하였다. 비록 본격적인 문장 구조 교육의 설계까지 나아가지는 못하였으나 문장 구조의 기능성을 발신자의 선택이라는 관점에서 설명하고자 했다는 점에서 의의가 있다.

이상태(2002)는 기능주의 통사론을 수용하여 한국어 문장의 층위가 '명제절, 시제절, 양상절, 의향문'으로 이루어진다고 보고, 사태가 언어로 표현될 때 '(상황어)-(주제어)-명제절(-접속입겿-명제절)-시제소-양상소-의향소'의 순서로 나타난다고 주장하였다. 그의 논의는 기능주의 통사론의 관점에서 문장 구조를 분석하고 이를 토대로 교육문법의 체계화를 시도했다는 점에서 의의가 있으나, 사태의 언어화 과정과 실현된 문장의 구조 분석 과정을 엄밀히 구분하지 못했다는 점에서 한계를 지닌다. 이로 인해 그의 논의에서 사태의 언어화 과정은 복합적 관여 요인과 연계되지 못하고 문장의 구조와 단선적으로 연결되는 문제가 나타난다.

주세형(2005ㄷ, 2007, 2010ㄴ)은 체계기능언어학과 정보 구조 관점에서 문장의 개념을 정립하고 이를 바탕으로 문장 구조에 대한 대안적 교육 내용을 제안하고 있다는 점에서 주목할 수 있다. 특히, 주세형(2007)은 문장의 외부를 점검할 수 있는 능력을 '문장의 확장적 생성 국면'과 '맥락 정보 반영 국면'으로 구분하고 이를 체계기능언어학의 관념적 기능, 상호작용적 기능, 텍스트적 기능과 관련지어 교육 내용을 체계화하였다. 그의 논의는 문장 구조를 통사 구조로 한정하지 않고 정보 구조 층위까지 고려하면서 동시에 문장 구조와 맥락과의 접면을 고려했다는 점에서 통합적 문법교육의 관점에서 문장 구조 교육의 방향을 체계화했다는 의의를 지니며 이 책과도 맥을 같이 한다.

최근 문법교육에서는 문장 구조를 다층적, 다면적 관점에서 접근하는 경향이 나타난다. 이러한 연구로는 오현아(2010, 2016ㄴ), 이지수(2010), 이지수·정희창(2015), 조진수(2013, 2015), 임지룡 외(2014), 구본관 외(2015) 등이 있다.

오현아(2010)는 정보 구조 층위의 개념인 초점을 다루는 동시에 명제적 도식 표상을 활용하여 의미역 층위와 통사 구조 층위를 연계하여 교육 내용을 구성하였고, 오현아(2016ㄴ)는 서술어의 자릿수를 중심으로 '자동사, 타동사, 필수적 부사어, 보어, 능격동사, 기본 문형, 서술어의 항가 변화, 능동과 피동, 주동과 사동'을 연계하여 교육 내용을 설계할 수 있음을 제안하였다. 이지수(2010)는 문장을 텍스트 속 정보 구조물로 보았다는 점에서 문장 구조 교육에 관한 다충적 관점을 보여 주고 있으며, 이지수·정희창(2015)은 문장 성분 교수를 위한 문법 교과 내용 지식에 대해 논의하면서 문장 성분과 문장 구조의 연관성 이해를 중요한 교육 방향으로 제시했다는 점에서 문장 구조 교육에 관한 다면적 관점을 보여 준다.

조진수(2013)는 정보 구조를 문장 확대의 관여 요인으로 보고 교육 내용을 설계하였으나 논항 구조를 문장 구조의 하나로 다루지 않아 사태의 명제화 과정을 다루지 못했다는 한계를 지닌다. 조진수(2015)는 체계기능언어학과 정보 구조 이론을 기반으로 '구조-기능-장르 및 이데올로기' 층위를 포괄하는 다충적 문장 확대 교육 내용을 설계하였다는 점에서 의의가 있으나, 여전히 논항 구조를 다루지 않아 사태의 명제화 과정을 다루지 못하였고 교육 내용에서 장르와 이데올로기의 역할 구분이 명료하지 못했다는 점에서 한계를 지닌다.

임지룡 외(2014)는 인지언어학을 기반으로 국어의 기본 문형을 분석하고 교육 내용을 제안하였는데, 사건도식과 의미역 이론을 활용하고 있어 체계기능언어학과는 다른 관점에서 다충적인 문장 구조 교육을 설계한 것으로 평가할 수 있다. 구본관 외(2015)는 표준 문법을 지향하는 동시에 학교 문법의 성격도 가진 연구로, 문장 구조를 설명하면서 '서술어를 중심으로 파악한 통사 구조'와 '정보 전달 방식을 중심으로 파악한 정보 구조'를 구분함으로써 문장 구조를 통사 구조와 정보 구조를 포괄하는 개념으로 설정하고 있다는 점에서 주목할 수 있다.

이상에서 살펴본 바와 같이 최근 이루어지고 있는 문장 구조 교육 연구는 문장 구조를 통사 구조에 한정하지 않고 논항 구조, 정보 구조를 함께 고려하고자 한다는 점에서 다충적 성격을 띠고, 문장 구조를 복문의 하위 유형 분류에 한정하지 않고 단문의 구조, 구문 등을 포함하여 복합적인 교육 내용 설계를 시도하고 있다는 점에서 다면적 성격을 띤다.

# 3. 문법 문식성의 이론화를 위한 연구 설계

이 책은 문법 문식성을 개념화하고 구성주의 근거이론을 통해 문장 구조 차원의 문법 문식성 수행 구도를 이론화하여 교육 내용을 도출하는 것을 목적으로 한다. 연구 목적 달성을 위해 (1) 문법 문식성의 개념화, (2) 문장 구조 차원의 문법 문식성 분석을 위한 개념 틀 구축, (3) 문장 구조에 대한 숙련자 및 학습자의 문법 문식 활동 양상 규명 및 이론화, (4) 학습자의 문법 지식 재구성 양상 분석의 네 단계를 거치며, 이를 토대로 문법 문식성 관점의 문장 구조 교육 내용을 선정하고 조직한다.

우선 '(1) 문법 문식성의 개념화'와 '(2) 문장 구조 차원의 문법 문식성 분석을 위한 개념 틀 구축'은 문헌 연구를 통해 이루어진다.[11] 문헌 연구에서는 문법과 문식성의 관계에 대해 문법교육 영역에서 이루어진 연구와 언어학 영역에서 이루어진 연구를 종합적으로 고찰하여, 문법 문식성이라는 개념 설정의 필요성과 개념의 구성 요소, 문법교육적 위상을 정립한다.

국내 문법교육 영역의 연구와 관련하여서는 문법 문식성 유관 개념으로 볼 수 있는 '통합적 문법교육론, 문법 읽기, 독서의 언어학, 문법으로 텍스트 읽기, 표현 문법, 작문의 언어학, 장르 문법, 문법 인식, 언어 인식 및 비판적 언어 인식' 등의 논의를 검토하여 문법 문식성 개념화의 시사점을 도출하고, 동시에 이러한 유관 개념들과 문법 문식성과의 차이점을

--------

11 연구의 개념 틀을 다루는 논의에서 문헌 고찰이라는 용어가 위험하게 오도될 수 있다는 지적도 존재한다. 이 책에서는 개념 틀 구축을 위한 문헌 고찰이 선행 연구를 단순히 기술하는 것이 아니라 비평하는 것이고 기존의 이론이나 연구에서 사용 가능한 '모듈'을 검토하는 것(Maxwell, 2005/이명선 외 역, 2009: 40-42)이라는 지적에 동의하면서도 이를 문헌 고찰로 명명할 수 있다는 입장을 취한다. 연구의 개념 틀 구축을 위한 문헌 검토 역시 문헌 고찰의 한 방식이며, 문제는 문헌 고찰이라는 명명 자체가 아니라 문헌 고찰의 방식에 있다고 보기 때문이다.

규명한다. 또한 문법과 문식성의 관계에 대한 국내 문법교육 논의에 큰 영향을 준 체계기능언어학 계열의 국외 논의도 함께 검토한다.[더 알아보기 2]

더불어 남가영(2011)에서 제시된 문법 문식성의 두 가지 개념화 방식과 이 책에서의 개념화 방식 간의 공통점과 차이점을 명시화하고, 국외 연구에서 제안된 '언어학적 문식성(linguistic literacy)'(Ravid & Tolchinsky, 2002) 개념과 이 책의 문법 문식성 개념도 비교한다. 또한 문법과 읽기, 문법과 쓰기의 관계에 대한 국외 논쟁사를 검토하고 문법 문식성 개념이 이러한 논쟁을 생산적으로 극복할 수 있음을 확인한다.

'(3) 문장 구조에 대한 숙련자 및 학습자의 문법 문식 활동 양상 규명 및 이론화'는 구성주의 근거이론(constructivist grounded theory)을 바탕으로 이루어진다. 이와 같은 연구 방법론의 선택은 질적 연구 방법론으로서 근거이론이 다른 질적 방법론과 구분되는 특성이 무엇인지의 문제와 근거이론의 연구 방법론 중 특히 구성주의 근거이론이 다른 근거이론적 접근과 어떠한 점에서 변별되는지에 대한 해명을 요구한다. 그와 동시에 구성주의 근거이론이 연구 방법론으로서 갖는 이러한 특성이 어떤 점에서 이 책의 목적 및 내용에 잘 부합하는지에 대한 설명을 요구한다.

근거이론은 이론 생산을 목적으로 한다는 점에서 연구 대상에 대한 심층적 이해와 기술을 목적으로 하는 경향(권향원·최도림, 2011: 277-278)을 지닌 다른 질적 연구 방법과 구분된다. 이 책은 문법 문식성 작동 구도를 중간 범위 수준에서 이론화하는 것을 목적으로 하기 때문에 근거이론을 연구 방법으로 선택하였다.

특히 이 책에서 사용한 구성주의 근거이론은 자료를 연구자로부터 분리된 것으로 간주하지 않는다는 점에서 실증주의 전통에 입각한 객관적 근거이론과 구분된다(Charmaz, 2006). 캐슬린 차마즈(Kathleen Charmaz)가 제안한 구성주의 근거이론(Charmaz, 2006, 2009, 2012; Bryant & Charmaz, 2007)은 실증주의와 결별하고 해석적 전통에 기반을 두고 있다는 점에서 스트라우스와 코빈(Strauss & Corbin, 1990)과 일정 부분 관점을 공유하지만 현상에 대한 유일한 핵심 범주 체계를 찾아내려고 하지 않는다는 점에서 다른 근거이론 접근과 구분된다. 이 책은 문법 문식 활동에 대한 절대적 이론 체계를 수립하는 것이 아니라, 연구 과정에 대한 연구자의 반영성(reflexivity)[쟁점 탐구 2]을 수용하면서 연구의 맥락에서 구축 가능한 이론을 생성해 내는 데 목적이 있기 때문에 구성주의 근거이론을 연구 방법론으로 선택하였다.

또한 구성주의 근거이론은 패러다임 모형과 같이 도식화된 해석의 틀을 강요하지 않는다는 점에서 보다 유연한 특성을 지니고 있다. 최근 근거이론을 적용한 연구에서 스트라우스와 코빈(1990)의 패러다임 모형이 많이 사용되고 있으나, 이 모형이 갖는 '강제적 도식성'과 '과다한 형식주의'에 대한 비판(Melia, 1996; Charmaz, 2006; Kelle, 2007; 권향원, 2016)의 목소리도 높다.

근거이론 내에서도 특히 구성주의 근거이론을 택한 것은 이 책에서 규명하고자 하는 문법 문식 활동이라는 경험 양상이 '인과 관계의 이론 구조'보다는 '개념의 속성과 경험의 단계에 대한 이론 구조'에 더 부합한다고 보았기 때문이다. 근거이론의 이론적 기여는 '기존의 이론적 개념들이 잘 포착하지 못했던 현상에 대한 새로운 개념적 범주의 제시'와 '이론을 구성하는 개념들 간의 관계 구조의 구성, 변동, 정교화'의 두 차원에서 이루어지는데, 전자를 '개념적 이론화', 후자를 '관계적 이론화'라고 명명할 수 있다(권향원·최도림, 2011: 281-282; 권향원, 2016: 192-193). 후자는 중심 현상에 관한 인과적, 맥락적 조건을 규명하는 인과 관계 이론 구조나 사건의 연쇄 구조를 밝히는 과정적 이론 구조를 띤다(권향원, 2016: 193-196).

이 책의 논의는 문법 문식성이라는 개념의 속성을 규명하고 문법 문식 활동의 단계에 따른 경험 양상을 규명한다는 점에서 '개념적 이론화'의 속성과 '과정이론' 또는 '메커니즘 연구'의 속성을 모두 가지고 있다. 따라서 중심 현상에 대한 인과적 조건, 맥락적 속성, 중재적 조건, 작용-상호작용 전략 그리고 결과를 해석적 틀로 활용하는 패러다임 모형을 사용할 경우 이 책에서 주목하는 대상인 문법 문식 활동의 단계별 경험 양상 규명에 초점을 맞추기 어려울 수 있다. 이런 이유로 이 책에서는 구성주의 근거이론을 방법론으로 삼아 문법 문식성이라는 개념의 속성에 관한 이론 구조와 문법 문식 활동에 나타나는 경험 간의 관계에 관한 이론 구조를 규명하고자 하였다.

'(4) 학습자의 문법 지식 재구성 양상'은 학습자의 문장 구조 선택항 체계에 대한 네트워크 분석을 통해 확인하였다. '원문에 존재하는 문장 구조'와 '학습자가 다시 쓰기를 통해 구성한 문장 구조'를 실현태와 잠재태로 간주할 수 있다고 보고 각 문장 구조를 노드로 하는 관계 자료를 구축한 후, 네트워크 분석 도구인 UCINET(ver. 6)을 활용하여 학습자의 문법 지식 재구성 양상을 분석하였다.

연구 자료는 학습자의 문법 문식 활동 양상을 파악하기 위한 자료와 숙련자의 문법 문식 활동 양상을 파악하기 위한 자료로 구분된다. 전자의 경우 국민공통 기본 교육과정과 고등학교 1학년 단계에서 제공되는 국어교과 학습 과정을 이수한 고등학교 2학년 이상의 학습자를 대상으로 하였다. 학습자의 문법 문식 활동 양상을 파악하기 위해 다음의 두 가지 방법을 고려할 수 있다. 하나는 고등학교 1학년 단계까지 제공된 학교 문법의 내용을 학습한 현재의 상태에서 추가적인 교육 내용을 제공하지 않고 고안된 과제를 수행하게 하는 것이고, 다른 하나는 추가적인 교육을 제공한 후 과제를 수행하게 하는 것이다. 전자는 학습자의 수행이 현행 학교 문법의 범위를 기반으로 이루어질 수 있다는 제약이 있고, 후자는 산출된 수행 양상이 투입된 교육 내용의 영향을 받으므로 투입할 교육 내용의 정당화가 선결 과제로 요구된다는 문제가 있다.

이 책에서는 국민공통 기본 교육과정과 고등학교 1학년 단계에서 제공되는 국어 교과 학습 과정을 이수한 학습자의 특성상 별도의 교육 내용을 제공하지 않는 것이 문법 문식 활동의 한계와 맹아적 양상을 동시에 확인하는 방식이라고 판단하여 전자의 방식을 선택하였다. 학습자들이 현행 학교 문법의 문법 범주 구획에 의존하여 과제를 수행할 것으로 예상되지만 이는 제한적 수행 양상을 드러낸다는 점에서 그 자체로 의의가 있다. 또한 학교 문법에 구조주의적 문법 지식뿐 아니라 기능주의 관점의 문법 지식도 포함되어 있어 학습자들이 일정 수준의 문법적 자원을 활용할 수 있을 것으로 판단되기 때문이다.[12] 또한 학습자들이 메타적 인식을 하지 못하더라도 모어 화자로서 가진 직관에 따라 문장 다시 쓰기를 할 경우, 숙련자 양상의 맹아적 형태를 확인할 수 있을 뿐 아니라 수행과 인식 간 비교를 통해 유의미한 논의점을 끌어낼 수 있다.

A 고등학교 자료를 대상으로 한 코딩 결과를 기반으로 B 고등학교의 자료도 분석함으로써 새롭게 추가된 코드 및 기존 자료에서와 동일하게 나타나는 코드를 확인하였다. 이론적 포화는 새롭고 이질적인 표본 분석을 통해서도 새로운 범주가 출현하지 않는 상태를 가리키는데, 이 책에서는 국가수준 학업성취도 평가에 따른 보통학력 이상 학생 비중을 기준으로 표본에 변화를 주었다. 이를 통해 두 표본이 공통점을 가지는 동시에 이질성도 가질 수 있도록 설계하였다.

학습자의 문법 문식 활동 양상은 문장 구조를 대상으로 한 문법 문식

--------

12  학교 문법이 기능주의 문법 관점에서 문제가 되는 부분은 기능적 문법 지식의 양과 교육 내용 조직의 체계성, 조망적 관점의 부재 등이지 관련 문법 지식 자체의 부재가 아니다.

활동 수행 및 성찰지를 통해 확인하였다. 근거이론은 주로 연구 참여자에 대한 인터뷰 자료를 활용하기 때문에 이 책에서 이와 같은 자료를 활용하는 것이 연구 방법론 차원에서 타당한지에 대한 설명이 필요하다. 구성주의 근거이론을 제안한 차마즈는 근거이론이 오로지 인터뷰 방법으로 수행되어야 하는지에 의문을 제기하고, '자료 수집 방법은 연구 질문으로부터 나온다'는 기본적인 학문적 가정을 바탕으로 연구 자료의 종류가 연구 질문에 따라 달리 설정될 수 있음을 지적하였다. 그녀는 과학의 역사를 공부하는 근거이론가들의 경우 주요 자료원으로 문서를 사용한다는 점(Bowker & Star, 1999; Clarke, 1998; Star, 1989; Star & Griesemer, 1989)을 들어 이러한 주장을 뒷받침한다(Charmaz, 2009: 157-158).

문장 구조 차원에서 이루어지는 학습자의 문법 문식 활동 양상은 학습자가 어떠한 문법적 장치에 주목하여 어떠한 대안적 문장 구조를 고려하면서 표현 의도를 재구성하는지 등을 확인해야 하기 때문에 학습자가 직접 대안적 문장 구조를 작성한 자료가 필수적으로 요구된다. 연구 문제의 성격상 학습자가 숙고하여 대안적 문장 구조를 떠올려 기록한 후 그 숙고의 과정을 즉각 기록할 것이 요구되기 때문에 우리는 표 1-1과 같은 요소가 포함된 활동 수행 및 성찰지를 활용하였다.

표 1-1. 문법 문식 활동 수행 및 성찰지 구성 요소

| 수행 요소 | • 문장 구조 바꾸어 문장 다시 쓰기[13]<br>• 텍스트에 사용된 문장 중 문장 구조 차원에서 주목할 만한 문장 선택하기 |
|---|---|
| 성찰 요소 | • 원 텍스트에 사용된 문장 구조의 표현 의도 파악하기<br>• 다시 쓰기 결과 산출된 문장의 구조에 대해 설명하기<br>• 특정 문장을 문장 구조 차원에서 주목한 이유 설명하기<br>• 활동 과정에서 어려웠던 점 서술하기 |

학습자에게 제공하는 문법 문식 활동 수행지는 이 책에서 정립한 문장 구조의 다층성과 작용 구도를 고려하여 설계하였고, 결과뿐 아니라 그러한 결과에 도달하기까지 문장 구조에 관한 문법 지식이 어떤 방식으로 동원되었는지를 성찰지에 기록할 수 있도록 구성하였다.

문장 구조에 대한 분석은 탈맥락적으로 제시된 문장이 아니라 텍스트 내에 존재하는 문장을 대상으로 이루어진다. 따라서 학습자에게 어떤 텍스트를 제공할지에 대한 선택이 요구된다. 문법 문식 활동이 특정 텍스트에 한정하여 이루어지는 것은 아니지만 존재하는 모든 텍스트 종류를 활동 수행지에서 사용할 수는 없기 때문에, 학습자의 문법 문식 활동 양상 확인이라는 연구 목적을 고려하여 텍스트 종류를 선정할 필요가 있다. 텍스트 종류를 선정하는 데는 텍스트의 목적, 화제, 양식, 문장 구조와의 관련성, 학습자 친숙성을 고려하였다.

텍스트의 목적 측면에서는 논의의 범위를 설득 텍스트와 설명 텍스트로 한정하였다. 그런데 설득과 설명은 원형 장르에 해당하는 큰 범주이기 때문에 활동지에서 다룰 텍스트 종류를 한정하기 위해서는 추가적인 기준이 요구된다. 이때 특정 텍스트 종류가 갖는 화제의 특성을 고려할 수 있다. 문법 문식성이 텍스트에 내재된 선호된 읽기를 해체하는 비판적 읽기의 언어적 근거를 제공할 수 있다는 점을 고려할 때, 쟁점적 주제에 대해 독자가 특정한 관점에서 사태를 인식하도록 유도하는 성격의 텍스트를 활용하는 것이 효과적이다. 이 경우 정보 구조 측면에서 전제와 초점의 문제뿐 아니라 통사 구조와 논항 구조 차원에서의 분석도 가능하고, 이러

---

13 '문장 다시 쓰기'는 문법적 장치의 의미기능에 대한 학습자의 인식 양상을 파악할 수 있는 방법이라는 점 때문에 주세형·조진수(2014)에서도 사용된 바 있다. 다만 다시 쓰기에 대한 학습자의 성찰 자료를 다루지 않은 주세형·조진수(2014)와 달리, 이 책에서는 다시 쓰기 결과물뿐 아니라 그와 같이 다시 쓴 이유에 대한 학습자의 설명도 분석 대상으로 삼았다.

한 분석이 텍스트에 대한 비판적 이해와 연결될 가능성이 높다. 신문의 사설과 칼럼은 이러한 속성을 지닌 텍스트 종류 중 일상적인 언어생활에서 접하기 쉽고 그간 국어 교과서에서도 활용되어 왔기 때문에 학습자 친숙성도 높아 이를 활동지에서 다룰 텍스트로 선정하였다.

설명 텍스트는 표면적으로 객관성을 표방하지만 이면적으로는 주관적 성격을 갖는 경우도 있다. 신문 보도 기사는 주관성이 객관화된 형식으로 표현되는 장르이므로, 기사화된 사건을 어떤 관점에서 기술하고 있는지에 대한 비판적 이해가 요구된다. 이러한 이유 때문에 기존의 비판적 담화 분석에서도 신문 보도 기사 텍스트를 분석 대상으로 삼은 경우가 많았다. 신문 보도 기사는 문장 구조 차원의 분석이 비판적 이해와 연결되는 지점이 다수 존재하므로 활동지에서 다룰 필요가 있다.

그 외에도 영역에 따른 텍스트 종류에 대한 고려가 필요하다. 장르적 특성으로 인하여 이해와 표현 과정에서 특정한 문법 장치에 대한 인식이 현저히 요구되는 텍스트 종류를 활동지에 포함할 필요가 있다. 예컨대, 외교 관련 텍스트는 책임 소재가 민감한 문제이기 때문에(박성철, 2003) 논항 구조 차원의 행위주 포함 여부와 통사 구조 차원의 '주어'의 명시적 표기가 중요한 고려 사항이 된다(조진수, 2017ㄴ). 외교 관련 텍스트는 신문 기사를 매개로 공론화되는 경향이 있는데, 실제로 2015년 8월에 발표된 남북 고위 당국자의 공동보도문[14]의 경우 유감 표명의 주체로 북한이 명시되었으나 지뢰 도발의 주체로는 명시되지 않았다는 점이 논란이 된 바 있다. 정치 슬로건 역시 관형사절을 사용하여 전제화 효과를 의도하는 등 문법적 장치를 의도적으로 사용하는 양상도 보이기 때문에 문법적 장치

....................

14  공동보도문의 경우 수사적 차원에서 외교적 텍스트의 성격을 지니고 있기 때문에 이 책에서는 '외교 관련 텍스트'라는 용어로 남북 공동보도문을 포괄하고자 하였다.

에 대한 분석과 해석이 요구된다. 이 책에서는 이러한 점을 고려하여 학습자에게 제공하는 텍스트의 종류를 사설, 칼럼, 기사, 공동보도문으로 선정하고, 기사문에 정치 슬로건이 포함되도록 하였다.

문장 구조 차원에서의 문법 문식성 작동 과정을 이론화하기 위해서는 학습자의 수행과 인식 양상뿐 아니라 숙련자의 수행과 인식 양상에 대한 검토도 요구된다. 숙련자의 수행 구도 해명은 문장 구조에 대한 학습자의 문법 문식 활동 양상을 분석하기 위한 해석의 참조점으로 작용하기 때문에 교육적 설계를 염두에 둔 이론화 과정에서 특히 중요하다. 이런 이유로 이 책에서는 학습자뿐 아니라 숙련자에 대한 개별 면담과 포커스 그룹 인터뷰를 실시하였다.

개별 면담의 경우 학습자와 동일한 텍스트를 제시하는 방식과, 별도의 텍스트를 제시하지 않고 자유롭게 텍스트를 활용할 수 있도록 하는 방식을 모두 사용하였다. 전자는 학습자와 숙련자의 비교를 용이하게 할 수 있다는 장점이 있고, 후자는 텍스트의 제약에서 벗어나 문장 구조 차원의 문법 문식 활동 양상을 포착할 수 있다는 장점이 있다. 면담은 어떤 경우에 문장 구조에 주목하게 되는지, 문장 구조를 선택하거나 바꾸는 과정에서 어떤 점을 고려하는지, 문장 구조 선택 시 어떤 어려움을 느끼는지와 같은 질문을 중심으로 반(半)구조화된 방식으로 진행하였다. 그럼으로써 숙련자가 문법 문식소를 설정하고 분석하며 해석해 본 경험의 과정이 잘 드러나도록 하였다.

또한 포커스 그룹 인터뷰가 갖는 일반적 특성과 근거이론에서의 기여 방식 등을 고려하여 범주 정련화 단계에서 포커스 그룹 인터뷰를 실시하여 효과적인 자료 분석이 이루어지도록 하였다. 포커스 그룹 인터뷰는 '잘못된 의견이나 극단적인 견해를 배제할 수 있도록 참가자들이 상호 체크하여 균형을 취함으로써 자료의 질을 관리'할 수 있을 뿐 아니라 '어떤 견해가 참가자들 사이에 비교적 일관성 있게 공유되고 있는지를 평가하기에 매우 용이(Patton, 1990: 335-336; Flick, 2002/임은미 외 역, 2009: 212에서 재인용)'하다. 따라서 포커스 그룹 인터뷰를 통해 문장 구조 차원의 문법 문식성 수행 구조 해석 결과의 수용성을 높일 수 있고, 동시에 자료의 다각화를 통한 연구의 삼각화(triangulation)로 해석의 타당성을 높일 수 있다. 또한 포커스 그룹 인터뷰에서는 다른 관점과 경험이 드러나기 때문에(Lambert & Loiselle, 2008) 포커스 그룹 인터뷰는 근거이론의 범주 발전에도 중요한 기여를 한다고 평가받고 있다(Birks & Mills, 2011: 85).

이 책에서는 수행 과정에 대한 기록 및 성찰지, 인터뷰 자료뿐 아니라 논문을 비롯한 각종 출판물과 같은 2차 자료도 분석 자료에 포함하였다.[15] 근거이론은 기본적으로 모든 것이 자료가 될 수 있다는 입장을 취하고 있어 범주 발전에 도움이 될 수 있는 것이라면 이론적 표집을 통해 자료로 활용이 가능하다(Charmaz, 2006). 이러한 관점에서 논문 역시 자료로 활용 가능한데, 이때 논문은 일반적인 문헌 연구에서와 달리 하나의 이론으로 도입되는 것이 아니라 분석 대상이 되는 자료로 활용된다. 근거이론에서는 이론적 표집의 요구가 발생할 때 논문 역시 자료로 활용할 수 있다고 보기 때문에(Birks & Mills, 2011: 89), 이 책에서도 1차 자료 분석을 통해 범주를 생성하면서 문법 문식 활동 과정을 정련화할 수 있는 범주 내 속성을 확인하기 위한 목적으로 관련 논문이나 각종 출판물을 자료로 활용하였다.[16]

........

15  근거이론에서 과거 연구자 자신이나 다른 연구자들이 다른 목적으로 수집한 2차 자료 원천을 사용할 수 있다는 주장이 지속적으로 제기되고 있다(Glaser & Strauss, 1967; Goulding, 2002). 이 책에서는 '과거에 현재의 연구와 상관없이 수집된 자료'를 근거이론에서의 2차 자료로 보고, 2차 자료라 할지라도 연구의 성격에 부합하여 이론 생성에 기여할 수 있다면 활용하는 것이 가치 있다는 관점(Birks & Mills, 2011: 93-94)을 수용한다.
16  관련 연구물에 담긴 숙련자의 수행 구조를 분석하는 방식은 남가영(2008), 제민경(2015) 등 기존의 문법교육 연구에서도 지속적으로 사용되어 온 방법론으로, 숙련자의 전문성이 보장되고

자료 분석은 구성주의 근거이론의 방법론에 입각하여 초기 코딩, 초점 코딩, 이론적 코딩의 순서로 코딩을 실시하고(Charmaz, 2006), 이론적 포화(theoretical saturation)에 도달해 모형의 타당성을 확보할 때까지 분석을 실시하였다(Creswell, 2007/조흥식 외 역, 2010: 183-184).

한편, 질적 연구의 자료 분석에서 생성된 범주와 각 범주의 속성이 철저히 귀납적 방법을 통해 도출되는 것인지 논란이 되기도 한다. 그간의 근거이론은 자료로부터 이론을 세우는 과정으로 인식되어 귀납적 방법으로 간주되어 왔다. 그러나 최근의 근거이론 연구에서는 범주 비교를 통해 이론적 통합으로 가는 과정에서 귀추(abduction)[17]가 많이 나타난다(Charmaz, 2006, 2012; Birks & Mills, 2011). 특히, 구성주의 근거이론에서는 이론적 표집이 귀추적이라는 점을 강조해 왔다. 차마즈(2012: 11)에 따르면 이론적 표집은 잠정적으로 설정된 범주의 속성을 채우기 위해 이루어지는 표집이므로 잠정적 범주 설정을 전제한다. 근거이론에서는 생성된 범주에서 새로운 속성이 나타나지 않을 때까지 자료를 수집한다(Thornberg & Charmaz, 2011). 차마즈(Charmaz, 2012: 11)가 포화(saturation)의 대상이 '자료'가 아니라 '범주의 속성'이라고 지적하는 것도 같은 맥락에서 이해할 수 있다.

이 책에서 문장 구조 차원의 문법 문식 활동 범주를 생성하고 각 범

---

정련화된 수행 구조를 분석 대상으로 삼을 수 있다는 장점이 있다. 기존 연구에서 활용한 방법 역시 논문을 일종의 자료로 본 것이라고 할 수 있다. 그러나 논문은 연구자의 사고 과정을 순차적으로 드러내는 것이 아니라 논문 고유의 장르적 특성에 입각하여 연구 과정을 재구성하여 제시하기 때문에 논문 분석만으로는 숙련자의 사고 과정을 핍진하게 포착하기 어렵다. 따라서 이 책에서는 숙련자 면담을 통해 수행과 인식 과정을 확인하고, 논문은 2차 자료로서 기존 분석을 보완하거나 정련화하는 데 주로 활용하였다. 2차 자료는 귀추에 의해 설정된 잠정적 범주의 속성을 확인하기 위해 이론적 표집 방법으로 표집되었다.

17  이 책에서는 근거이론의 이론적 표집(theoretical sampling)과 이론화 과정에 귀추가 작용함을 논의하고 있으나, 귀추가 작용하는 국면은 매우 광범위하다. 귀추의 국어교육적 활용 방안에 대해서는 박성석(2017), 장성민(2017)을 참고할 수 있다.

주의 속성을 구성하는 작업 역시 순수 귀납이 아니라 귀추에 기반한 이론적 표집에 의해 이루어졌다. III장에서 제시될 문법 문식 활동의 구성 범주 및 속성은 초기 자료 분석을 통해 생성된 것도 존재하지만, 생성된 범주의 속성을 확인하기 위한 이론적 표집 자료를 대상으로 한 분석 결과 확인된 것도 존재한다.

문법 지식 재구성 양상은 학습자들이 구성한 문장 구조 선택항 체계를 통해 확인할 수 있다. 선택항 체계에는 실제 문장에 구현된 '실현태'와 실현되지는 않았으나 선택 가능한 항목인 '잠재태'가 공존한다. 그런데 다시 쓰기에서는 선택항 체계가 실현태를 매개로 하여 잠재태를 상정하는 방식으로 구성되므로, 실현태에서 잠재태로 화살표가 향하도록 네트워크를 구현하였다. 원 문장에 존재하는 문장 구조는 실현태이고, 다시 쓰기를 통해 학습자가 생산한 문장에 존재하는 문장 구조는 잠재태로 간주할 수 있다. 후자는 실제 문장으로 실현되었다는 점에서 또 다른 실현태이지만 다시 쓰기라는 수행 과제의 특성상 학습자가 구성한 잠재적 선택항을 반영하기 때문에 이를 잠재태로 처리할 수 있다.

학습자의 문장 구조 선택항 체계는 각 선택항 간 연결 횟수를 반영하여 '방향성이 있는 가중 네트워크'로 구현하였고, 해당 네트워크를 대상으로 지니 계수를 산출한 후, 연결 정도 중심성, 연결 강도 중심성, 호혜성 분석을 실시하였다. 이렇게 구축된 네트워크는 방향성을 갖기 때문에 연결 정도 중심성과 연결 강도 중심성을 분석할 때 화살표의 방향이 안으로 향하는 '내향 연결 정도 중심성'과 화살표 방향이 밖으로 향하는 '외향 연결 정도 중심성'을 구분하여 산출하였다.[18]

................

18  화살표의 방향이 안으로 향하는 노드는 계열화를 통해 잠재태로 구성되는 선택항을 가리키고, 화살표의 방향이 밖으로 향하는 노드는 실현태 중 학습자가 주목한 문장 구조의 특성을 나타낸다.

## [1] 문법 능력의 작용 경로와 문법 문식성

이 문제와 관련하여 '문법 능력'의 작용 경로에 관해서도 다시 생각해 볼 필요가 있다. 이 책에서는 문법 능력의 작용 경로가 '자동적 층위'와 '의식적 층위'로 이원화되어 있고, 각 경로는 역동적으로 상호작용하며, 두 경로 모두 내적으로 다양한 수준이 존재한다고 본다. 문법 능력이 자동화된 경로로 작용하는 대표적 사례로 문장의 문법적 적격성에 대한 모어 화자의 직관적 판단을 들 수 있다. 문법 요소의 의미기능을 고려한 언어 형식의 선택과 같이, 맥락이 관여하는 기능적 영역에서도 문법 능력이 자동화된 경로로 작용할 수 있다. 따라서 문법 능력이 자동화된 경로로 작동하는 국면은 매우 포괄적이다. 문법 능력이 의식적 경로로 작용하는 국면은 예컨대, 미숙련자가 문장의 문법적 적격성 판단 능력을 갖추기 위해 명시적으로 문법적 문제에 주목하는 유형과 문법 능력을 자동화된 경로로 능숙하게 활용할 수 있는 숙련자가 특정한 의도를 가지고 문법적 장치에 의식적으로 주목하는 유형으로 구분할 수 있다.

이 책에서 개념화한 문법 문식성은 특히 후자와 관련된 것으로, 작용 경로의 측면에서 보았을 때 문법 능력의 부분 집합에 해당한다. 즉, 문법 능력은 자동화된 경로와 의식적 경로 모두로 작용할 수 있어 인간의 언어 활동에 편재(遍在)하는 속성을 지님에 비해, 이 책에서 개념화한 문법 문식성은 작용 경로 차원에서 문법 능력의 부분 집합으로서 주로 의식적 경로를 경유하는 문법 능력을 지칭한다. 여기서 '주로'라는 단서를 붙인 것은 자동적 층위와 의식적 층위의 두 경로가 양분 자질을 가진 이분적 개넘이 아니고, 역동적으로 상호작용하는 속성을 지니기 때문이다. 이 책에 따르면 문법 문식성의 작용 국면 중 어떠한 문법적 장치에 주목할지를 결정하는 문법 문식소 설정 국면에서 숙련자가 유표성에 의식적으로 주목하는 경우뿐 아니라 직관적 판단을 활용하는 경우도 존재하며, 이 둘 모두를 사용하는 경우도 존재한다.

### [2] 새로운 아이디어를 촉진하는 기존 개념: 민감한 개념

차마즈(2006: 53-54)에 따르면 구성주의 근거이론에서 연구자가 소속된 학문 분야의 관점, 민감한 개념 등은 연구자의 아이디어를 제약하기보다는 발전시킬 수 있는 출발점을 제공할 수 있다. 여기서 '민감한 개념(sensitizing concepts)'(Blumer, 1969)은 일련의 현상을 확인하기 위해 고정되고 구체적인 절차를 사용하는 '확정적 개념(definitive concepts)'과 달리 가변적이고 사안에 따라 수정 가능한 개념을 의미한다.

차마즈가 구성주의 근거이론에서 '민감한 개념' 논의를 개념 발전의 출발점으로 묘사했음을 고려할 때, 문법 문식성과 관련된 기존 개념들을 일종의 출발점으로 활용할 수 있다. 물론 근거이론 수행 과정에서 연구자는 학문적 관점에 입각한 민감한 개념들을 연구의 끝이 아니라 출발점으로 인식하고 자료에 대해 개방적인 태도를 지녀야 한다.

### [1] 문법 탐구와 문법 문식성, 무엇이 다른가

문법 탐구를 '특정한 속성을 지닌 인식 활동'으로 규정할 때 '특정한 속성'이 무엇인지가 문제가 된다. 이 책에서는 문법 탐구가 '발견'의 논리를 핵심 기제로 삼으며 이에 따라 탐구의 대상이 되는 지식이 학습자에게 '새로운 것'이어야 한다는 점이 논리적 가정으로 요구된다고 본다. 그간 이루어진 관련 연구를 종합하여 문법 탐구의 구인을 탐색한 조진수 외(2017)에서는 '문제 발견, 분석하기, 탐구 과정에 대한 초인지적 점검'이 문법 탐구의 구인으로 설정 가능함을 지적한 바 있는데, '문제 발견'이라는 구인 설정은 '발견'과 '새로움'이 문법 탐구의 변별적 자질임을 방증한다.

이에 비해 문법 문식 활동은 '발견'이 아니라 '맥락화'의 논리를 핵심기제로 삼으며 이에 따라 '새로움'을 필수 자질로 요구하지도 않는다는 점에서 문법 탐구와 구분되며, 구인 측면에서도 차이가 존재한다. 문법 문식성의 개념과 구성 요소에 대한 자세한 설명은 II장을 참고할 수 있다.

### [2] 연구자는 백지 상태에서 출발하는가
: 구성주의 근거이론에서의 '반영성' 논의

므룩과 메이(Mruck & Mey, 2007: 517-518)에 따르면 '반영성'은 최근 근거이론에서 중요한 주제로 다루어지고 있으며 특히 구성주의 근거이론 연구에서 강조된다. 'reflexivity'는 연구 전통에 따라 다양한 의미로 사용되지만 '자기 자신의 경험으로 돌아오는 회귀성'을 핵심 요소로 갖는 개념(Steier, 1991: 2; Mruck & Mey, 2007: 517에서 재인용)으로, 연구 주제의 선정, 연구 수행 과정, 연구 결과의 기술 및 발표에 이르는 전 과정에 연구자의 선행 지식, 개인적인 관심사, 소속 학문 공동체의 특성, 연구 참여자와의 상호작용이 연구에 반영되는 현상에 대한 수용과 성찰을 의미한다. 따라서 'reflexivity'의 개념을 온전히 표상하기 위해서는 '반영'과 '성찰'의 요소가 함께 드러나야 하지만, 해당 용어의 사용 문제가 이 책의 주요 쟁점이 아니기 때문에 이 책에서는 '반영성'이라는 용어를 그대로 사용하였다.

반영성에 대한 고려는 근거이론을 통해 도출된 이론이 절대적 체계가 아니라 특정 맥락에서 구성된 것임을 정직하게 드러내려는 구성주의 근거이론의 전제에 부합한다. 또한 이후에도 이 책에서 생성된 개념을 출발점으로 삼아 다양한 맥락에서 화이부동(和而不同)한 연구가 이루어질 수 있도록 한다는 점에서 생산적 속성을 지닌다.

# 문법 문식성이란 무엇인가

들어가며

Ⅱ장에서는 '문법 문식성'의 개념에 대해 본격적으로 논의한다. 문법 문식성을 정의하기에 앞서 우선 이 개념이 국어교육에서 어떠한 자리에 놓여 있는지를 확인한다. 문법 문식성은 문법교육에서 어떠한 위상을 차지하고 있으며, 국어교육의 다른 영역과는 어떤 관계를 맺고 있는지 논의한다.

다음으로 문법 문식성이라는 용어의 문제에서 시작하여 장르와의 관계 문제를 논의하고, 궁극적으로는 문법 문식성 논의의 이론적 기반인 사회기호학적 관점을 소개한다.

문법 문식성을 일반적 수준에서 정의한 결과가 다소 추상적일 수밖에 없기 때문에, 문장 구조를 소재로 문법 문식성의 구체적 모습을 다시 설명한다. 이 과정에서 문장 구조는 통사 구조, 논항 구조, 정보 구조를 포함한 개념으로 재규정된다. 나아가 어떠한 문장 구조가 특별한 주목을 받게 되는지의 문제를 비롯하여 문장 구조를 문법 문식성 차원에서 어떻게 다룰 수 있는지에 관한 다양한 논의가 이루어질 수 있다.

# 1. 국어교육에서 문법 문식성이 놓인 자리

문법 문식성의 국어교육적 위상을 논의하기에 앞서, 이 개념이 기능적·문화적·비판적 문식성과 동일 층위의 문식 유형이 아니라 텍스트에 사용되었거나 사용될 특정한 문법적 장치를 대상으로 한 분석과 해석을 가리키는 문법교육적 개념임을 분명히 할 필요가 있다. 앞서 논의한 바와 같이 문법 문식성은 학습자에게 문법 문식 경험을 제공함으로써 문법 탐구 경험과 함께 문법교육이 제공하는 교육적 경험의 한 축을 차지하는 문법교육 내용이다. 문법 문식성에서 논의하는 기능성은 국어교육의 영역 중 하나인 기능 영역을 가리키는 것이 아니라 문법 장치가 가진 본연의 기능성을 의미한다. 따라서 문법 문식성 교육은 학습자의 문법 지식을 본연의 기능성 차원에서 재구성하며 학습자의 문법적 성장에 기여한다.

문법 문식성이 갖는 국어교육적 위상 역시 문법교육의 내용으로서 갖는 위상을 전제한다. 문법 문식성은 국어교육 내용의 한 부분을 차지한다. 그럼에도 불구하고 문법 문식성의 국어교육적 위상을 별도로 다루는 까닭은 문법 문식성이 국어교육 내 타 영역인 기능 영역과 맺는 관련성에 대한 명료한 설명이 요구되기 때문이다. 그간 기능주의 관점에서 논의된 문법교육적 개념은 문법적 앎이 기능 향상에 기여하는가 하는 외재적 관점의 통합론으로 간주되어 효과 증명에 관한 숱한 논쟁을 야기해 왔다. 연구사에서 논의한 바와 같이 문법 지식의 습득이 읽기와 쓰기 능력 향상에 도움이 되는지 여부는 국내외에서 여전히 논쟁적인 사항으로 실증적 연구를 통해 입증되어야 할 문제이다. 이러한 문제는 외재적 통합론이 아니라 문법 지식이 가진 본연적 기능성에 주목하는 내재적 관점에 선 이 책의 논의 범위를 벗어난다.

이처럼 문법 문식성은 철저히 문법교육적 개념이며 기능 향상에 기여하는지의 문제와 다른 차원에 존재하지만, 기능 영역과 무관한 것만은 아니다. 문법 문식성이 국어교육에서 기능 영역과 관련을 맺는 방식은 '부분'이 아니라 '층위' 혹은 '양상' 차원에서 이해할 수 있다. 문법 문식성은 자동화에 의해 문법 장치에 의식적인 주의를 기울이지 않고 수행되는 문식 활동이 존재함을 인정한다. 동시에 특정한 문법 장치를 의식적으로 주목하며 이를 분석하고 장르 층위의 조정을 경유하여 이데올로기 층위에서 비판적 해석이 이루어지는 특정한 방식의 문식 활동도 존재한다고 본다.[1] 후자는 특정한 양상을 띠는 문식 활동인데, 문법 문식성은 이러한 유형의 문식 활동의 핵심적 기제로 작용한다.

물론 텍스트에 사용된 특정한 문법 장치에 주목하여 이를 분석하고 해석하는 활동은 텍스트에 대한 일정 수준 이상의 이해를 요구한다. 텍스트에 사용된 수많은 문법 장치 중 어떤 것에 주목해야 할지의 문제를 비롯하여, 이를 분석하고 해석하는 과정은 텍스트의 주제, 내용, 장르에 대한 이해와 더불어 텍스트 외부에 존재하는 지식 등을 필요로 한다.[쟁점 탐구 1] 외재적 통합론 관점에서는 문법 지식이 기능 영역에 기반 지식을 제공하는지 여부가 쟁점이 된다. 그러나 내재적 관점을 취한 문법 문식성 논의는 오히려 텍스트에 대한 축자적 이해 및 일정 수준 이상의 추론적 이해가

----

1  읽기 관련 연구에서도 읽기 과정에서 이루어지는 정신적 활동 중 일부는 '자동적(automatic)'이고 일부는 '의식적(conscious)'이라고 본다(Alderson, 2001/김지홍 역, 2015: 37). 여기서 의식적 정신 활동의 종류 및 수준은 매우 다양하다. 찰스 앨더슨(Charles Alderson)은 의식적 읽기 활동의 유형으로 '따분한 글의 한두 쪽을 그냥 넘기기, 신문에서 표제들에 초점 두기, 탐정 소설에서 미리 결론 읽기, 전화번호부에서 찾고자 하는 이름 이외의 이름을 무시하고 읽기, 상관에게 보내는 메일 내용의 모든 철자와 낱말을 하나하나 따지며 읽기' 등을 들고 있다. 문법 문식성은 본문에서 설명한 바와 같이 문법 문식소를 설정, 분석, 해석하는 능력으로서, 이러한 능력에 의해 수행되는 특정한 유형의 의식적 문식 활동으로 발현된다.

전제된 상태에서 특정한 문법 장치에 주목하여 이를 분석하고 해석하는 행위가 이루어진다고 설명한다는 점에서 기존 논의와 성격을 달리한다.[2]

　문법 문식성이 문법교육에서 지니는 위상을 규명하기 위해서는 그간 문법교육에서 무엇을 교육 내용으로 다루어 왔는지, 그리고 교육 내용 체계를 현재와 같이 설정한 근거가 무엇인지에 대한 해명이 선행되어야 한다. 즉, 문법교육이 제공하는 교육 내용에 대한 검토가 이루어져야 이 책에서 제안하는 문법 문식성 교육이 문법교육 내에서 어떠한 위상으로 다루어져야 하는지를 논의할 수 있다.

　문법교육이 제공하는 교육적 경험의 거시 구도와 관련해서는 문법교육 담론 분석을 통해 문법교육론의 방향성을 논의한 남가영(2007ㄴ)에 주목할 필요가 있다. 그는 신독자론과 통합적 문법교육 담론 분석을 통해 문법교육이 제공하는 교육적 경험을 '언어 주체의 언어 들여다보기'와 '언어를 통해 인간 들여다보기'로 대별한 바 있다. 그러나 대체로 문법교육이 제공하는 교육적 경험의 체계화가 어려운 이유는 언어 인식을 바탕으로 한 문법 탐구가 구조주의적 문법 지식뿐 아니라 기능주의 문법 지식에 대한 탐구를 포함하고 있고, 텍스트에 사용된 문법적 장치의 기능성에 주목하는 경험 역시 언어 형식에 대한 인식을 전제한다는 데 있다. 이러한 이유로 문법 탐구가 교육과정 내용 체계상 교육 내용으로 도입되면서 텍스트에 사용된 문법 장치의 기능성에 주목하는 경험은 교육과정 내용 체계의 문면에 드러나지 않거나, 문법 탐구에 포함되거나, '적용, 활용'이라는 개념에 부분적으로 포함되는 방식으로 다루어졌다.

................

2　신명선(2008ㄴ: 539)은 '문법 읽기'를 '글의 대강(大綱)을 파악한 뒤 이미 파악한 글의 의미를 구체화 혹은 섬세화하기 위해 문법을 다시 꼼꼼하게 검토하는 과정'과 '글의 대강을 파악해 가는 과정에서 문법 정보를 활용하는 과정'의 두 방향으로 구분한 바 있다. 문법 문식성은 텍스트에 대한 일정 수준의 이해를 전제하고 이루어진다는 점에서 전자의 관점에 서 있다.

교육과정의 내용 체계를 중심으로 살펴보면, 7차 교육과정에서는 '국어의 이해와 탐구—음운, 낱말, 어휘, 문장, 의미, 담화'를, 2007 개정 교육과정에서는 '탐구—관찰과 분석, 설명과 일반화, 판단과 적용'을, 2009 개정 교육과정에서는 '탐구와 적용—국어의 분석과 탐구, 국어 지식의 적용, 국어 생활의 점검과 문제 해결', 2015 개정 교육과정에서는 '국어 구조의 탐구와 활용—음운, 단어, 문장, 담화'를 제시하였다. 7차 교육과정과 2007 개정 교육과정에서는 텍스트에 사용된 문법 장치의 기능성에 주목하는 경험이 내용 체계표상 완결성을 갖춘 온전한 교육적 경험으로 다루어지지 못한 채 문법 탐구로 환원되었다. 2009 개정 교육과정과 2015 개정 교육과정에서는 이것이 '국어 지식의 적용'과 '국어 구조의 활용'으로 다루어졌으나, '적용'과 '활용'은 문법 탐구와 같이 문법교육학에서 정립된 개념이 아니기 때문에 이 용어가 어떠한 문법 활동을 가리키는지가 불분명하다는 문제가 존재한다.

이 책에서는 문법교육이 제공하는 교육적 경험 전체가 문법 탐구 하나로 환원되지 않는다는 전제하에 기능주의 문법관에 입각한 문법 탐구 경험과는 별도로 텍스트에 사용되었거나 사용될 특정한 문법적 장치에 주목하여 이를 분석하고 해석하는 경험이 존재한다고 본다. 이는 남가영(2009)에서 '문법 현상을 탐구하는 과정에서 얻는 인지적이고 정의적인 경험의 가치'와 '이러한 탐색의 결과 얻은 문법 지식이 학습자의 언어활동에서 어떠한 힘으로 작용하는지를 의미화하는 것'을 구분하고, 후자를 문법 탐구와 구분하여 '문법 지식의 응용화'로 명명한 것과 상통한다. 문법 장치의 기능성이라는 동일한 대상을 교육의 소재로 사용할지라도, 문법 탐구 활동과 문법 문식 활동이 제공하는 교육적 경험이 동일하지는 않기 때문이다.

단, 이 책에서는 기존 교육과정에서 사용해 온 '국어 지식의 적용'이나 남가영(2009)에서 사용한 '문법 지식의 응용화'가 아니라, '문법 문식성'이라는 개념을 도입하여 문법 탐구 경험과 문법 문식 경험을 문법교육이 제공하는 교육적 경험의 두 축으로 상정한다.

표 2-1. 문법교육이 제공하는 교육적 경험의 유형과 문법 문식성의 위상

| 문법교육이 제공하는 교육적 경험 | 문법 탐구 경험 | 문법 문식 경험 |
| --- | --- | --- |
| | • 구조주의 문법 지식 탐구<br>• 기능주의 문법 지식 탐구<br>[문제 발견, 분석, 점검] | • 문법 문식소 설정<br>• 문법 문식소 분석<br>• 문법 문식소 해석 |

물론 문법 문식성의 문법교육적 위상을 확립하기 위해서는 여기에 더하여 문법 문식성이 어떠한 이론에 터하고 있고, 관련 이론이 문법교육 내에서 어떠한 위상을 갖는지도 함께 밝혀야 한다. 문법 문식성을 문법 탐구와 구분되는 개념으로 설정하는 이유는 문법 문식성이 문법 탐구와 다른 이론에 기반을 두고 있기 때문이다. 문법관 차원에서 문법 문식성은 체계기능언어학을 기반으로 한다. 체계기능언어학은 기능적 문법 이론의 하나로서 존 퍼스(John Firth)의 이론을 시작으로 하여 마이클 할리데이(Michael Halliday)에서 체계화되었고, 제임스 마틴(James Martin) 등에 의해 장르와의 관련성이 논의되며 이론적 자장을 넓혀 가고 있다. 체계기능언어학은 선택항 개념을 통해 문법 항목의 선택에 내재한 표현 의도를 다층적으로 분석할 수 있는 틀을 제공한다. 문법 문식성 역시 문법 장치에 대한 기능적·사회적 이해를 지향하기 때문에 체계기능언어학은 문법 문식성의 문법관으로 작용한다.

## 2. 문법 문식성 정의하기

### 1) 문법 문식성이라는 용어의 문제

'문법 문식성'의 개념 규정 문제는 해당 개념을 표상하기 위해 사용한 용어의 적절성 문제와 함께 논의할 필요가 있다. 'X+문식성' 구조를 띠는 다수의 용어에서 '문식성(literacy)'의 의미가 다기(多岐)한 방식으로 사용되고 있고, 문법교육에서 이미 '문법 문식성'이라는 용어가 사용된 바(남가영, 2011) 있기 때문에 기존 용어와의 공통점과 차이점을 명료화하는 작업이 필요하다.

정혜승(2008: 162-163)은 문식성에 수식어가 붙어 사용되는 많은 용어에서 '문식성'의 의미역이 다름을 지적하고 표 2-2와 같이 네 가지 유형으로 구분하였다.

표 2-2. 용어 유형별 문식성의 의미(정혜승, 2008 : 162 재구성)

| 용어 | 문식성의 의미 |
|---|---|
| ㉠ 문화적 문식성(cultural literacy), 정치적 문식성(political literacy), 경제적 문식성(economic literacy), 민주적 문식성(democratic literacy) | 특정한 분야나 영역에서 소통하고 기능하기 위해 요구되는 기본적인 소양과 자질 함의 |
| ㉡ 컴퓨터 문식성(computer literacy), 디지털 문식성(digital literacy), 기술 문식성(techno literacy), 복합양식적 문식성(multimodal literacy), 수 문식성(numerical literacy) | 구체적인 대상을 조작하거나 운용하는 제한된 범위의 기능 지시 |
| ㉢ 기능적 문식성(functional literacy), 비판적 문식성(critical literacy), 감정적 문식성(emotional literacy) | 언어로 소통하는 능력 |
| ㉣ 잠재적 문식성(emergent literacy), 강력한 문식성(power literacy), 삼차원 모델 문식성(three-dimensional literacy) | 문식성 자체의 성격이나 구조를 지시하는 메타 용법 |

이 분류 기준에 비추어 볼 때, 우선 '문법'과 '문식성'의 결합 방식으로 '문법적 문식성'과 '문법 문식성'이 가능함을 확인할 수 있다. 표면적으로만 보면, 전자는 특정 분야나 영역의 소양과 자질을 의미하는 ㉠ 유형에 해당하여 '문법 영역에서 요구되는 소양'으로, 후자는 구체적 대상을 운용하는 제한된 범위의 기능을 지시하는 ㉡ 유형에 해당하여 '문법이라는 대상을 운용하는 기능'으로 규정할 수 있을 것 같지만 문제는 그리 단순하지 않다.

이는 근본적으로 '영역'과 '대상'의 구분, '소양'과 '기능'의 구분이 이분법적으로 이루어지기 어렵기 때문이다. 예컨대, ㉡ 유형으로 분류된 디지털 문식성에서 '디지털'을 단순한 대상으로 보고 이때의 문식성을 대상의 조작과 운영 기술로 제한하는 것은 타당하다고 보기 어렵다. 문식성 개념이 확장됨에 따라 ㉡ 유형에 속하는 문식성 역시 단순 조작이나 운영 기술 차원을 넘어 복합적인 능력을 포괄하는 개념으로 규정되고 있기 때문이다.[3]

문법 문식성에서 '문법'을 영역으로 보든 대상으로 보든 이때의 문식성은 문법 능력의 하위 개념이며 언어를 매개로 한 기능적 층위와 비판적 층위를 중층적으로 함축하기 때문에 문식성을 언어로 소통하는 능력으로 규정한 ㉢ 유형과 무관하다고 볼 수 없다. 또한 ㉣은 정혜승(2008: 163)에서 지적하고 있는 바와 같이 '㉠~㉢과 같이 문식성의 유형을 뜻하는 것이 아니라 문식성 자체의 성격이나 구조를 지시하는 메타 용법으로 사용'되고 있기 때문에, ㉠~㉢과 동일 층위에서 상호 배타적으로 존재하는 것은

---

3  예컨대, 나일주·이지현(2009: 24)에서는 'ICT 리터러시'의 개념이 컴퓨터의 이해, 활용 등과 같은 기술 능력에 한정되지 않고 정보의 탐색, 종합, 생성, 평가를 비롯하여 정보사회를 이해하고 윤리의식을 갖출 수 있도록 유도하는 것까지를 포함하는 방향으로 확장되고 있음을 지적한 바 있다.

아니다. 이러한 점을 고려할 때, 문법 문식성이라는 용어의 사용에는 다음과 같은 쟁점이 존재한다.

첫째, 문법 문식성에서 '문법'은 문식 활동의 영역인가, 대상인가?
둘째, 문법 문식성에서 '문식성'은 소양인가, 기능인가?
셋째, 문법 문식성은 기능적 문식성, 비판적 문식성과 어떤 관련을 맺는가?

첫 번째 쟁점과 관련하여, 문법 문식성을 개념화하는 두 방향에 '문식성의 구인으로서 문법에 주목하는 방식'과 '문법에 대한 소양에 주목하는 방식'이 있음을 지적한 남가영(2011: 101-103)에 주목할 필요가 있다. 여기서 제안된 개념화의 두 방식이 문법을 문식 활동의 영역으로 볼지, 그 대상으로 볼지의 문제와 관련되기 때문이다.

전자는 문법을 문식성의 구인으로 작용하는 여러 요인 중 하나로 보고 있다는 점에서 문법을 영역으로 보는 관점과 관련된다. 이 관점은 문법 영역의 지식이 문식성 신장에 어떠한 기여를 할 수 있는지에 주목한다. 후자는 문식성 연구의 측면이 아닌 문법 연구의 측면에서 문법 문식성을 개념화하는 방식으로, 문법에 대한 메타적인 앎을 강조했다는 측면에서 일차적으로는 문법을 대상으로 보는 관점과 관련된다. 그러나 문법 문식성을 문법 영역에서 요구되는 소양으로 간주했다는 점에서 문법을 영역으로 보는 관점과도 무관하지 않다.

후자의 개념화 방식은 첫 번째 쟁점에 내포된 선택지가 문법 문식성의 관점에서 상호배타적 관계에 놓여 있지 않음을 시사한다. 문법이 국어 교과의 하위 영역 중 하나로 존재한다는 점과 문법이 '언어 사용과 구성의 원리'(구본관·신명선, 2011)로서 메타적 인식의 대상이 된다는 점은 배중률(排中律)의 적용을 받는 명제가 아니라 동시에 성립할 수 있는 사실이다. 문법 문식성이라는 용어에서 '문법'은 문식 활동의 대상이 될 수 있고, 이러한 문식 활동은 결과적으로 문법 영역 안에서 이루어지는 문법적 활동이다.

이 책에서는 첫 번째 쟁점과 관련하여 문법 문식성이라는 용어를 '문법'이 문식 활동의 대상이 된다는 관점에서 사용한다. '문법'을 영역으로 볼 경우 문법 문식성을 문식성 신장에 기여하는 문법 영역의 내용 요소로 제한하거나 문법 영역에서 요구되는 소양으로 규정하게 된다. 첫 번째 방식은 철저히 문식성의 관점에서 문법을 규정한 것이라 본격적인 문법교육 내용이 되기 어렵고 두 번째 방식은 문법교육 내용 전체를 가리키는 것이 되어 너무 포괄적인 개념이 되기 때문이다. 물론 앞서 지적한 대로 '문법'을 문식 활동의 대상으로 규정하더라도 문법 문식성이 문법적 활동이기 때문에 결과적으로는 문법을 영역으로 보는 관점과 무관하지 않다. 그러나 문법 문식성이라는 용어 사용에 내재한 개념화 방식과 그 결과가 지칭하는 활동의 귀속 범주는 구분되기 때문에, 이 책에서는 문법 문식성을 '문법에 대한 문식 활동'으로 개념화한다.

문제는 '문법을 대상으로 한 문식 활동'이 무엇인지일 것이다. 그간 사용되어 온 '문법 인식, 언어 인식, 통합' 등과 같은 용어 대신 '문법 문식성'이라는 용어를 사용했을 때 발생하는 개념 차이에 대한 명확한 규정이 필요하다. 이 문제는 문법 문식성에서 문식성이 소양인지 기능인지를 묻는 두 번째 쟁점과 관련된다.

'문식성'을 소양으로 규정할 경우 '문법을 대상으로 한 문식 활동'을 가리키는 문법 문식성은 문법에 대한 소양을 의미하게 되어 문법 능력과 변별하기 어려운 포괄적 개념이 된다. 문법 문식성이라는 개념의 도입이 기존에 논의된 문법 능력을 용어 차원에서 대체하는 데 목적을 둔 것이 아니기 때문에 이와 같은 포괄적 정의는 문법교육적으로 유의미한 개념화 방식으로 보기 어렵다.

'문식성'을 표 2-2의 ⓛ에 사용된 '기능'으로 규정할 경우 문법 문식성이 문법을 대상으로 한 단순 기능으로 간주되어 '기능적 문식성' 차원으로 제한될 가능성이 높다. 문법교육에서 문법 인식 활동을 기능적 차원으로 한정하지 않고 비판적 차원으로까지 확장해 왔음을 고려할 때 이러한 개념 정의는 연구사적으로 정당화되기 어렵다.

　이 책에서는 문법 문식성에 사용된 '문식성'을 소양과 같이 포괄적 개념으로 정의하거나 기능과 같이 제한적 개념으로 정의하는 방식을 지양하고, ⓒ과 같이 기능적 층위와 비판적 층위를 포괄하는 언어적 소통 능력으로 규정한다. 이러한 방식의 개념화는 문법교육 연구사 외부에서 주입된 것이 아니라 문법을 메타적 인식의 대상으로 삼아 텍스트에 사용된 문법적 장치의 의미기능을 다층적으로 이해하는 것을 지향해 온 문법교육의 연구사적 흐름 속에서 이루어진 것이다. 따라서 문법 문식성을 이와 같이 규정한다면 문법 문식성이 기존에 제안된 개념 및 용어와 맺는 관련성과 차이점에 대해 논의할 필요가 있다.

　문법이 가진 본질적 기능성에 주목하여 문법 그 자체가 문식 활동의 대상이 될 수 있다는 관점을 보여 주는 개념으로는 문법 읽기(신명선, 2008ㄴ), 문법으로 텍스트 읽기(이관희, 2010, 2012ㄴ), 독서의 언어학(주세형·조진수, 2014), 표현 문법(오현아, 2010), 작문의 언어학(주세형, 2010ㄴ) 등을 들 수 있다. 이러한 개념들은 문법을 메타적 인식의 대상으로 삼아 텍스트에 사용된 문법적 장치의 의미기능을 다층적으로 이해하는 활동을 고려하고 있다. 그러나 용어 차원에서는 '읽기/독서, 표현/작문'과 같이 문식 활동의 한 국면만을 표상하고 있기 때문에 이를 포괄할 보다 상위의 개념이 요구된다.[4]

.................

4　그 외에도 '독서 문법'(이삼형·김시정, 2014)이라는 개념이 제안된 바 있으나, 이는 독서 능

'문법하기'(제민경, 2015: 98-106)는 통합적 문법교육(주세형, 2005ㄱ, 2014ㄴ)과 장르 문법(주세형, 2015; 제민경, 2015)의 관점에서 제안된 개념으로, 선택항 구성과 언어 형식의 선택을 구조화하였다는 점에서 이 책에서 제안한 문법 문식성과 기본적인 관점을 공유한다. 이는 이 책의 논의가 사회기호학적 관점을 취하는 체계기능언어학에 기반을 두고 있어 '모어 화자의 언어화 과정을 사회문화적 의미하기 방식을 조회하며 자신이 발현하고자 하는 의미에 부합하는 의미기능을 지닌 언어 형식을 선택해 가는 과정'(제민경, 2015: 55)으로 보는 장르 문법과 언어관을 공유하기 때문이다. 그러나 이 책에서 제안한 문법 문식성은 '장르의 개념화 방식과 위상, 장르 매개적 경로와 장르 독립적 경로의 공존, 이데올로기 층위 설정'의 세 차원에서 기존에 논의된 장르 문법과 구분된다.[5]

문법교육에서 논의된 '비판적 언어 인식'(김은성, 2005, 2013)은 문법에 대한 다층적 인식을 전제한 개념이라는 점에서 표 2-2의 ㉢ 유형의 문식성 개념과 관련된다. 문법 문식 활동 역시 국어 인식 활동으로서의 속성

--------

력 향상을 위해 문법 지식을 활용하는 외재적 통합론의 관점에 서 있다는 점에서 이 책의 논의와 구분된다. 또한 '독서 문법'에서는 문법을 명제적 지식으로 한정하고 있어 문법관 차원에서도 이 책과 관점을 달리한다.

5  이 외에도 문법교육학에서 '문법 인식'이라는 용어가 사용된 바 있는데, 해당 용어는 '인식 (awareness)' 개념의 포괄성으로 인하여 문법 탐구 담론과 통합 담론 모두에서 사용되어 왔다. 특히, 문법 탐구 담론에서는 '탐구'라는 용어가 보다 절차적이고 과정적인 함의를 갖고 '인식'이라는 용어가 의식적이고 반성적인 함의를 좀 더 가질 뿐, '탐구'와 '인식'이 본질적으로 다르지 않다고 간주(남가영, 2007ㄱ: 344-345)하고 있어, '문법 탐구 활동'과 변별되는 개념으로서 문법 문식 활동을 정립하고자 하는 이 책에서 '문법 인식'이라는 용어를 사용할 경우 혼란을 야기할 가능성이 크다. 또한 '문법 문식성'은 분석과 해석 단계뿐 아니라 문법 문식소를 설정하는 단계를 포함하고 있기에 '문법 인식'이라는 용어를 사용할 경우 '인식 행위'와 '인식 대상을 설정하는 행위' 모두를 '인식'으로 통칭하게 되어 개념적 모호성이 발생한다. 이와 같은 점을 고려하여 이 책에서는 '문법 문식성'이라는 용어를 사용한다.

을 가지고 있기 때문에 문법 문식성과 비판적 언어 인식 간에 어떠한 차이가 존재하는지에 대한 해명이 요구된다. 문법 인식의 문제는 문법교육 연구사에서 문법 탐구 담론과 비판적 언어 인식 담론 각각에서 논의되어 왔기 때문에 두 영역을 구분하여 살필 필요가 있다.

문법 탐구 담론에서 문법 인식은 탐구를 목적으로 한 인식 활동으로 규정된다. 따라서 문법 지식의 맥락화와 재구성을 목적으로 하는 문법 문식 활동에서의 인식 활동과 일치한다고 보기 어렵다. 다시 말해 문법 문식성은 문법 인식 활동으로서의 속성을 지니고 있으나 문법 탐구를 목적으로 한 문법 인식과 개념적으로 동일하지 않다.

비판적 언어 인식 담론 혹은 비판적 담화 분석[6]에서는 담화에 내재한 이데올로기적 문제에 대한 비판적 인식을 목적으로 하여 문법을 도구적으로 활용한다. 이러한 논의는 문법 인식의 사회문화적·이데올로기적 속성을 드러낸다는 점에서는 의의가 있으나, 이와 같은 연구 담론이 근본적으로 문법교육의 관점에서 생성된 것이 아니라는 점에서 한계를 지닌다. 비판적 언어 인식은 문법 문식성이 특정한 부류의 연구자 집단에 의해 작동한 사례에 해당한다고 볼 수는 있으나 이를 문법 문식성 개념과 동일시할 수는 없다.

국내에서 제안된 유사 개념 외에 해외 연구에서도 '언어학적 문식성 (linguistic literacy)'(Ravid & Tolchinsky, 2002)이라는 개념이 제안된 적이

........

6 비판적 언어 인식은 비판적 담화 분석의 교육적 지류라고 보는 것이 가장 정확하다(Wallace, 1997: 242; 김은성, 2005: 331에서 재인용). 김은성(2005: 337)에 따르면 비판적 언어 인식은 비판적 담화 분석을 교실에서 어떻게 적용할 것인지에 대한 고민의 결과이지만 처음부터 교육학적 기반을 가지고 시작된 것이 아니기 때문에 교육과 관련하여 체계적인 실제를 보여 주지 못하였다. 윤여탁(2015: 552-553)에서도 "한국에서의 비판적 문식성 교육에 대한 논의는 실천을 강조하고 있음에도 불구하고 문제제기만 무성할 뿐 비판적 문식성 교육이 실천적으로 지향해야 할 방향이나 전망은 불투명한 상태"라고 진단한 바 있다.

있어 이 책의 문법 문식성 개념과의 관련성에 대한 논의도 필요하다. 언어학적 문식성은 언어학적 지식의 측면과 언어 수행을 통해 드러난 문식 능력의 측면으로 이루어지는데, 다양한 사용역과 장르를 아우르는 언어 목록(linguistic repertoire)을 바탕으로 한 문법 요소의 유연한 사용을 핵심 기제로 한다. 언어학적 문식성 관련 연구는 문법과 문식 능력을 관련짓고 있다는 점에서 참고할 수 있으나, 이 개념이 아동 언어 발달 연구에서 제안된 것이기 때문에 중등학교 학습자를 대상으로 한 이 책의 논의와 학습자 수준이 맞지 않고 축적된 연구도 충분하지 않다는 점에서 한계를 지닌다.

이상의 논의를 바탕으로 이 책에서는 문법 문식성의 개념을 "체계기능언어학의 사회기호학적 문법관을 바탕으로 텍스트에 사용되었거나 사용될 특정한 문법 장치 중 어떤 것에 주목할지를 결정하여 이를 구조, 기능 층위에서 분석하고 장르 층위의 해석 조정 과정을 거쳐 이데올로기 층위에서 해석하는 능력"으로 규정한다.[7]

---

7  이 책에서는 'literacy'의 번역어로 '문식성(文識性)'을 채택하여 '문법 문식성'이라는 용어를 사용한다. 'literacy'의 번역어로 문식성 외에 '문해력, 문식력' 등의 용어가 사용되기도 한다. 'literacy'가 능력을 의미할 때 이를 명시적으로 표상하기 위하여 접사 '-력(力)'이 포함된 용어를 사용해야 한다는 입장도 있으나, '식(識)'이 이미 특정한 능력을 뜻하기 때문에(정혜승, 2008: 171-172) 이 책에서는 문법 문식성이라는 용어를 사용하였다. 따라서 문법 문식성은 본문에서 규정된 바와 같이 능력 차원의 개념이고, 이러한 능력이 실제 수행 차원에서 실현될 때 이를 '문법 문식 활동'이라고 명명한다. 또한 이러한 문법 문식 활동을 수행 주체의 경험 측면에서 규정할 때 '문법 문식 경험'이라고 명명한다.

## 2) 문법 문식성과 장르의 문제

문법 문식성 개념의 체계화를 위해서는 문법 문식성이 터하고 있는 '장르' 개념에 대한 규정이 전제되어야 한다. 장르 및 장르성 개념에 대한 규정이 선행되어야 문법 문식성의 구성 요소와 작동 방식을 상세화할 수 있기 때문이다. 따라서 문법 문식성이 터하고 있는 장르 개념을 명확히 규정하고, 이와 같은 장르 개념을 수용하는 것이 문법 문식성 개념화에 왜 필요한지에 대한 이론적 정당화가 요구된다.

장르에 대한 세 가지 접근법으로 수사학적 장르 이론, 특수 목적 영어 (English for Specific Purpose: ESP), 체계기능언어학을 설정하는 방식은 하이온(Hyon, 1996) 이후 장르 연구에서 널리 수용되어 왔다. 이와 같은 대분류는 장르 연구의 거시적 흐름을 구분하는 데에는 유용하지만, 각 연구 전통 내부에 존재하는 다양한 연구 방식 간의 차이까지 드러내어 주지는 못한다는 점에서 주의를 요한다. 예컨대, 체계기능언어학 계열의 장르 이론들은 할리데이의 체계기능언어학적 관점에 기반을 두고 장르를 사회적 과정(social process)으로 간주한다는 점에서는 동일하나 장르를 개념화하는 방식에서는 차이를 보인다(Cope & Kalantzis, 1993; Frankel, 2013).

연구 전통을 공유한 장르 연구 간의 미시적 차이를 드러내는 일은 일견 지엽적 논의로 비추어질 수 있다. 그러나 이 책에서 주목하는 체계기능언어학 계열의 장르 이론인 '장르 관계(genre relations)'의 경우 그간 크레스(Kress, 1989, 1993)의 관점을 바탕으로 제안된 냅(Knapp, 1992), 크레스와 냅(Kress & Knapp, 1992), 냅과 왓킨스(Knapp & Watkins, 2005)의 논의와 장르 개념화 방식에 차이를 보이고 있어 주목할 만하다. 장르 개념화 방식의 차이는 장르의 본질에 관한 인식과 관련되어 있어 지엽적 문제로 보기 어렵기 때문이다. 이 책에서 특별히 체계기능언어학 계열의 장르 이론인 '장르 관계'에 주목하는 이유는 다음의 두 가지이다.

첫째, 장르 관계는 체계기능언어학의 대표적 학자로 분류되는 마틴이 마틴과 로즈(Martin & Rose, 2008) 이후 최근까지도 장르 논의에서 지속적으로 활용하고 있는 개념으로(Martin, 2014a, 2014b, 2015; Rose, 2015),[8] 체계기능언어학의 '체계(system)' 개념을 장르 개념화에 활용하여 사회기호학적 관점에 터하고 있는 체계기능언어학의 발상을 잘 보여 준다.

둘째, 장르 관계에서 보여 주고 있는 장르 개념화 방식은 그간 문법교육에서 주로 활용해 왔던 냅(1992), 냅과 왓킨스(2005)와 유사한 문제의식을 공유하면서도 그 문제를 다소 다른 방식으로 해결하고 있는데, 놀랍게도 결과적으로는 유사한 문법교육적 지향을 보이고 있다.

이처럼 문법 문식성은 체계기능언어학적 관점을 바탕으로 한다는 점과, 맥락을 사용역과 장르 차원으로 재편한 마틴(1993)의 논의를 수용하고 있다는 점에서는 제민경(2015)에서 논의된 '장르 문법'의 '장르' 개념과 큰 흐름을 공유한다. 다만 미시적인 차원에서는 마틴과 로즈(2008), 마틴(2014a, 2014b, 2015)에서 제안된 장르 관계에 입각한 장르 개념을 수용한다는 점에서 크레스(1993), 냅과 왓킨스(2005)에 기반을 둔 기존 논의와 장르 개념화 방식에서 구분된다.

두 장르 이론 간의 관계에 대해 보다 상세히 살펴보자. 냅(1992)은 장

...............

8 마틴(Martin, 2015)은 2012년 캐나다 오타와에서 열린 '장르 2012 회의(Genre 2012 Conference)'를 바탕으로 출간된 『전 세계적 장르 연구: 세 가지 전통을 넘어』에 수록된 논문으로, 체계기능언어학 관점의 장르 이론의 계보를 명시적으로 밝히고 있다. 이 회의에서는 하이온(1996) 이후 장르에 대한 세 가지 접근법으로 널리 알려진 ESP, 수사학적 장르 이론, 체계기능언어학의 대표적 학자들이 참여하여 각 접근법 간의 소통 가능성과 이론적 차별화 지점에 대해 발표하였다. 이 책에서 마틴(2015)에 주목하는 까닭은 이 자리에서 그간 시드니 학파의 장르 이론에 대한 이해가 하이온(1996)에 의해 왜곡되어 왔음이 지적되었고, 이러한 지적이 발표 이후 출간된 그의 다른 논문(2014a, 2014b, 2015)에서도 반복되었기 때문이다.

르가 사회적 과정이라는 전제하에 장르에 대한 '과정-산물' 모델을 수립하였고, 이는 냅과 왓킨스(2005)에서도 이어지고 있다. 여기서 장르는 '묘사하기, 설명하기, 지시하기, 주장하기, 서사하기'와 같은 과정이고 이러한 과정은 과학 보고서, 서평 등과 같은 다중 장르적 텍스트(multi-generic text)를 산출한다. 중요한 것은 장르를 산물이 아니라 과정으로 보고 다중 장르적 텍스트라는 개념을 통해 하나의 과정, 즉 하나의 장르가 하나의 텍스트 종류로 구현되는 것이 아니라는 점을 효과적으로 설명하고 있다는 점이다.

이에 비해 마틴(2015: 48-49)에서는 '묘사하기, 설명하기, 지시하기, 주장하기, 서사하기'와 같은 과정만을 '장르'로 명명하지 않고, '이야기 장르(story genre)'의 하위 유형인 '진술(recount), 일화(anecdote), 훈화(exemplum), 논평(observation), 서사(narrative), 가십(gossip)' 등에 대해서도 '장르'라는 용어를 사용하고 있다. 그의 장르 개념은 장르 관계를 바탕으로 개별 하위 장르를 체계의 한 선택항으로 설정한 마틴과 로즈(2008)에서 비롯된다. 예컨대, 그들은 이야기 장르의 선택항 체계를 그림 2-1과 같이 제시한다.

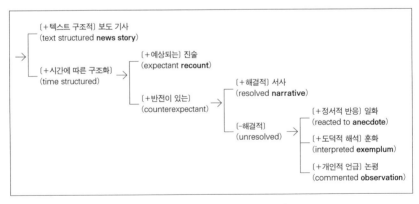

그림 2-1. 이야기 장르의 선택항 체계(Martin & Rose, 2008: 78)

장르를 '서사하기'와 같은 사회적 과정으로 정의하고 텍스트는 다중 장르적으로 규정하는 냅과 왓킨스(2005)에 따르면 '훈화'는 장르가 아니라 다중 장르적 성격을 띤 텍스트 종류로 규정된다. 그러나 장르를 잠재적 선택항으로 설정한 마틴과 로즈(2008)에 따르면, '훈화'는 그 자체로 하나의 장르가 된다. '훈화'는 진입 조건인 [+시간에 따른 구조화], [+반전이 있는], [-해결적], [+도덕적 해석] 등의 자질로 설명된다. 즉, '훈화' 장르는 선택항 체계에서의 위상을 통해 '시간에 의해 구조화되고 반전을 포함하며, 해결적이 아니면서 도덕적 해석을 포함하고 있음을 알 수 있다(조진수, 2017ㄴ: 19).

중요한 것은 장르 관계 논의에서 '훈화' 장르가 실현태로 존재하는 텍스트를 가리키는 것이 아니라는 점이다. '상황 맥락'과 '문화 맥락'을 실현태와 잠재태로 구분하고 장르를 문화 맥락에 포함되는 것으로 간주하는 방식은 마틴의 장르 이론에서 지속적으로 강조되어 왔다. 따라서 '훈화'와 같은 장르 역시 실현된 하나의 사례(instance)로서 상황 맥락에 존재하는 것이 아니라 가능태로서 잠재적 영역인 문화 맥락에 존재한다.

마틴(2015: 36-37)의 논의에서 장르는 '반복되는 의미의 구성(recurrent configurations of meanings), 사용역 패턴들의 패턴(pattern of register patterns)'으로 규정된다.[9] 마틴이 장르가 문화 맥락에 속한 잠재태임을 분

_____

9 마틴은 장르를 '단계화된, 목적 지향적인 사회적 과정(staged, goal oriented social processes)'으로 규정하기도 했으나 이는 장르 교육이라는 다소 특수한 국면을 염두에 둔 정의이다(Martin, 2015). 장르 개념의 이론화 층위를 다루는 논의에서는 일단 '반복되는 의미의 구성'과 '사용역 패턴들의 패턴'과 같은 정의를 대상으로 삼는 것이 타당하다. 그런데 전자는 장르에 대한 여러 접근법에서 보이는 다소 공통적인 개념화 방식인 데 비해, 후자는 맥락과 언어, 장르와 사용역에 대한 체계기능언어학의 독특한 관점이 반영된 정의이기 때문에 이 책에서는 후자의 장르 개념화 방식에 주목한다. '사용역 패턴들의 패턴'은 사용역을 활용하여 장르를 규정한 방식으로 볼 수 있는데 이는 장르와 사용역에 국한된 문제가 아니기 때문에 체계기능언어학이 터하고 있는 사회기호학적 관점과 그 과정에서 기호학적 인식론으로 도입된 루이 옐름슬레우(Louis Hjelmslev)의 관점에 대한 이해가 요구된다.

명히 하였다는 점을 고려할 때, 체계기능언어학에서 선택항으로 구성된 '체계'가 잠재태인 것과 마찬가지로 체계의 선택항으로 존재하는 장르 역시 잠재태의 영역에 존재한다고 볼 수 있다. 따라서 냅(1992), 냅과 왓킨스(2005)에서 장르로 규정한 묘사하기, 설명하기, 지시하기, 주장하기, 서사하기가 특정 텍스트 유형이나 산물이 아닌 사회적 과정으로서 잠재적 영역에 속하는 것과 마찬가지로 마틴(2015)에서 장르로 규정한 이야기 장르 및 진술, 일화, 훈화 등도 모두 잠재적 영역에 속하게 된다.

문법 문식성과 장르 문법의 장르관은 장르의 개념화 방식에서 큰 차이를 보이지만, 제민경(2015: 66-69)에서 장르 문법을 개념화하는 과정에서 도입한 장르성 개념을 통해 결과적으로 텍스트 종류에 주목하는 지향을 공유하게 된다. 문법 문식성의 장르관과 장르 문법의 장르관의 공통점과 차이점은 표 2-3과 같이 정리할 수 있다.

표 2-3. 문법 문식성의 장르관과 장르 문법의 장르관 비교

| 구분 | 장르 문법의 장르관 | 문법 문식성의 장르관 |
|---|---|---|
| 공통점 | • 장르의 사회적 속성 강조<br>• 장르를 실현태가 아니라 가능태로 간주<br>• 장르가 잠재적 영역인 문화 맥락에 존재한다고 간주<br>• 결과적으로 장르성과 텍스트 종류에 주목 | |
| 차이점 | • 용어와 개념화 방식의 차이 | |
| 차이점 | • 장르: '묘사하기, 설명하기, 지시하기, 주장하기, 서사하기'와 같은 사회적 과정(Kress, 1993; Knapp & Watkins, 2005) | • 장르: 장르 체계의 한 선택항, 반복되는 의미의 구성, 사용역 패턴들의 패턴(Martin, 2015: 36-37)<br>→ 장르 체계 내에서 다른 장르와 관련하여 갖게 되는 자질의 담지체 |
| 차이점 | • 장르성: 텍스트를 통해 인식된 장르의 원형적 속성 | • 장르의 자질: 특정 장르가 장르 체계 내에서 다른 장르와 관련하여 갖는 특성 |
| | ↓ | |
| 논의 | • 장르에 대한 기본적 관점을 공유<br>• 장르를 개념화하는 방식과 용어 사용에 차이가 존재하지만, 결과적으로는 장르성을 바탕으로 텍스트 유형이 아니라 텍스트 종류에 주목한다는 점에서 공통점을 지님. | |

장르 문법에서의 장르성은 '텍스트를 통해 인식된 장르의 원형적 속성'으로, '사회문화적 의미 과정이 텍스트를 기점으로 언어 주체에게 인식될 때 그 인식의 원형성'을 가리킨다. 장르성을 이와 같이 규정할 때 '인식 가능한 구체적 자질의 총칭적 실현태로서의 텍스트는 텍스트 유형이 아닌 텍스트 종류'가 된다(제민경, 2015: 67-68). 문법 문식성이 기반을 두고 있는 마틴(2015)의 장르관에서 장르는 장르 체계의 한 선택항으로 배치되어, 다른 장르와 관련하여 갖게 되는 자질의 집합으로 정의된다. 여기서 장르는 다른 장르와 변별되는 자질들의 담지체로서 잠재태에 속하는데, 이것이 하나의 사례로 실현되면 특정 텍스트 종류로 존재하게 된다.

　　문법 문식성과 장르 문법은 텍스트 종류를 '자질의 총칭적 실현태'로 규정하는 지점에서 만나게 된다. 장르 문법은 장르를 '서사하기'와 같은 층위의 사회적 과정으로 상정하여 텍스트를 다중 장르적으로 규정한 후 텍스트에 내재한 원형적 자질이 언어 주체에게 장르성으로 인식되는 구도를 설정하였으나, 문법 문식성이 기반을 둔 마틴(2015)에서는 장르를 장르 체계의 선택항으로 처리하여 잠재적 차원에서 이미 변별적 자질을 담지한 것으로 설정했다는 차이가 있을 뿐이다. 결과적으로 문법 문식성과 장르 문법은 텍스트 종류에 주목하여 언어 주체가 장르성 혹은 장르의 변별적 자질을 인식해 내는 과정에 교육적 가치를 부여한다는 점에서 문법교육적 지향을 공유한다.

　　단, 장르 관계는 체계기능언어학 내에서도 최근 활발히 논의되고 있는 개념으로, 한국어 텍스트를 대상으로 장르 관계를 체계적으로 규명한 연구는 찾기 어려운 실정이다. 이는 문법교육을 비롯하여 국어교육 각 영역에서 지속적 연구를 통해 규명해야 할 사안이다. 비록 한국어를 대상으로 한 장르 관계가 앞으로 규명되어야 할 대상이기는 하지만, 장르 관계 이론은 장르 자체를 장르 관계 내의 선택항으로 규정하여 변별적 자질의

합을 장르로 간주함으로써 장르에 의한 해석 조정 기제를 설명해 준다는 점에서 문법 문식성 교육에 반드시 활용되어야 한다. 이러한 점을 고려하여 이 책에서는 연구에 사용된 텍스트의 장르적 특성에 관해 이루어진 기존 연구를 종합하여 해당 장르의 잠정적 자질로 활용하였다.

## 3) 사회기호학적 관점에서 본 문법

이 절에서는 문법 문식성을 지식과 인지 과정 차원으로 구분하여 설명한다. 지식 차원에서는 체계기능언어학에 바탕을 둔 사회기호학적 문법 지식에 대해 설명하고, 인지 과정 차원에서는 문법 문식소의 개념과 설정, 분석, 해석의 단계를 제시한다.

### (1) 지식 차원: 사회기호학적 문법 지식

문법 문식성은 체계기능언어학 관점의 사회기호학적 문법 지식을 구성 요소로 한다. 문법 문식성이 '구조-기능-장르 및 이데올로기' 층위(조진수, 2015)에 걸친 다층적 문법 인식을 전제하므로, 이를 위해 필요한 문법 지식이 형태 및 통사 층위에 국한되어서는 곤란하다. 문법 문식성에 작용하는 문법 지식은 문법 표지를 매개로 한 장르적 인식과 비판적 인식을 가능케 하는 것이어야 한다. 문법 문식성은 맥락과 언어의 관계를 내용 형식과 표현 형식으로 구조화한 체계기능언어학의 사회기호학적 관점을 수용함으로써 문법을 통한 다층적 인식을 설명한다. 문법의 사회기호학적 구조는 그림 2-2와 같이 도식화할 수 있다(Martin, 1992: 496; Martin, 1993 :158).

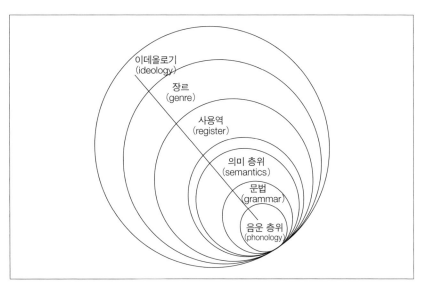

그림 2-2. 문법의 사회기호학적 구조(Martin, 1992: 496)

이와 같은 구조화를 사회기호학적이라고 하는 이유는 체계기능언어학이 옐름슬레우(Hjelmslev, 1961)의 기호학적 관점을 수용하여 맥락과 언어의 관계에 대한 독특한 관점을 구조화하였기 때문이다(Halliday, 1978, 1994; Bache, 2010; Taverniers, 2011; Martin, 2014a, 2014b, 2015).[쟁점 탐구 2] 따라서 문법 문식성의 구성 요소로 존재하는 문법 지식이 사회기호학적인 것임을 규명하기 위해서는 옐름슬레우의 기호학과 체계기능언어학에서의 맥락과 언어의 관계에 대한 검토가 선행되어야 한다. 이를 토대로 체계기능언어학의 사회기호학적 문법 지식의 구체적 사례를 살펴보고, 이러한 문법 지식을 문법 문식 활동의 지식 요소로 규정하는 것의 타당성을 확인한다.

옐름슬레우(1961)는 '표현(expression)/내용(content), 실질(substance)/형식(form)'[더 알아보기 1]의 구분을 통해 언어를 복합적인 기호 체계로 간주하였다. 그가 언어를 '기표/기의'와 같은 단순한 기호 체계로 보지 않은 이유는 언어의 표현 면이 다시 표현 실질(expression substance)인 음성과 표현 형식(expression form)인 음운 체계로 구분되기 때문이다. 언어의 내용면 역시 내용 실질(content substance)과 내용 형식(content form)으로 구분된다. 내용 형식과 표현 형식을 체계기능언어학에서는 각각 어휘 문법(lexicogrammar), 음운 층위(phonology)라고 명명한다(Martin & Matthiessen, 1991; Martin, 2015: 43).

체계기능언어학은 이와 같은 옐름슬레우의 기호학적 관점을 수용하여 맥락과 언어의 관계에 관한 독특한 관점을 구조화하고, 이를 사회기호학으로 명명한다. 체계기능언어학에서는 사회적 맥락을 언어를 둘러싼 언어 외적 산물로 규정하지 않고, '의미의 상위 층위(higher stratum of meaning)'(Martin, 2014b: 12)로 규정한다. 이러한 관점에 따르면 그림 2-3과 같이 맥락은 언어의 내용 형식이 되고, 언어는 맥락의 표현 형식이 되며, 언어는 다시 내용 형식과 표현 형식으로 구분된다.[쟁점 탐구 3]

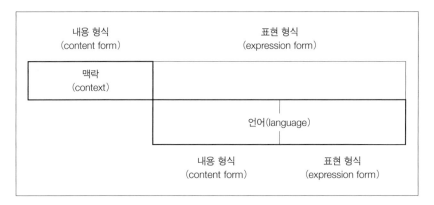

그림 2-3. 맥락과 언어에 대한 사회기호학적 해석(Martin, 2014b: 11)

옐름슬레우는 여기서 한걸음 더 나아가서 '외시 기호학(denotative semiotic)'과 '내포 기호학(connotative semiotic)'을 구분한다. 전자는 자연 언어와 같이 표현 면이 기호학 체계를 이루지 않지만, 후자는 표현 면이

기호학 체계를 이룬다. 즉, 내포 기호학의 경우 표현 면에 다시 기호학 체계가 존재하는 중층적 구조를 이룬다. 따라서 체계기능언어학의 사회기호학적 관점에서 위와 같이 맥락이 언어를 통해 표현되는 의미의 내용을 이루는 것으로 보면, 맥락과 언어의 관계는 맥락이 내포 기호학 체계를 이루고 언어가 외시 기호학 체계를 이루는 것으로 이해할 수 있다.[10] 이를 도식화하면 그림 2-4와 같다.

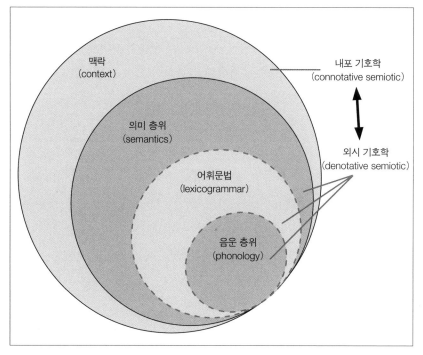

그림 2-4. 내포 기호학으로서의 맥락, 외시 기호학으로서의 언어(Martin, 2014b: 11)

................

10  체계기능언어학의 사회기호학에 관한 논의는 대체로 본문에서 인용한 관련 연구물(Bache, 2010; Taverniers, 2011; Martin, 2014a, 2014b, 2015)을 참조하여 작성되었으며, 이와 관련된 논의가 조진수(2017ㄴ)에서도 부분적으로 다루어진 바 있다.

그림 2-4와 같이 '맥락'과 '언어'가 내용 형식과 표현 형식의 관계에 놓이고 언어가 다시 내용 형식에 해당하는 '어휘문법' 층위와 표현 형식에 해당하는 '음운 층위'로 구분된다는 관점을 수용하면, 문법은 맥락을 언어화하는 핵심 기제의 위상을 지니게 된다. 그러나 마틴의 사회기호학적 논의는 문법교육의 관점에서 두 가지 한계를 지닌다. 하나는 문법이라는 용어를 협소하게 정의하여 음운을 문법에서 배제하였다는 점이고, 다른 하나는 문법적 장치의 기능을 해석할 때 장르 층위와 이데올로기 층위의 역할이 명료하지 않다는 점이다.

첫 번째 한계와 관련하여 이 책에서는 그동안 문법교육학에서 이루어진 문법의 개념 관련 논의를 고려하여 음운을 문법에 포함하는 것으로 처리한다.[11] 이 책에서는 연구 대상을 문장 구조로 한정하고 있으나 음운 역시 문법 문식성 관점에서 교육 내용으로 다루어질 수 있다. 사회기호학적 구조에서 음운이 표현 형식에 해당하는 것은 타당하지만, 문법이라는 용어를 어휘문법 층위로 한정하는 것은 적절하지 않다. 어휘문법은 형태, 통사 차원의 선택항 체계를 가리키므로 문법이라는 용어를 음운 층위까지 포괄하는 개념으로 사용하여도 위와 같은 사회기호학적 구조를 유지하는 데에는 문제가 없다. 용어 차원의 문제와 개념 체계 차원의 문제는 구분되기 때문이다.[12]

두 번째 한계는 문법 문식성을 이론화하는 이 책의 핵심 과업 중 하나

---

11  체계기능언어학은 음운론을 문법에 포함시키지 않고 별도 층위로 설정하고 있어 일반 언어학적 관점과 상치된다. 그럼에도 이와 같이 각 층위 간 관계를 설정한 이유는 옐름슬레우의 기호학 체계를 수용하면서 의미 층위와 통사 층위는 언어의 내용 형식으로, 음운론은 언어의 표현 형식으로 구분되었기 때문이다.

12  할리데이와 달리 헨리 글리슨(Henry Gleason)은 언어를 성층화하면서 '어휘문법(lexico-grammar)'이라는 용어 대신 해당 층위를 '통사/형태론(syntax/morphology)'으로 명명했음 (Martin, 2014b: 7)도 참고할 수 있다.

이다. 이 책에서는 장르와 이데올로기 층위가 문법 문식소의 설정, 분석, 해석으로 이루어진 문법 문식성의 기제 중 해석 단계에서 다루어지는 것으로 본다. 장르는 문장 구조 선택항 체계에 어떠한 해석을 부여할지를 조정하는 역할을 하고, 이데올로기 층위는 비판적 해석을 담당한다. 문법 문식성에서 채택하고 있는 이데올로기의 개념과 세부적인 작동 방식은 후술한다.

### (2) 인지 과정 차원: 문법 문식소의 설정-분석-해석

문법 문식성은 '언어 사용과 구성의 원리로서의 문법' 그 자체와 '문법에 대한 인식'의 구분을 전제한다. 즉, 모든 언어활동의 기저에 항상 문법적 원리가 작용하지만, 문식 활동의 모든 순간마다 문법에 대한 명시적인 인식이 작동하는 것은 아니라고 본다. 그러나 동시에 문법에 대한 명시적 인식이 작동하는 문식 활동이 존재한다고 보는 관점을 취한다. 문법 문식성은 문법에 대한 인식이 그 자체로 문식 활동의 한 층위로 존재하는 경험 양상의 존재를 전제한다. 이러한 전제를 바탕으로 문법 문식성은 인지 과정 차원에서 문법 문식소를 설정, 분석, 해석하는 단계로 이루어진다.

문법 문식성을 이와 같이 규정할 경우, 텍스트에 사용된 문법 장치 중 어떤 것에 주목하는지의 문제가 선결 과제로 요구된다. 텍스트에 사용된 문법적 장치에 주목하는 것이 그 자체로 텍스트를 이해하고 생산하는 행위와 관련되려면 모든 문법적 장치 혹은 아무 문법적 장치가 아니라 '문법적 차원의 주목을 요하는 특정한 문법적 장치'이어야 하기 때문이다. 어떤 언어 형식에 주목할 수 있는지, 또 주목하게 되는 기제가 무엇인지의 문제는 분석과 해석 문제에 비해 그간의 연구에서 많은 논의가 이루어지지 않았다.

우선 문법 문식 활동이 대상으로 삼는 언어 형식의 단위에 대해 살펴보자. 이 책에서는 문법 문식 활동에 관여하는 최소 문법 단위를 '문법 문식소'로 규정하고, 문법 문식성의 작용을 문법 문식소의 설정, 분석, 해석의 국면으로 단계화한다. 문법 문식소는 '사회기호학적 관점에서 문법적 차원의 주목을 요하는 텍스트 내 문법적 장치'로 정의된다. 문법 문식소의 설정은 인지적 주의를 문법적 장치에 할애하는 것이 필요한 상황인지, 또 필요하다면 어떤 문법적 장치에 주목해야 하는지를 판단하는 과정이기 때문에 메타인지적 활동에 해당한다.

문법 문식소는 결과적으로 '문법 문식 활동의 수행 주체에 의해 구성된 선택항 체계 중에서 실현태로 구현된 선택항'을 가리킨다. 예컨대, 문법 문식 활동의 수행 주체가 신문 기사에서 특정한 입장이 대등절이나 종속절이 아니라 관형사절로 실현된 것에 주목하여 이를 대상으로 문법 문식 활동을 수행할 경우 관형사절이 문법 문식소가 된다. 관형사절이라는 문법 단위가 이미 존재함에도 불구하고 문법 문식소라는 새로운 단위 설정이 필요한 이유는 모든 관형사절이 항상 문법 문식소가 되는 것이 아니라, 추후 논의할 문법 문식 활동의 작용 기제에 따라 특정한 관형사절이 주목과 분석, 해석의 대상으로 선정되는 것이기 때문이다.[13]

문법 문식소로 설정된 언어 형식은 분석과 해석 단계를 거치게 된다. 문장 구조 차원의 문법 문식성 논의에서는 문법 문식소의 분석 단계에서 논항 구조 이론과 정보 구조 이론을 활용한다. 논항 구조와 정보 구조 분

........

13  문제는 문법 문식 활동의 수행 주체가 어떤 문법적 장치에 주목하는지에 있을 것이다. 신명선(2008ㄴ: 538)에서는 모어 화자에게 문법이 내재화되어 있어 특별한 경우가 아니라면 문법이 인식의 대상이 되기 어렵다는 전제하에, '문법 읽기'의 대상이 "글의 의미 파악에 영향을 미치는 특정한, 혹은 두드러지는 단어나 문법, 구조 등에 한정"될 가능성이 높음을 지적한 바 있다. 이 책에서는 문법 문식소라는 개념을 설정하고 문법 문식소 설정의 기제를 체계화함으로써 어떤 문법적 장치에 주목할 수 있는지의 문제까지 문법 문식성 교육의 내용으로 포섭하고자 한다.

석 결과는 장르 층위의 해석 조정 단계를 거치는데, 이때 장르를 '장르 체계의 한 선택항'으로 보는 마틴(Martin & Rose, 2008; Martin, 2014a, 2014b, 2015)의 장르 이론이 활용된다.

이데올로기 층위의 해석은 지식사회학의 일반적 이데올로기 개념을 수용하여 체계기능언어학적 방식으로 이루어지는데, 이러한 분석과 해석 과정에서 사회적 행위 이론(van Leeuwen, 1995)도 참조한다. 사회적 행위 이론은 체계기능언어학을 바탕으로 담화에서의 행위 표상 체계를 수립하여 논항 구조와 통사 구조가 무엇을 전경화하고 또 무엇을 배경화하는지를 분석함으로써 담화의 사회적 의미를 분석해 내는 담화 분석 이론이다. 이 이론은 다른 담화 분석 이론에 비해 언어학적 분석에 대한 의존도가 높아 문장 구조를 사회적 행위와 연결 지을 수 있는 이론적 체계를 제시하고 있어 참조하기 적합하다.

문장 구조를 대상으로 한 문법 문식소의 설정, 분석, 해석의 세부 내용은 다음 절의 부문별 작용 기제에서 상술한다.

## 3. 사례를 통해 본 문법 문식성 작용 방식
  : 문장 구조의 경우


### 1) 문장 구조 새롭게 규정하기


　문법교육의 영역에서 문장 구조를 어떻게 정의할지는 선험적으로 주어진 문제라기보다 교육적 의의 및 효과를 기준으로 선택해야 할 문제라고 볼 수 있다. 따라서 문법 문식성의 관점에서 문장 구조의 작용 구도를 논의하기에 앞서 문법교육에서 문장 구조를 어떻게 개념화하는 것이 필요한지에 대한 논의가 이루어질 필요가 있다. 현재 교육과정에서 사용되고 있는 문장 구조 개념은 그 대상이 다소 불분명할 뿐 아니라 다층적 교육 내용을 포괄하기에 적절한지에 대해 면밀하게 검토되지 않았기 때문이다.

　문장 구조는 통상 '통사 구조'를 가리키는 것으로 이해되지만, 문장 구조가 문장에 존재하는 다양한 층위의 구조를 포괄하는 광의(廣義)로 사용될 경우 통사 구조뿐만 아니라 논항 구조, 정보 구조도 일종의 문장 구조로 볼 가능성이 열린다. 이때 논항 구조는 통사론과 의미론의 접촉 영역(시정곤 외, 2000: 13)에, 정보 구조는 화용 층위에 존재(Vallduví, 1993: 33)한다고 볼 수 있다. 즉, 문장 구조는 통사 층위에 국한되는 것이 아니라 화용 층위 및 층위 간의 접면에도 존재하는 다층적 개념으로 볼 수 있다.

　이 절에서는 우선 통사 구조만을 가리키는 협의의 문장 구조 개념과, 통사 구조뿐 아니라 논항 구조, 정보 구조를 포함하는 광의의 문장 구조 개념을 살펴본다. 그다음으로 문법 문식성 교육에 적합한 문장 구조 개념을 선택해 보고자 한다.

　먼저 협의의 문장 구조는 통사 구조를 가리킨다. 여기에는 두 가지 문제가 존재한다. 하나는 국어학과 문법교육에서 통사 구조가 어떤 대상을 가리키는지의 문제이고, 다른 하나는 통사 구조로 한정된 문장 구조 개념이 문법 문식성 논의에서 적절한지의 문제이다.

통사 구조는 일반적으로 생성 문법의 영향으로 형성된 계층 관계(hierarchical relation)를 기반으로 한다. 그러나 선형 관계(linear relation)에 해당하는 어순이 통사 구조에 관여하기 때문에(이정훈, 2011: 269-270) 통사 구조에서 계층 관계와 선형 관계를 모두 다루어 줄 필요가 있다. 또한 선형 관계에 해당하는 어순은 통사 구조로서 정보 구조의 변화에도 영향을 주기 때문에(구본관 외, 2015: 217-218), 통사 구조뿐 아니라 논항 구조와 정보 구조도 문장 구조로 보는 이 책의 관점에서는 어순도 통사 구조에서 다루는 것이 유용하다.

문장 구조 개념의 모호함은 문장 구조라는 용어와 함께 '문장 짜임, 문장 확대' 등의 용어가 함께 사용되는 데에서 확인할 수 있다. 이선웅(2012: 262)에서는 남기심·고영근(2011)에서 사용된 '문장의 짜임새'의 '짜임새'가 한자로 '구조(構造)'에 해당한다고 보고 이를 단문, 복문과 같은 물리적 구조를 가리키는 것으로 간주하였다. 즉, '문장의 구조'를 '문장의 짜임새'와 동일한 개념으로 처리하고, 단문, 복문 등의 개념이 이에 포함되는 것으로 보는 것이다. 한편 '주어+목적어+서술어'와 같은 구조의 경우 '문장의 구조'로 명명하지 않고 '문형(文型, sentence pattern)'으로 처리하여 이 둘을 구분하고 있다.

이러한 방식은 문장 구조를 복문의 짜임으로 한정하고 단문의 구조는 문형이라는 다른 용어로 처리하는 입장에 해당한다. 그러나 단문의 구조 역시 문장의 구조에 해당하기 때문에 복문의 구조만을 문장 구조로 한정하는 것은 적절하지 않다. 특히, 복문의 구조는 통상 '문장 확대'로 지칭되며 문장 확대는 문장 구조의 한 부분이므로 문장 구조를 복문의 구조로 한정할 수 없다.

　이러한 점을 고려하여 이 책에서는 통사 구조를 가리키는 협의의 문장 구조 개념을 단문의 구조와 복문의 구조를 포괄하는 상위 개념으로 사용하고, 복문의 구조만을 가리키는 경우 문장 확대라는 용어를 사용하는 입장을 취한다. 이 책에서는 문장 구조를 협의와 광의로 나누어 기술하고 있고, 협의로 규정할 경우에도 단문, 복문의 개념뿐 아니라 단문 내에서의 구조까지 포함시키고 있다는 점에서 기존 연구와 변별된다.

　다음으로, 통사 구조로 한정된 문장 구조 개념이 문법 문식성 논의에서 적절한지에 대해 논의할 필요가 있다. 문장 구조를 통사 구조로 한정할 경우 통사 층위의 교육 내용을 세밀하게 다룰 수 있다는 장점은 있지만, 문법 문식성 교육 내용이 제한되는 문제가 발생한다.

　즉, 문장 구조를 통사 구조로 한정하면 '왜 문법이 동일한 명제 의미를 표현하기 위하여 상이한 통사 구조를 생성하는 수단을 제공하는지'에 답하기 어렵게 된다. 주어진 명제에 대해 '인지적으로 동의적인'(Chomsky, 1965) 다른 형식적 표현이 존재한다는 문제는 생성 문법에서도 주목받아 왔다. 그러나 생성 문법에서는 문법에 의해 어떠한 구조가 허용되는지를 밝히는 데 초점을 맞추고 있어 기능 차원의 접근이 이루어지지 못하였다(Lambrecht, 1994: 22). 따라서 문법교육 내용이 정확성 층위에 한정되지 않고 적절성, 타당성 층위까지 확대되는 다층적 속성을 가지고 있음을 고려할 때, 문장 구조를 보다 확장된 개념으로 사용할 필요가 있다.

　통사 구조뿐만 아니라 논항 구조,[14] 정보 구조도 문장 구조로 보고 교

──────────

14　이 책에서 논항 구조를 어떤 개념으로 사용하는지에 대해 특기할 필요가 있다. 논항 구조는 통사론과 의미론의 접촉 영역(시정곤 외, 2000: 13)으로서 국어학에서는 주로 통사론과 의미론 차원에서 많이 논의되어 왔으나, 담화 분석 등 맥락을 강조하는 최근 논의에서는 기능적 차원의 접근이 필요하다는 점이 강조된다(Du Bois, 2003). 문장 구조 차원의 문법 문식 활동이 '사태의

육 내용을 마련하는 방법을 생각해 볼 수 있다. 그러나 이 경우 다양한 층위에 존재하는 각 구조 간의 관계를 문법교육의 국면에서 어떻게 설정해야 할지가 분명하지 않다는 문제가 존재한다. 이로 인해 교육적 의의가 확보되지 않은 상태에서 다수의 언어학적인 개념을 문법교육에 도입한다는 지적이 제기될 수 있다. 광의의 문장 구조 개념을 사용하기 위해서는 통사 구조, 논항 구조, 정보 구조는 병렬식 확장이 아니라 다층적 조직체라는 관점에서 문법교육에 도입되어야 한다. 정확성, 적절성, 타당성 층위의 다층적 문법교육 내용 설계에 대한 고려는 문장 구조를 통사 구조로 제한하였을 경우의 문제를 해결하는 동시에 통사 구조, 논항 구조, 정보 구조가 문법교육의 국면에서 어떠한 관련성을 맺는지에 대한 설명을 제공한다.

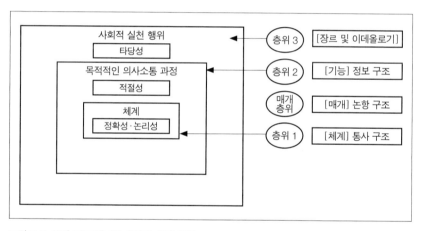

그림 2-5. 문장 구조 개념의 층위별 존재 양상

..................

명제화'와 '명제의 정보구조화'의 두 단계에 대한 재구성으로 구성된다고 볼 때 전자의 과정에서 해당 사태를 어떤 참여자로 구성할지의 문제가 발생한다. 논항 구조 분석을 통해 명제가 사태를 재구성하고 있는 방식을 파악해 낼 수 있기 때문이다. 이 책에서는 문법교육의 관점에서 논항 구조를 사태 층위 및 통사 구조 층위와 접면을 이루는 이원적 구조(조진수, 2017ㄴ)로 규정하는 것이 유용하다고 보고, 이와 같이 재개념화된 논항 구조 개념을 사용한다.

그림 2-5에서 볼 수 있듯, 통사 구조는 정확성 층위에 존재한다.[15] 정보 구조는 적절성 층위에 존재하며, 논항 구조는 통사론과 의미론의 접면이므로 정확성 층위와 적절성 층위를 연결하는 층위 1과 층위 2의 접면에 존재한다고 볼 수 있다.[16] 문장 구조의 다면적 속성에 주목하는 문법교육에서는 정확성 층위에 존재하는 통사 구조를 대상으로 하여, 학습자가 "왜 이러한 구조로 문장이 구성되었을까?", "왜 이런 방식으로 문장이 구조화되었을까?"라는 질문에 대면하게 한다. 해당 명제 내용이 왜 이러한 통사 구조로 표현되었을지에 대한 질문은 일차적으로 적절성 층위에서 해명될 수 있다.

즉, 논항 구조, 정보 구조는 해당 명제 내용이 왜 이와 같은 통사 구조로 표현되었는지를 설명하는 데 동원된다. 적절성 층위의 해명은 그 자체로 완결되는 것이 아니라 타당성 층위에 존재하는 장르 및 이데올로기적 측면으로 이어진다. 정확성 층위의 통사 구조는 적절성 층위의 논항 구조, 정보 구조를 경유하여 타당성 층위의 장르 및 이데올로기 차원에서 해명된다. 이러한 해명은 문장 구조의 다면적 속성을 고려한 해석 과정이라고 할 수 있고, 이러한 과정이 문장 구조에 대한 문법교육 내용을 구성한다.

정리하면, 문법의 다면적 속성을 고려한 문법교육의 관점에서 문장 구조는 '해석 대상으로서의 문장 구조'와 '해석에 동원되는 해석적 자원으로

............

15  물론 통사 구조를 어떤 방식으로 체계화하여 제시할 것인지는 별개의 문제이다. 이 책에서는 문장 구조의 다층적 구조를 고려할 때, 통사 구조의 체계화 방식 자체도 '변이문'(류남혁, 2000), '이형동의문장들'(정희원, 2001) 혹은 '체계항'(제민경, 2014: 418-419) 중심으로 전환되어야 한다고 보고 있다.
16  그림 2-5는 김은성(2008ㄴ: 351)에서 '언어에 대한 비판적 관점을 상정할 때 가능한 세 가지 언어 접근'(Ivanič, 1990: 126)을 재구성한 도식을 이 책에서 설정한 문장 구조의 각 층위와 연결한 것이다. 단, '타당성'은 신명선(2008ㄱ: 373)에서 사용한 용어를 김은성(2008ㄴ)에서 수용한 것이다.

서의 문장 구조'로 나뉜다. 정확성 층위에 존재하는 통사 구조는 전자에 해당하고, 적절성 층위에 존재하는 논항 구조, 정보 구조는 후자에 해당한다.

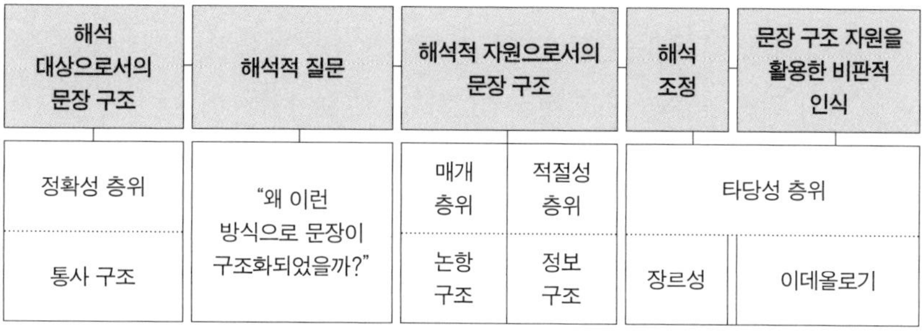

| 해석 대상으로서의 문장 구조 | 해석적 질문 | 해석적 자원으로서의 문장 구조 | | 해석 조정 | 문장 구조 자원을 활용한 비판적 인식 |
|---|---|---|---|---|---|
| 정확성 층위 | "왜 이런 방식으로 문장이 구조화되었을까?" | 매개 층위 | 적절성 층위 | 타당성 층위 | |
| 통사 구조 | | 논항 구조 | 정보 구조 | 장르성 | 이데올로기 |

그림 2-6. 통사 구조, 논항 구조, 정보 구조의 위상

이 책에서는 광의의 문장 구조 개념을 수용하여 통사 구조뿐 아니라 논항 구조, 정보 구조도 문장 구조로 보는 관점을 취하면서, 전자와 후자를 각각 '해석 대상'과 '해석적 자원'으로 상호 관련지었다. 이를 통해 문법교육이 특정 층위의 문장 구조의 개념과 특성을 이해하는 정적인 경험을 제공하는 것이 아니라, 해당 명제 내용이 왜 이러한 통사 구조로 구조화되었는지를 해석하는 역동적인 경험을 제공할 수 있도록 하였다. 물론 이러한 해석은 타당성 층위로 이어진다.

문법교육에서 해석 대상으로서의 문장 구조인 통사 구조의 범위를 어떻게 설정해야 할지도 짚고 넘어가야 할 문제이다. 범위 설정은 문장 구조를 복문의 유형 혹은 복문과 단문의 관계로 제한하여 다룰 것인지, 아니면 단문 내부 구조까지 다룰 것인지의 문제를 포함한다. 그간 교육과정에서는 문장 구조를 단문과 복문의 구조를 포괄하는 것으로 규정하면서도, 단문은 문장 성분 차원에서 별도로 다루고 문장 구조는 주로 복문을 중심으로 다루어 왔다. 문장 성분이 문장 구조와 밀접한 관련을 맺고 있기 때문에 이러한 방식은 다소 불가피한 것으로 생각될 수도 있다. 그러나 문장 성분을 다루는 경우에도 낱낱의 문장 성분을 식별하고 기능을 인식하는 데에 초점을 두고 있어, 문장 성분의 조합으로 구현되는 문장 구조에 주목하도록 하고 있지는 않다.

2015 개정 교육과정에서는 단문과 복문 혹은 복문의 유형에 따라 표현 효과가 달라진다는 점을 성취 기준에서 언급하여[17] 이전 성취 기준보다 교육 내용을 분명히 제시하였다. 그러나 단문 차원의 문장 구조 변환에 따른 표현 효과 차이는 언급되지 않아 단문 차원의 문장 구조에 대한 논의가 상대적으로 부족함을 알 수 있다. 이러한 점을 고려하여 이 책에서는 단문의 구조 역시 통사 구조에 포함하여 논의한다.

## 2) 문법 문식성은 어떻게 작용하는가

문법 문식성은 문장 구조 차원에서 사태의 명제화와 명제의 정보구조화라는 두 단계에 주목한다. 사회에 존재하는 특정 사태는 언어 주체의 관점에 따라 다양한 방식으로 명제화될 수 있고, 또한 명제 의미가 동일한 경우라도 상이한 정보 구조로 표현될 수 있기 때문이다. 문법 문식성은 표

---

17  2015 개정 교육과정에서는 해당 성취 기준에 대해 다음과 같이 설명하고 있다(밑줄은 필자).
[12언매02-05] 이 성취기준은 문장 짜임의 탐구에 대한 이전 학년의 성취기준을 심화한 것으로, 문장의 짜임을 탐구하여 정확하고 적절하게 문장을 사용하는 능력을 기르기 위해 설정하였다. 문장은 크게 홑문장과 겹문장으로, 겹문장은 이어진문장과 안은문장으로, 이어진문장은 대등하게 연결된 이어진문장과 종속적으로 연결된 이어진문장으로, 안은문장은 명사절을 가진 안은문장, 관형사절을 가진 안은문장, 부사절을 가진 안은문장, 서술절을 가진 안은문장, 인용절을 가진 안은문장으로 나뉘므로, 이런 다양한 문장을 적절하게 사용할 수 있도록 한다. 비슷한 단어를 사용하여 문장을 만들더라도 홑문장이나 겹문장, 이어진문장이나 안은문장이 문맥에 따라 정확성이나 적절성에서 차이가 있음을 이해하며, 이를 구별해서 담화 특성에 맞게 사용할 수 있는 능력을 기르는 데 중점을 두도록 한다.

현 결과 산출된 문장을 출발점으로 삼아 언어적 표상 과정을 역추적하며 선택 가능한 잠재태를 재구성하는 방식으로 작동하는데[18] 문장 구조 차원에서 사태의 명제화 과정의 재구성은 논항 구조 분석을 통해, 명제의 정보 구조화 과정의 재구성은 정보 구조 분석을 통해 이루어진다.

　　문법 문식소 분석 단계에서 선택 가능한 잠재태로서의 논항 구조와 정보 구조를 재구성하고 장르 및 이데올로기 차원과 연결 짓기 위해서는, 논항 구조와 정보 구조의 분석 틀 자체를 사회적 행위의 관점에서 재편하는 것이 효과적이다. 이 책에서는 체계기능언어학적 관점에서 사회적 실행이 언어로 재구성되는 방식을 분석할 수 있는 틀을 제공하고 있는 '사회적 행위 이론(social actor approach)'(van Leeuwen, 1995, 1996, 2008)을 참고하여 논항 구조와 정보 구조 분석을 사회적 행위의 관점에서 재편한다. 단, 문법 문식성의 작동 기제와 교육적 효용성을 고려하여 이를 체계화한다.

　　문법 문식성은 횡적 과정과 종적 과정이 함께 작용한다. 횡적으로는 논항 구조, 통사 구조, 정보 구조 분석을 통해 사태의 언어화 과정을 역추적하여 선택 가능태를 재구성하는 과정으로 구성되고, 종적으로는 횡적 분석의 각 단계에서 이루어진 분석 결과를 장르 차원에서 조정하여 이데올로기 차원에서 해석하는 과정으로 구성된다. 문장 구조 차원에서 사태의 언어화 과정을 재구성하는 횡적 과정은 크게 '사태의 명제화 과정 재구성, 명제의 정보구조화 과정 재구성'의 두 단계로 구분된다. 그리고 전자는 다시 '사태가 논항 구조로 실현되는 과정의 재구성, 논항 구조가 통사 구조로 실현되는 과정의 재구성, (논항 구조와 별도의) 통사 구조 선택

--------

18　역추적과 재구성은 실현태를 매개로 잠재태를 구성하는 과정을 기술하기 위해 주세형·남가영(2014)에서 사용된 바 있는 용어이다. '민감한 개념'을 적극 활용하는 구성주의 근거이론의 관점에서 보면 역추적과 재구성도 다양한 국면에서 활용될 수 있어 논의의 출발점으로 삼을 수 있는 '민감한 개념'으로 볼 수 있다.

과정의 재구성'으로, 후자는 다시 '통사 구조와 관련된 정보구조화 과정
재구성, 순수 정보구조화 과정 재구성'으로 세분화된다. 종적 과정은 횡적
으로 존재하는 다섯 단계가 각각 상호 유기적으로 연결되며 장르 층위에
서 해석 조정을 거쳐 이데올로기 차원에서 해석되는 과정으로 이루어진다.

이상에서 설명한 문장 구조 차원의 문법 문식성 작용의 거시 구도를
도식화하면 그림 2-7과 같다.

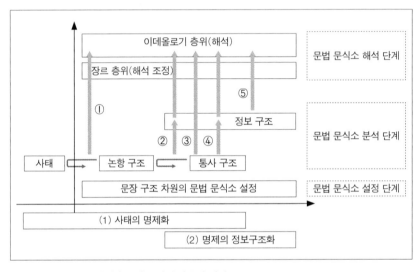

그림 2-7. 문장 구조 차원의 문법 문식성 작용의 거시 구도

그림 2-7과 같이 문법 문식성 작용의 거시 구도를 수립한 근거와 횡
적, 종적 각 단계를 구성하는 세부 내용을 설명하면 다음과 같다.

우선, 횡적 과정에서 '(1) 사태의 명제화'에 관여하는 하위 요소인
'논항 구조'의 경우 의미와 통사 층위의 접면이라는 특성으로 인하여 사
태와의 접면, 통사 구조와의 접면을 함께 살필 필요가 있다. 사태와의 접
면에서는 논항 구조 선택 과정을 역추적함으로써 사태를 복원하고 다시

선택 가능한 논항 구조의 가능태를 재구성하는 과정이 이루어진다. 이 과정에서는 논항 구조 분석을 통해 '사회적 행위자 및 환경 정보의 배제와 포함 여부, 의미역 할당' 등의 문제가 다루어진다. 이는 ①과 같이 그 자체로 장르 층위의 해석 조정을 거쳐 이데올로기 차원에서 해석된다.

논항 구조와 통사 구조의 접면에서는 각 논항에 어떤 통사적 지위를 부여할지 선택하는 과정을 역추적함으로써 각 논항이 취할 수 있는 통사적 지위의 잠재태를 재구성하는 과정이 이루어진다. 이 과정에서는 의미역과 통사 지위 간의 관계 문제가 주로 다루어진다. 행위주가 주어가 아닌 다른 문장 성분으로 실현되는 경우가 대표적인 사례에 해당한다. 이 문제는 논항 구조와 통사 구조의 접면에 존재하지만, 이데올로기 층위의 해석을 위해서는 '화제, 초점'과 같은 관계적 정보 구조의 문제를 경유해야 하기 때문에 ②와 같이 정보 구조 층위를 거쳐 장르 층위의 조정을 받아 이데올로기 층위에서 해석된다. 또한 '(1) 사태의 명제화'와 '(2) 명제의 정보구조화'에 모두 관여한다.

통사 구조는 논항 구조의 실현이라는 차원에서 분석할 수 있으나, 그와 별도로 통사 구조 자체를 해석의 대상으로 삼는 것도 가능하다. 예를 들어, 대등 접속 및 종속 접속과 같은 복문의 통사 구조 선택 문제는 ③처럼 그 자체로 장르 층위의 조정을 거쳐 이데올로기 층위에서 해석된다. 페어클라우(Fairclough, 2003: 95-98)에서는 다수의 현대 정치 텍스트가 이유, 목적, 조건 등의 관계를 표상할 수 있는 종속절 대신 대등절을 주로 사용하며, 현상에 대한 심도 있는 분석과 설명을 제시하기보다 현상 그 자체를 나열하는 것을 선호하는 경향이 있으며 여기에는 주어진 현상을 불가피한 지평으로 수용하게 하려는 의도가 내재해 있다고 분석한 바 있다(조진수, 2015: 288-289). 그 외에도 인용절의 빈번한 사용을 통해 여러 목소리를 혼재함으로써 다른 계층의 사람들이 동일하게 평범한 세계에 속한다는 이념적 전제를 자연화하는 경우(Fowler, 1991; Fairclough, 1995)도 존재한다. 이러한 과정에 대한 역추적과 잠재태 재구성도 ③의 사례에 해당한다.

'(2) 명제의 정보구조화'의 경우 앞서 설명한 ② 외에 문장의 정보 구조 분석을 통해 동일한 명제 의미가 취할 수 있는 정보 구조의 가능태를 재구성하는 과정이 이루어진다. 이는 정보 구조 분석 대상이 통사적 요소인 경우와 통사적 요소와 무관한 순수 정보 구조적 요소인 경우로 구분된다. 전자의 예로는 대등 접속과 관형사절을 들 수 있는데, 정보 구조 차원에서 '관계절에 의해 기술되는 상황과 사건은 청자에게 익숙하고, 잘 알려져 있거나 접근 가능하거나 새로운 정보로 도전받지 않을 것 같다고 화자가 가정'(Givón, 1993)하기 때문에 통사 구조이면서 동시에 정보 구조 차원에서 선택항으로 존재한다(조진수, 2013, 2015: 281-282). 이러한 사례는 통사 구조가 정보 구조를 경유한 후 장르 층위의 해석 조정을 거쳐 이데올로기 층위에서 해석되는 ④에 해당한다. 이 외에 ⑤와 같이 통사 구조와 무관한 순수 정보 구조적 요소를 분석 대상으로 삼는 경우도 존재한다.

그러나 이 책에서는 주로 종결 어미로 실현되는 양태 문제는 논의의 범위에서 제외한다. 최윤지(2016ㄱ: 18-20)에서는 이 문제를 명제의 절대적 정보 지위에 해당하는 것으로 보고 정보 구조 차원에서 다루었으나, 이 책에서는 정보 구조 유형 중 '한정성, 특정성'과 같은 실체의 지시적 정보 지위 문제와 '화제, 초점'과 같은 명제의 관계적 정보 구조 문제를 다루되, 명제의 지시적 정보 지위의 문제는 논의의 범위에 포함하지 않는다. 정보 구조를 논항 구조, 통사 구조와의 연계 속에서 다루는 본 논의의 흐름상 종결 어미 등으로 실현되는 양태 문제를 정보 구조와 관련짓기 어렵기 때문이다. 물론 문법 문식성에서 양태는 대인적 기능을 수행하는 중요한 요소이지만 이에 대해서는 추후 별도의 논의가 필요하다.

### 3) 어떤 문법적 장치에 주목하는가

문법 문식소는 문식 과정에서 특정한 인지적 주목을 요하는 문법적 장치이기에 '유표성(markedness)'을 기본 특성으로 갖는다. 유표성 이론은 '야콥슨에 의해 구조주의 언어학의 테두리 안에서 주로 변별 자질의 유무를 통해 음소를 정의하기 위한 도구로 제기된 이후 다른 분야의 해석에도 확대 적용'(유승만, 2006: 271)되어, '유표'와 '무표'라는 개념은 음운 층위를 넘어 형태, 의미, 문체 층위에까지 적용되었으며 기능주의적-유형학적 언어학, 화용론 등 여러 언어이론에서도 활용되고 있다(김형민, 2016).

유표성은 여러 영역에서 다양한 의미로 활용되고 있기 때문에 문법 문식성 연구에서 활용하기 위해서는 '유표항과 무표항의 비대칭성, 유표성의 차원, 유표성 개념의 확장'의 세 측면에서 검토할 필요가 있다.

우선 첫 번째 측면과 관련하여 니콜라이 트루베츠코이(Nikolai Trubetzkoy)와 로만 야콥슨(Roman Jakobson)이 주고받은 서신 내용을 살펴보면, 초기의 유표성 이론은 '특정 자질을 가진 항(a)'과 '특정 자질을 갖지 않은 항(not a)'과 같이 상호 배타적인 대립 쌍을 '유표'와 '무표'로 규정했음을 알 수 있다. 그러나 이후 야콥슨은 '유표항과 배타적 대립 관계를 갖는 무표항'은 무표항의 특수한 유형임을 인식하고, 무표항을 일반 의미와 특수 의미로 구분하여 이원적으로 해석한다. 이에 따라 유표항은 여전히 '특정 자질(a)의 신호화(signalization of a)'로 단일하게 규정되지만, 무표항은 '특정 자질(a)의 비신호화(non-signalization of a)'라는 일반 의미와 '특정 자질(a) 결여의 신호화(signalization of non-a)'라는 특수 의미로 이원화된다(김형민, 2016: 40-42). 무표항의 일반 의미를 이와 같이 정의함으로써 무표항의 비관여적 속성이 보다 명료히 드러났으며 유표항과 무표항이 양극의 대립 관계가 아닌 비대칭적 관계를 맺고 있음도 확인되었다.

다음으로 유표성이 형식적 차원에서뿐 아니라 분포, 의미 등 다양한 차원에서 규정될 수 있다는 점을 확인하고, 각 차원에서 규정되는 유표성 간의 관계를 검토한다. 라이언스(Lyons, 1977/강범모 역, 2011: 481-490)는 유표성이 '수많은 이질적인 그리고 독립적인 현상을 담당하는 개념'임을 언급하며 유표성을 '형식, 분포, 의미'의 세 차원으로 구분하여 정의하였다. 형식적으로 유표적인 대립의 구성소가 그 분포에서 형식적으로 무표적인 구성소보다 더 제한적인 경향이 존재하고, 분포적 표지는 의미적 표지와 대응하는 경향이 있으며, 의미적으로 유표적인 어휘소는 그것에 상응하는 의미적으로 무표적인 어휘소보다 더 특수한 뜻을 가진다. 그러나 동시에 '백작 : 백작 부인'의 대응 쌍에서 볼 수 있듯이 형식적으로는 유표적이지만 분포적으로는 유표적이 아닌 사례가 있고, '높다 : 낮다'와 같이 형식적으로 관련되지 않은 반의어 쌍에서 볼 수 있듯이 분포적으로 유표적이지만 형식적으로는 유표적이 아닌 사례도 있다.

이러한 논의가 시사하는 바는 형식적 표지와 상반되거나 또는 무관하게 유표성이 구현될 수 있다는 점이다. 즉, 문법 문식성에서 주목 대상이 되는 언어 형식인 문법 문식소가 유표성을 띤다는 말이 반드시 형식적으로 유표적인 표지를 전제하는 것은 아니다. 유표성은 다양한 차원에서 규정될 수 있는 포괄적 개념이며 형식적인 표지 차원에서 규정된 '유표지성'으로 한정되지 않는다. 이는 문법 문식성 논의에서도 마찬가지로 적용된다.

마지막으로 유표성 이론이 다양한 학문 영역에 활용되면서 유표성의 개념이 크게 확장되고 있음을 지적할 필요가 있다. 앞서 지적한 바와 같이 유표와 무표는 양극의 대립 관계라기보다는 비대칭 관계를 맺고 있다. 따라서 한 항이 다른 항에 비해 더 특수하거나, 더 제한적이거나, 더 복잡하거나, 덜 보편적이거나, 덜 자연적이거나, 덜 빈번하게 출현할 경우 유표적 성격을 지니게 된다(김형민, 2016: 29). 유표항이 지닌 이러한 속성은 유표성 이론을 활용하는 학문의 특성에 맞게 조정된다. 예컨대, 형태론에서 규칙은 무표적이고 불규칙은 유표적이라고 본 통사론에서 특정 어순들을 무표와 유표로 구분한 것, 시학 및 문화 연구에서 자유와 억압, 선과 악, 삶과 죽음 등을 유표와 무표의 개념으로 해석한 것 등은 유표성 개념의 확장을 보여 주는 사례라고 할 수 있다(유승만, 2006: 279-287). 문법 문식성 논의에서도 유표성은 '특수함, 제한적임, 덜 보편적임, 덜 자연적임' 등과 같은 속성을 포괄한 확장적 개념으로 규정된다.

유표성을 지닌 문법적 장치가 문법 문식소로서 의식적인 주목을 받을 수 있다는 점은 화용적 차원에서 스티븐 레빈슨(Stephen Levinson)의 M-원리에 의해 지지된다. 그는 질의 격률을 제외한 그라이스의 프로그램을 신그라이스의 화용 원리인 Q[Quantity], I[Informativeness], M[Manner] 원리로 축소하고, 각 원리를 화자가 말할 바를 명시하는 화자의 격률과 청자에게 무엇을 추론하도록 할 것인지를 지시하는 수용자의 정리로 구분하였다(Huang, 2009: 50). 이 중 M-원리는 유표적 표현에 관한 것인데 이를 화자와 청자의 관점에서 다음과 같이 설명할 수 있다.

레빈슨의 M-원리
- 화자: 이유 없이 유표적 표현을 사용하지 마라.
- 청자: 유표적인 방식으로 말해진 것은 무표적이지 않다.

(Huang, 2009: 62)

수용자의 관점에서 유표적 표현의 존재는 무표적 표현이 사용되었을 경우에 가능한 해석을 차단하는 효과를 갖는다. 또한 유표적 표현의 존재는 무표적 표현의 의도적 배제를 의미한다는 점에서 모종의 표현 의도를

내재하고 있음을 시사한다.[19]

문법 문식성의 관점에서 문법적 장치가 갖는 유표성은 '장르 독립적, 장르 매개적, 사태와 언어 형식 간 관계'의 세 층위에서 생각해 볼 수 있다. 장르 독립적 유표성은 선호 논항 구조나 정보 구조의 경향성과 같은 선호 구조를 위배한다는 점에서 덜 보편적인 속성을 갖는다. 장르 매개적 유표성은 장르성에 부합하여 나타나는 장르 간 유표성과 장르성을 위배하여 나타나는 장르 내 유표성으로 구분된다. 장르 간 유표성은 특정 장르가 가진 특수성이라는 점에서 유표적이고, 장르 내 유표성은 특정 장르 안에서 나타나는 경향성의 위배라는 점에서 덜 보편적인 속성을 지녀 유표적으로 분류된다. 사태와 언어 형식 간 관계에서 언어 형식이 갖는 유표성은 사태와 언어 형식 간의 불일치에서 발생한다. 이러한 불일치를 가리키는 문법적 은유는 사태와 언어 형식이 일치하는 부합적(congruent) 표현을 따르지 않았다는 점에서 덜 자연스러운 속성을 지녀 유표성을 띤다.

표 2-4. 문법 문식소의 유표성 유형

| 층위 | 일치(부합) 여부 | 유표성 유형 | 사례 |
|------|------|------|------|
| 장르 독립적 | 위배 | 선호 구조 위배 | • 선호 논항 구조(Du Bois, 2003) 위배<br>• 정보 구조 경향성(Chafe, 1994) 위배 |
| 장르 매개적 | 장르성에 부합 | 장르 간 유표성 | • 정치, 외교 관련 텍스트에서의 주어 명시 문제 |
| | 장르성을 위배 | 장르 내 유표성 | • 논평에서 종속 접속문 사용을 자제하고 사건 보도문처럼 대등 접속문을 주로 사용(Fairclough, 2003: 95-98). |

................

19 화용적 차원에서는 유표성을 화자 차원으로 한정하여 설명하고 있으나, 문법 문식성 논의에서 유표성은 개인의 차원으로 제한되지 않는다. 표현 주체가 장르성에 부합하는 표현을 선택하는 과정에서 개인적 의도를 투사하지 않았다고 할지라도 특정 장르의 변별적 특성에 부합하는 문법적 장치는 장르 차원의 표현 의도를 지녀 장르 간 유표성을 띠게 된다.

| 사태와<br>언어 형식 | 불일치 | 문법적<br>은유 | • 동적 사태를 명사적으로 표현함. |
|---|---|---|---|

우선 장르 독립적 층위에서 이루어지는 유표성의 하위 유형을 논항 구조와 정보 구조 차원에서 살펴보자.

논항 구조 제약이 한국어 문어체와 대화체 자료에 적용되는지 검토한 김미경(2002: 340-341)에 따르면, 선호 논항 구조 제약 네 개 중 '한 개의 절에 1개 이하의 필수논항이 실현된다.'와 '타동사 주어는 실현되지 않는다.'는 한국어 문어체 문장에 잘 적용되지 않았으나, '한 개의 절에 1개 이하의 신정보 필수 논항이 실현된다.'와 '타동사의 주어는 신정보의 기능을 하지 않는다.'는 구어, 문어 양식 모두에 잘 적용되었다. 이 두 사항은 논항 구조를 언급하고 있기는 하지만 논항 실현을 신정보와 관련짓고 있어서 정보 구조와 깊이 관련된 문제이다. 이러한 조건을 위배한 경우 장르 독립적 유표성을 띠어 문법 문식소로 주목해 볼 수 있게 된다. 물론 이는 엄격한 규칙이 아니라 일종의 경향으로서 이해해야 하며, 이와 같은 경향성에 근거하여 유표성을 부여받는 문법 장치가 텍스트 해석에 유의미한 작용을 하는지는 추후 분석과 해석 단계를 통해 결정된다.

문법 문식소 설정을 위한 유표성의 논리는 의미 구조와 통사 구조의 대응 규칙을 다루는 연결 이론에서도 찾을 수 있다. 대응 규칙은 의미 구조 논항과 통사 구조 논항이 연결되는 데 작용하는 규칙(양정석, 2002: 14-15)으로, 연결 이론은 이러한 대응 규칙에 주목하는 이론이다.[20] 연결 이론은 그 자체로는 언어 주체가 어떤 논항 구조에 주목해야 할지에 대해 언

---

20  '논항 연결'은 엄밀한 의미에서 '논항 실현'과 구분된다. 고영근(2013: 248)에서는 "논항 연결은 의미 범주인 논항이 형태·통사 범주로 사상되는 과정을 의미하고 논항 실현은 어떤 논항이 일정한 형태·통사 구조로 실현된 결과를 의미"한다고 보아 두 개념을 구분한 바 있다.

급하지 않지만, 대응 규칙을 위배하는 현상을 일종의 유표성으로 간주할 수 있기 때문에 유표성을 기반으로 한 문법 문식소 설정의 논리로 이를 활용할 수 있다.

예컨대, '행위자는 통사 구조의 주어로 연결된다.', '대상은 통사 구조의 목적어로 연결된다.'와 같은 대응 규칙(양정석, 2002: 314)은 모든 언어 현상에 적용되지는 않지만 일종의 경향성으로 파악되어 이를 어기는 언어 형식은 유표성을 띠게 된다. 즉, 논항 구조 층위에서 행위자임에도 불구하고 통사 구조 층위에서 주어가 아닌 다른 통사적 지위를 부여받은 경우 연결 이론에 의해 유표성을 띠게 되고 문법 문식소로 설정될 가능성이 높아진다. 논항 구조 층위에서 대상임에도 불구하고 통사 구조 층위에서 목적어가 아닌 다른 통사적 지위를 부여받은 경우에도 마찬가지로 유표성을 띠게 되어 문법 문식소로 설정될 가능성이 높아진다.[21]

그다음으로 정보 구조 차원의 유표성에 대해 살펴보자. 장르 독립적 층위에서는 정보 구조의 일반적인 경향성(Chafe, 1994)을 위배하여 유표성을 띤 경우가 문법 문식소로 설정될 수 있다. 그간 언어학 연구에서 규명된 정보 구조의 일반적인 경향성으로는 '정언문에서는 화제-평언 구조가 일반적인 정보 구조임', '정언문에서 주어가 화제로 나타나는 것이 무표적임'(Lambrecht, 1994: 176), '타동사의 주어는 신정보의 기능을 하지 않음'(Du Bois, 2003), '동일한 절에서 새로운 지시체를 도입하고 그것에 대해서 이야기하지 않음'(Lambrecht, 1994: 246) 등을 들 수 있다. 이 중 세 번째와 네 번째로 제시된 특성은 각각 '선호 논항 구조 제약, 지시와 역할의 분리 원칙(Principle of Separation of Reference and Role: PSRR)'으로 불린다.

................

21  물론 앞서 설명한 대로 연결 이론의 대응 규칙이 모든 경우에 예외 없이 적용되는 것은 아니다. 예를 들어 비대격 동사와 능격 동사는 이와 같은 대응 규칙의 적용을 받는다고 보기 어렵기 때문에 이 규칙에 의해 유표성을 부여받지 않는다.

단, 정언문에서는 '화제-평언 구조', 즉 서술어 초점이 무표적이고 논항 초점이 유표적이지만 제언문까지 고려할 때에는 유표성의 개념을 중층적으로 재규정할 필요가 있다. 문장 초점에 해당하는 제언문은 "어떤 상황에서 발화되는 문장이 그 상황을 분리되지 않는 하나의 덩어리로 표현하는 특수한 문장 유형"으로 정언문과 비교할 때 유표성을 띤다(전영철, 2013ㄴ: 100). 제언문과 정언문을 포함한 정보 구조의 유표성 구조는 표 2-5와 같이 도식화할 수 있다.

표 2-5. 정보 구조 유표성의 중층 구조

| 유표적 | 무표적 | |
|---|---|---|
| 제언문 | 정언문 | |
| 문장 초점 | 서술어 초점 | 논항 초점 |
| | 무표적 | 유표적 |

이 도식을 보면 정보 구조의 유표성이 판단 층위에 따라 상대적으로 결정되는 속성을 지니고 있음을 알 수 있다. 예컨대, 논항 초점인 문장은 제언문과 정언문 층위에서는 정언문에 해당하여 무표성을 띤다. 하지만 논의의 범위가 정언문으로 한정될 경우 논항 초점인 문장은 서술어 초점과 대비되어 유표성을 띤다. 이와 같이 정보 구조의 유표성은 중층적이고 상대적인 속성을 지닌 것으로 규정된다.

유표적으로 표현된 것은 수용자 관점에서 무표적으로 수용하지 않는다는 레빈슨의 M-원리를 고려할 때, 정보 구조의 일반적인 경향성 위배는 표현 이면에 필자의 특정한 의도가 존재할 가능성이 높음을 시사한다. 따라서 '제언문의 경우, 정언문에서 정보 구조가 화제-평언 구조가 아닌 경우, 주어 이외의 문장 성분이 화제로 나타나는 경우, 신정보가 타동사의 주어로 설정된 경우, 새로운 지시체가 동일한 절에서 도입되고 설명되는 경우'는 정보 구조 차원의 문법 문식소로 설정될 수 있다. 물론 이는 일반적인 경향성에 대한 위배일 뿐 절대적 원리를 위배한 것이 아니기 때문에, 이와 관련된 문법적 장치에 대한 주목이 유의미한 해석으로 이어질 수 있을지 여부는 문법 문식소의 분석과 해석을 통해 최종 확인된다. 그럼에도 불구하고 이와 같이 유표적 양상을 명시화하는 작업은 문법 문식소 설정의 단계를 교육적으로 활용할 때 이론적 기준점이 되기 때문에 반드시 필요하다.

장르 매개적 유표성, 즉 장르와 언어 형식과의 관계에 따른 유표성은 장르 간 유표성과 장르 내 유표성으로 구분된다. 전자는 다른 장르와 구분되는 해당 텍스트 특유의 장르성에 부합하는 언어 형식을 가리키고, 후자는 해당 텍스트의 장르성을 위배하고 있는 언어 형식을 가리킨다. 국내에서 이루어진 연구는 주로 장르성에 부합하는 장르 간 유표성에 집중되어 있다. 그러나 유표성을 문법 문식소 설정의 기제로 보는 이 책의 관점에 따라 조망적 접근을 할 경우 장르성을 위배하는 장르 내 유표성도 유표성의 한 유형으로 포착된다.

정보 구조 차원의 유표성은 장르 독립적 층위뿐 아니라 장르 매개적 층위에서도 확인된다. 예를 들어, 관형사절을 통해 실현되는 '전제화'는 신문 기사에서 주관성을 객관화하여 표현하는 대표적인 방식 중 하나이므로, 해당 장르에서 문법 문식소로 설정될 수 있다. 정보 구조는 수신자의 객관적인 인지 상태를 기준으로 하는 것이 아니라 수신자에 대한 발신자의 가정을 기반으로 하는 것이기 때문에, 필자는 특정 사태에 대한 독자의 실제 인지 상태와 무관한 정보 구조를 선택할 수 있다. 즉, 필자가 의도적으로 특정한 정보를 독자가 이미 알고 있는 것처럼 표현하는 것이 가능하다(Halliday & Matthiessen, 2004: 91). 이와 같이 정보 구조 선택을 통해 필자가 독자에게 특정 정체성을 부여하려는 시도를 할 수 있기 때문에 독자는 신문 기사를 읽을 때 관형사절이라는 문법적 장치에 유의해야 한다.

마지막으로 사태와 언어 형식 간의 불일치가 야기하는 유표성에 대해 살펴보자. 언어 형식을 사태 차원과 구분하여 둘 사이의 일치 여부에 주목해야 한다는 발상은 '문법적 은유(grammatical metaphor)'에서 비롯된다. 문법적 은유는 사태와 언어 형식 간의 불일치(incongruent)[더 알아보기 2]를 가리키는 개념(Halliday, 2004)으로 언어학과 교육 영역에서 체계기능언어학이 이룩한 중요한 기여 중 하나로 평가받고 있으며(Devrim, 2015; Martin, 2013), 최근 문법교육학에서도 다양한 논의가 이루어지고 있다(주세형, 2015; 제민경, 2015: 152-158; 소지영·주세형, 2017, 2018; 소지영·성경희·주세형, 2018; 소지영, 2018, 2020; 정려란, 2018).

담화에서 진행되는 내용은 체계기능언어학에서 관념적 기능(ideational function)에 해당하는데, 이와 관련된 문법적 은유는 경험적 은유(experiential metaphor)와 논리적 은유(logical metaphor)로 구분된다(Martin, 1992). 전자는 과정, 참여자, 성질, 환경이 어떠한 언어 형식으로 실현되는지와 관련되고, 후자는 사태 차원의 관계성이 언어 차원에서 어떠한 형식으로 실현되는지와 관련된다.

그림 2-8은 사태와 언어 형식이 일치한 유형으로 '과정'이 동사로, '참여자'가 명사로, '성질'이 형용사로, '환경'이 전치사와 부사로, '논리적 관계'가 접속사로 표현된 경우를 도식화한 것이다. 이에 비해 그림 2-9는 사태와 언어 형식이 불일치한 유형으로 문법적 은유에 해당한다. 이 유형에서 '과정'과 '성질'은 '동사'와 '형용사'가 아닌 명사로 실현되고, '논리적 관계'는 접속사가 아닌 명사, 동사, 형용사, 전치사로 실현된다.

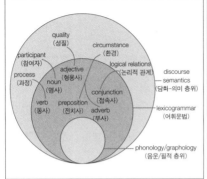
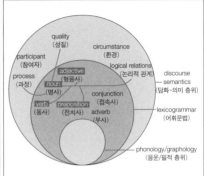

그림 2-8. 사태와 언어 형식의 일치　　　　그림 2-9. 사태와 언어 형식의 불일치(문법적 은유)
　　(Devrim, 2015: 12)　　　　　　　　　　　(Devrim, 2015: 12)

　언어 형식의 선택을 통해 사태가 가진 고유한 특성을 가상의 세계인 텍스트에서 다른 방식으로 표상하였다는 것은, 문법적 선택에 모종의 표현 의도가 존재함을 의미한다. 물론 이때의 표현 의도는 관습화되어 언어 공동체가 공유하고 있는 것에서부터 개인의 창발적 선택에 의한 것까지 다양한 스펙트럼을 갖는다. 관습적인 것이든 개인적인 것이든 사태와 언어 형식의 불일치로 인해 발생하는 유표성은 문식 과정에서 인지적 주목의 대상이 된다. 문법적 은유는 독자나 필자에 의해 문법 문식소로 설정될 수 있는 일차적인 후보이다. 물론, 문법 문식소의 설정 국면에서 장르적 요인이 복합적으로 관여하기 때문에 문법적 은유가 적용된 모든 언어 형식이 문법 문식 활동에서 유효한 것은 아니다.


　4) 현실은 어떻게 문장이 되는가

　사태의 명제화 과정 재구성은 논항 구조를 중심으로 사태와의 접면, 통사 구조와의 접면이 주로 관여한다. 이 부문은 문장의 명제 의미를 출발점으로 실제 사태의 존재 양상을 추론하고, 이를 바탕으로 다시 해당 사태를 명제로 구성하는 다양한 가능태를 재구성하는 과정을 포함한다. 이 절에서는 이러한 작업이 왜 기능적 논항 구조 분석을 통해 가능한지 살펴보고, 이러한 접근이 기존의 논항 구조 논의와 어떤 점에서 차별화되는지 확인한다.

논항은 '동사의 자릿수와 밀접한 관련을 맺고 있다는 측면에서는 통사론적 성격'을 가지고 '동사의 의미적 특성을 반영하고 있다는 측면에서는 의미적 성격'을 갖는다(시정곤 외, 2000: 13). 논항을 '술어가 나타내고자 하는 상황에서 꼭 필요한 요소'(정태구, 2001: 6)로 보는 것은 논항을 의미론적으로 정의한 것에, 논항을 '의미역을 받는 최대투사범주'(조성식 외, 1990: 86) 혹은 '논리형식부에서 의미역이 부여되는, 곧 의미역 관계에서 명사 자격을 부여받는다고 가정되는 것'(Chomsky, 1981/이홍배 역, 1987: 54)으로 보는 것은 논항을 통사론적으로 정의한 것에 해당한다(이선웅, 2012: 216-217).[쟁점 탐구 4] 이러한 이유에서 논항 구조는 '통사론과 의미론의 접촉 영역(interface)'으로 주목받으며 문법 영역을 매개하는 중간자적 위치에 있다고 평가받았다(시정곤 외, 2000: 5-13). 조진수(2017ㄴ)에서는 여기서 더 나아가 논항 구조가 통사와 의미 층위의 접면일 뿐 아니라 사태와 의미 층위의 접면이기도 하다는 점을 지적하며 논항 구조를 '이원적 접면을 가진 구조'로 규정하였다.

그러나 논항 구조가 갖는 이러한 매개적 특성에도 불구하고 논항 구조에 대한 그간의 통사론과 형식의미론적 접근이 '의미역에 대해 규정적, 고정적 입장을 보이고 있고 논항의 선택과 관련하여 동사를 중심으로 의미적 관계와 문법적 관계 사이에서 이루어지는 사상과정(mapping process)을 기술하는 데 치중했다는 지적'(Du Bois, 2003; 이원표, 2015: 74)이 제기되고 있다. 이러한 비판은 문법을 기능적 관점에서 담화 차원과 관련지으며 '선호 논항 구조'(Du Bois, 2003) 개념을 제안하는 논의와 논항 구조의 의미역을 비판적 담화 분석에 활용하려는 논의(이원표, 2015) 등에서 이루어지고 있다. 이러한 관점은 논항 구조에 대한 기능적 접근으로 규정할 수 있다. 문법 문식성은 통사론이나 형식의미론과 같이 특정 부문의 작동 기제를 세련되게 기술하는 것을 목적으로 삼는 것이 아니라, 문법에 대한 기능적 접근을 기반으로 언어의 다양한 층위가 연계되는 것을 지향하기 때문에 논항 구조를 기능적 관점에서 분석한다.

기능적 논항 구조 분석도 문법 문식소의 설정, 분석, 해석 국면으로 나누어 살펴볼 수 있다. 문법 문식소 설정 기제는 앞 절에서 논의하였으므로 이 절에서는 분석 국면에 초점을 두어 논의한다. 해석 국면은 논항 구조뿐 아니라 정보 구조 분석 기제까지 설명한 후 장르 및 이데올로기 층위에서의 해석과 관련된 절에서 종합적으로 설명한다.

문법 문식소 분석 국면에서는 실현된 논항 구조를 바탕으로 실현되지는 않았으나 선택항으로 존재 가능한 잠재적 논항 구조의 계열체를 구성하는 것이 주요 과업이 된다. 이를 위해서는 우선 의미역을 기능적 관점에서 범주화하고, 각 의미역 범주별 선택항 체계를 구축하는 작업이 요구된다.

의미역은 격문법(case grammar)에서 제안(Fillmore, 1968)된 이후 여러 종류가 제시되어 왔지만, 의미역 목록 설정에 대해 다양한 의견이 존재함에도 불구하고 의미역 분류를 체계적으로 수행한 연구를 찾기 어렵다(이선웅, 2012: 230). 의미역 목록이 혼란스러운 이유는 분류 기준이 단일하지 않다는 데 있다. 박진호(1994: 87-88)는 논항 구조 논의에서 상정되는 의미역 목록에 이질적인 두 종류의 의미역이 혼재해 있다는 통찰을 보여주고 있어 주목된다. 그는 '대상역, 장소역, 출발점역, 도착점역' 등은 공간 속에서의 물체의 이동이라는 사건과 관련된 의미역인데, '행위주역, 피동주역, 수혜주역' 등은 두 물체 사이의 역학 관계와 관련된 의미역이라는 사실을 지적하고 이에 따라 의미역이 '공간 차원'과 '역학 관계 차원'이라는 두 층렬(tier)로 구분되어야 한다고 보았다.

의미역을 공간과 역학 관계의 두 층위로 구분하는 것은 의미역이 복수의 기준에 의해 분류되어 있음을 방증하고, 특정 기준에 따라 의미역을 범주화하는 것이 가능함을 뜻한다. 이러한 발상은 체계기능언어학에서 사태를 절로 표상할 때 '과정(process), 참여자(participants), 환경(circum-stance)' 세 요소가 결합된다고 보는 관점과 무관하지 않다. 여기서 '과정'은 '동사'와 관련되고,[22] '참여자'와 '환경'은 앞서 제시한 의미역 범주 중 각각 '역학 관계 차원의 범주, 공간 차원의 범주'와 관련된다. 따라서 논항 구조에 대한 기능적 분석에서는 의미역을 참여자 문제를 다루는 '역학 관계에 관한 범주'와 공간과 같은 '환경에 관한 범주'로 구분하여 다룬다.

특히 체계기능언어학에서는 절이 사태를 표상하는 구조를 그림 2-10과 같이 과정이 중심에 위치하고 참여자, 환경으로 확장되어 가는 동심원으로 가정하고 있다. 이때 '과정, 참여자, 환경' 각각이 '동사류, 명사류, 부사류 및 전치사 구'로 실현되는 것을 전형적 방식으로 보고 있어(Halli-day & Matthiessen, 2004: 177) 사태와 언어 형식 간의 대응 문제에 관한 분석 틀로도 활용할 수 있다. 즉, 앞서 설명한 대로 사태와 언어 형식 간 부합하는(congruent) 대응이 이루어지지 않고 불일치가 발생할 경우 유표성을 띠게 되어 문법 문식소로 작용할 가능성이 높아진다.

...............

22  체계기능언어학의 동성 체계에 대한 국어교육적 논의로 박종훈(2008), 제민경(2015), 이관규·신희성(2020), 주세형·정혜현·노하늘(2020) 등을 참고할 수 있다.

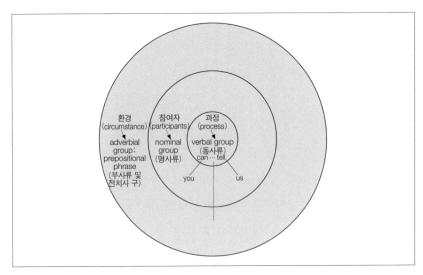

그림 2-10. 경험의 표상으로서의 절 구조(Halliday & Matthiessen, 2004 : 176)

　　이러한 분석 틀 설정은 논항 구조와 관련된 문법 문식성의 작용이 본
질적으로 의미역을 매개로 한 사태의 재구성과 이를 기점으로 다시 의미
역의 가능태를 계열화하는 과정을 포함한다는 점에서 비롯된다. 단순히
실현된 논항 구조를 분석하는 데에는 동사가 사태의 어떠한 과정을 표상
하고 있는지가 크게 중요하지 않지만, 사태가 어떠한 논항 구조들로 실현
될 수 있는지를 분석하는 기능적 관점에서는 다양한 논항 구조를 성립하
게 하는 동사의 선택 문제가 중요하게 부각되기 때문이다.

　　이러한 관점에 입각하면 논항 구조와 관련하여 서술어의 자릿수를 확
인하거나 특정 문장 성분이 나타내는 의미역이 무엇인지를 단순히 식별
하는 것을 넘어서게 된다. '왜 이와 같은 논항 구조가 선택되었는가?'와
같이 문법적 인식을 경유하여 문장 구조의 구성 과정을 성찰하는 질문이
가능해지는 것이다. 이러한 질문은 '왜 이 사태가 사람의 행위 과정이 아
닌 사물의 존재 과정으로 표상되었는가?'와 같이 과정을 표상하는 동사의

유형과 관련된 질문으로 구체화될 수도 있고, '이 사태를 표상하는 데 왜 타동사가 아니라 자동사가 사용되었는가?'와 같이 동사의 종류와 관련된 질문으로 구체화될 수도 있다.

역학 관계 측면의 의미역 범주는 참여자 문제로 귀결되고 공간 관계 측면의 의미역 범주는 환경 문제로 귀결되므로 이를 기능적 관점에서 분석하기 위해서는 참여자 논항, 환경 논항과 관련된 선택항 체계를 수립해야 한다. 그런데 체계기능언어학에서는 사태의 표상과 관련하여 '참여자와 환경을 한 부문으로 하는 체계'를 '과정 유형을 한 부문으로 하는 체계'와 구분하고, 이 두 부문을 종합하여 하나의 큰 체계를 구축하고 있다. 그러나 사태와의 관련을 고려할 때 특정 사태가 참여자 논항으로 실현될 수도 있지만 환경 범주와 관련된 논항으로 실현될 수도 있기 때문에 이 둘을 관련짓는 논의가 요구된다.

체계기능언어학에서는 행위성 유무를 일차 기준으로 하여 체계를 분류한다. 행위성이 있는 경우는 태에 의해 능동과 피동으로 구분된다. 피동은 다시 행위주가 문장에서 완전히 실현되지 않는지 아니면 주어는 아니지만 전치사구나 부사어로 실현되는지에 따라 구분된다. 이는 언어 표현 과정에서 모어 화자가 가지고 있는 잠재적 선택항 체계로 참고할 수 있으나 영어 화자를 기준으로 구축된 것이라 한국어에 맞게 조정할 필요가 있다. 선택 가능성의 집합인 '체계'는 '언어마다 다를 수 있고 원칙적으로 무한'(Smirnova & Mortelmans, 2010: 70)할 수 있기 때문에 한국어의 특성과 문법 문식성의 작용 기제를 고려한 재구조화가 요구된다.

문법 문식성은 이데올로기 층위의 해석도 포함하기 때문에 사회적 실행이 언어로 재구성되는 방식을 분석할 수 있는 틀을 제공하고 있는 '사회적 행위 이론'(van Leeuwen, 1995, 1996, 2008)도 함께 고려할 필요가 있다. 사회적 행위 이론은 체계기능언어학적 관점을 활용하면서 사회적 행위자가 문장에서 어떤 역할을 부여받는지와 관련하여 비판적 언어학에서 이루어진 일련의 성과를 종합적으로 고려하고 있기 때문이다. 사회적 행위 이론에서는 사회적 행위자의 표상 여부를 기준으로 '배제'와 '포함'을 일차 분류하고, 전자는 배제의 정도에 따라 '억제'와 '배경화'로, 후자는 역할 할당에 따라 '활성화/수동화, 인격화/비인격화' 등으로 구분한다.

이 책에서는 체계기능언어학과 사회적 행위 이론 등의 논의를 종합적으로 고려하여 기능적 논항 구조 분석을 위한 체계를 설정하였다. 관련 선행 연구인 조진수(2017ㄴ)에서 제시한 체계를 먼저 살펴본 후, 이 책에서 수정한 체계를 제시하고 설명한다. 그림 2-11은 조진수(2017ㄴ: 18)에서 기능적 논항 분석을 위한 논항 구조 선택항 체계로 제시한 도식이다.

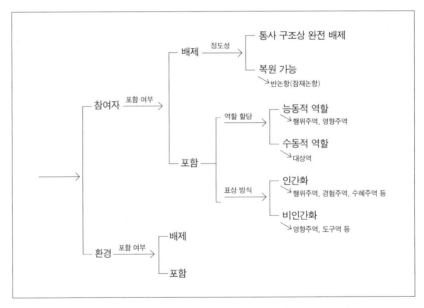

그림 2-11. 기능적 논항 분석을 위한 논항 구조 선택항 체계(조진수, 2017ㄴ: 18)

도식에서 확인할 수 있듯, 조진수(2017ㄴ: 18-19)에서는 동일한 사태의 구성 요소가 참여자 논항으로 실현될 수도 있지만 환경 논항으로 실현될 수도 있기 때문에 '참여자'와 '환경'도 선택 관계에 놓인다고 보고 논항 구조의 의미역 범주를 우선 참여자와 환경으로 구분하였다. 그다음으로 포함 여부를 진입 조건으로 삼아 '배제'와 '포함'을 선택항 체계로 설정하였다. 그는 참여자 배제의 경우 정도성을 진입 조건으로 하여 통사 구조상 완전히 배제된 경우와 복원 가능한 경우로 구분하고, 복원 가능한 경우로 반논항[더 알아보기 3]을 제시하였다.

조진수(2017ㄴ)에서는 '참여자가 배제되었으나 정도성 차원에서 복원 가능한 경우'로 반논항만을 제시하였으나, 이 책에서는 이와 같은 경우 선택항으로 '반논항'뿐 아니라 '생략'도 설정되어야 한다고 보고 논항 구조 선택항 체계를 그림 2-12와 같이 수정하였다.

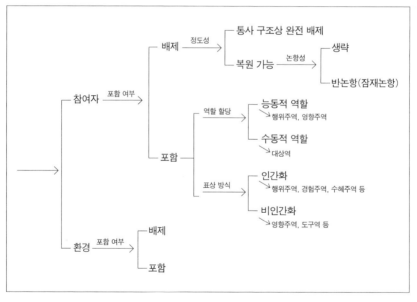

그림 2-12. 기능적 논항 분석을 위한 논항 구조 선택항 체계 수정

이병규(1998: 136-137)에서는 논항이 문장에 나타나지 않는 현상을 문맥이나 상황 맥락 의존적인 경우와 맥락 독립적인 경우로 나누어 전자를 '생략', 후자를 '(잠재논항의) 논항 숨기기'로 구분하였다. 이러한 구분은 논항과 잠재논항을 엄밀히 구분하기 위한 것이라기보다는 문장 구성 성분을 '논항/부가항'과 같이 이분적으로 가를 수 없다는 인식에서 비롯된 것으로 이병규(1994, 1998: 131)의 '항가 의존성(valency dependency)', 유현경(1996: 33)의 '필수적 논항, 수의적 논항, 부가어'의 구분, 이선웅(2005: 42-43, 2012: 225)의 '논항성, 논항적 가치' 등도 이러한 관점에서 제안된 개념이다. 이 책에서는 이러한 관점을 수용하여 참여자 논항이 통사적으로 실현되지는 않았으나 복원 가능한 경우로 반논항뿐 아니라 생략도 포함하였고, 반논항 개념 도입의 전제가 되는 논항성 개념도 포함하였다.

통사 구조 고유의 문제가 존재한다는 점도 지적할 필요가 있다. 통사 구조는 논항 구조, 정보 구조와 접면을 형성한다는 점에서 주목의 대상이 되기도 하지만 통사 구조 자체의 선택이 야기하는 효과도 존재하기 때문이다. 기존 교육 내용은 접속과 내포라는 통사적 기제에 따른 분류 체계를 제시하는 방식이었으나, 문법 문식성 차원에서는 선택항 관계에 놓인 문장 구조 중 특히 유표성을 띤 것에 주목한다. 통사 구조는 인식하는 문법 단위에 따라 표 2-6과 같이 세 가지 수준으로 구분할 수 있다.

표 2-6. 문법 단위에 따른 복문의 통사 구조 인식 수준

| 인식 층위 | 1수준 | 2수준 | 3 수준 |
|---|---|---|---|
| 인식 내용 | 접속 | 대등 접속<br>종속 접속 | 연결 어미 차원 |
| | 내포 | 명사절 내포<br>관형사절 내포<br>부사절 내포<br>인용절 내포<br>서술절 내포 | 전성 어미 차원 |

이처럼 통사 구조는 접속과 내포 수준에서 인식할 수도 있고, 대등 접속과 종속 접속, 명사절, 관형사절, 부사절, 인용절, 서술절 내포 수준에서 인식할 수도 있다. 또한 연결 어미와 전성 어미와 같은 어미 수준에서 인식하는 것도 가능하다. 이 책에서는 통사 구조 중 위의 표에서 1수준과 2수준에 해당하는 접속과 내포 및 각 하위 유형까지를 논의 대상으로 삼는다.

## 5) 독자의 앎에 대한 필자의 가정과 문장 구조

명제의 정보구조화 과정 재구성은 정보 구조를 중심으로 이루어지는데, '논항 구조와 통사 구조를 모두 경유한 경우, 통사 구조를 경유한 경우, 순수 정보 구조적 요소를 대상으로 하는 경우'로 구분된다. 이는 문장의 정보 구조 분석을 통해 해당 명제 의미가 취할 수 있는 다양한 정보 구조 가능태를 재구성하는 과정을 포함한다.[23] 이 절에서는 정보 구조에 대한 언어학적 연구가 주로 문장의 정보 구조 규명에 초점을 두고 이루어지면서, 정보 구조의 부여가 언어 주체의 선택에 의해 이루어지는 현상이고 수신자의 심적 상태에 대한 화자의 가정이 적절성 층위에 한정되는 문제가 아니라 장르 및 이데올로기 층위에서도 해석되어야 하는 문제라는 점이 충분히 주목받지 못하였다고 진단한다. 이에 문법 문식성의 관점에서

.................

23 명제의 정보구조화 과정 재구성은 실현된 문장의 정보 구조를 바탕으로 잠재태에 존재하는 정보 구조 가능태를 추론한다는 점에서 체계기능언어학을 기반으로 한다. 또한 정보 구조 논의에서도 명제 의미는 동일하지만 정보 구조가 다른 '변이문(allosentence)'(Lambrecht, 1994: 19; 류남혁, 2000)의 상정을 중시했다는 점에서 정보 구조 분석 방법론에도 부합한다. 'allosentence'는 논자에 따라 '이형동의문장'(정희원, 2001: 8)으로 번역되기도 한다. 단, '변이문'이 문장 차원의 잠재태임에 비해 체계기능언어학의 선택항 체계는 선택에 작용하는 요인과 그 속성의 가능태를 제시한다는 점에서 변이문과 구분된다.

정보 구조를 어떻게 다루어야 하는지 설명한다. 명제의 정보구조화 과정 재구성도 문법 문식소의 설정, 분석, 해석 국면으로 나누어 살펴볼 수 있다. 그중 문법 문식소 설정 기제는 유표성 기제를 다룬 절에서 설명하였고 해석 국면은 앞서 '사태의 명제화'와 마찬가지로 장르 및 이데올로기 층위에서의 해석 조정에 관한 절에서 종합적으로 설명할 것이다. 따라서 여기에서는 문법 문식소의 분석 국면에 초점을 두고 논의한다.

정보 구조 차원의 문법 문식소 분석 활동을 설명하기 위해서는 문법 문식성에서 다루는 정보 구조의 범주와 범위에 대한 논의가 선행되어야 한다. 정보 구조의 범주와 관련하여 '구정보, 신정보, 화제, 초점' 등의 용어가 정보 구조 논의에서 빈번히 사용된다. 그런데 화제가 구정보이고 초점이 신정보라는 식으로 언급되곤 하지만 구정보가 초점이 되는 사례도 존재하여 정보 구조의 범주에 혼란이 야기되는 경우가 많다(전영철, 2006, 2013ㄱ: 23-24).

전영철(2006, 2013ㄱ: 24-27)은 주어짐성(givenness)을 '지시적 주어짐성(referential givenness)'과 '관계적 주어짐성(relational givenness)'으로 구분하는 논의(Gundel, 1988; Gundel & Fretheim, 2004)를 수용하여 지시적 차원의 구정보, 신정보와 관계적 차원의 구정보, 신정보 간의 관계를 그림 2-13과 같이 도식화하였다.[24]

................

24  박진호(2015: 383-384)에서는 "지시 개념(referential concept)에 따르면, 청자의 머릿속에서 이미 활성화(activate)되어 있는 정보는 구정보이고, 청자의 머릿속에서 활성화되어 있지 않았었는데 화자의 발화를 듣고서야 비로소 활성화되기 시작하는 정보는 신정보이다. 반면에 관계적 개념(relational concept)에 따르면, 하나의 명제/문장이 X와 Y로 이루어져 있고 Y가 X에 대해 어떤 것을 말하고 있을 때, X를 구정보/화제(topic)라 하고 Y를 신정보/평언(comment)이라 한다."라고 설명하며, 관계적 구정보, 신정보 개념은 화제와 평언으로 분절되는 정언문에는 적용이 가능하지만 그렇지 않은 제언문에는 적용될 수 없음을 지적하였다.

| 관계적 구정보 | 관계적 신정보 |
|---|---|
| 지시적 구정보 | 지시적 신정보 |

그림 2-13. 관계적 주어짐성과 지시적 주어짐성 간의 관계(전영철, 2006)

이 도식에 따르면 관계적 구정보인 '화제'는 반드시 지시적 구정보가 되지만, 관계적 신정보인 '초점'은 지시적 층위에서는 구정보가 될 수도 있고 신정보가 될 수도 있다. 다시 말해, 지시적 신정보뿐 아니라 지시적 구정보도 '초점'이 될 수 있다. 이와 같은 도식화는 초점과 관련된 문제를 명료하게 설명해 준다는 점에서는 높은 설명력을 갖지만, 지시적 신정보가 관계적 구정보인 화제가 될 수 없다는 관점을 반영하고 있어 한계가 있다.

물론, 전영철(2013ㄱ: 27-28)에서는 특정성 개념을 도입하여[25] 청자에게 생소하더라도 발화 상황에 닻 내리기로 인하여 상대방이 그럴 수 있다고 보고 이의나 의문을 제기하지 않으리라는 가정이 화자에게 있을 때 '비한정적이지만 특정적인 표현'도 화제로 사용될 수 있음을 지적한 바 있다. 최윤지(2016ㄱ: 278)에서도 실제 발화에 나타나는 화제가 거의 청자-구 지위에 해당하지만 청자 지식의 관점에서 새로운 실체라도 화자가 그것을 화제로 설정하여 발화하는 것이 불가능하지 않음을 지적한 바 있다. 전영철(2013ㄱ: 28-29)에서는 '지시적 주어짐성의 위계'(Gundel et al., 1993) 논의를 참고하여 한정성을 정도의 문제로 보면서 특정적인 비한정 표현이 화제가 될 수 있다고 보고, 지시적 구정보에 한정 표현뿐 아니라

................

25 전영철(2013ㄱ: 21-22)에서는 '한정성'에 대한 전통적인 친근성 이론을 수용하여 '한정 명사구'를 '화자가 마음속에 어떤 개체를 가지고 있을 뿐 아니라 청자도 그것이 무엇인지를 아는 경우'로 규정하고, '특정성'에 대해서도 전통적 견해를 채택하여 특정성을 '화자가 그 지시체로 마음속에 어떤 특정한 개체를 가지고 있는 경우'로 규정하였다.

특정적인 비한정 표현까지 포함되는 것으로 처리함으로써 지시적 구정보만이 관계적 구정보가 되는 그림 2-13의 도식을 유지한다.

특정적인 비한정 표현이 화제가 되는 현상은 박진호(2015: 384)에서 언급한 '인가 화제'와 '비인가 화제'(Lambrecht & Michaelis, 1998)의 개념을 통해서도 설명할 수 있다. 인가 화제는 이전 담화에서 이미 화제로 확립되어 있어 관계적으로나 지시적으로나 모두 구정보인 화제이다. 비인가 화제는 현재 발화에 의해 담화에 새로 도입된 화제로 관계적으로는 구정보이지만 지시적으로는 신정보인 화제인데, 특정적인 비한정 표현은 비인가 화제의 일종으로 볼 수 있다. 박진호(2015: 390)에서는 인가 화제와 비인가 화제를 포함한 주어 정보 역할의 현대 한국어 의미 지도를 그림 2-14와 같이 제시하였다.

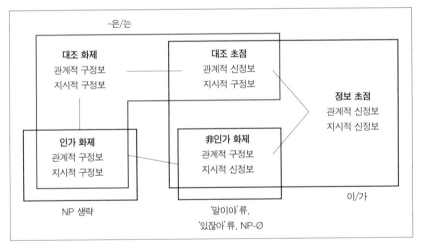

그림 2-14. 주어 정보 역할의 현대 한국어 의미 지도(박진호, 2015: 390)

이 의미 지도는 지시적 신정보도 관계적 구정보인 화제가 될 수 있다는 점을 명시적으로 표상하고 있다는 점에서 기존 도식과 구분된다. 이 책

에서는 지금까지의 논의를 참고하여, 지시적 구정보가 관계적 구정보가
되고 지시적 신정보가 관계적 신정보가 되는 경우뿐 아니라 지시적 신정
보가 관계적 구정보가 되고 지시적 구정보가 관계적 신정보가 되는 경우
까지 모두 도식에 명시적으로 표상되는 것이 바람직하다고 본다. 이에 따
라 지시적 주어짐성과 관계적 주어짐성의 관계를 그림 2-15와 같이 도식
화한다.

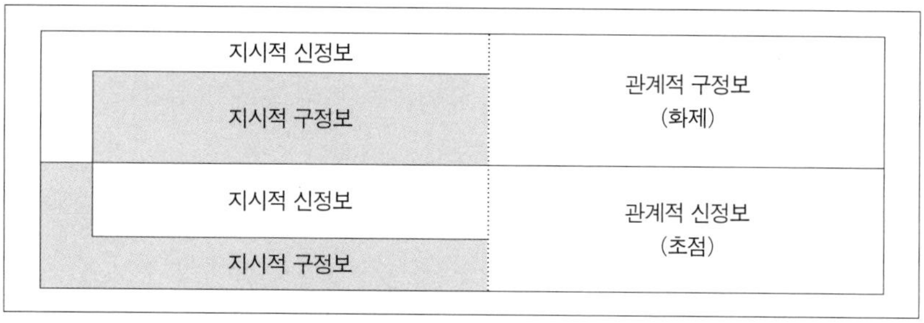

그림 2-15. 지시적 주어짐성과 관계적 주어짐성의 관계

이 도식은 지시적 구정보와 지시적 신정보 각각을 비대칭적으로 분할
함으로써, 지시적 구정보와 지시적 신정보가 모두 화제가 될 수 있고, 지
시적 신정보와 지시적 구정보가 모두 초점이 될 수 있음을 명시적으로 보
여 준다. 또한 지시적 구정보와 화제의 접면이 지시적 신정보와 화제의 접
면보다 넓고, 지시적 신정보와 초점의 접면이 지시적 구정보와 초점의 접
면보다 넓도록 구조화하여 일반적인 경우와 다소 특수한 경우가 시각적
으로 변별되도록 하였다.

한편, 한국어는 관계적 주어짐성에 대해서는 명시적 표지를 가지지만
관사 체계의 부재로 인해 지시적 주어짐성에 대해서는 명시적 표지를 갖
지 못한다는 점(전영철, 2013ㄱ: 29)을 고려해야 한다. 이에 유표적 문법 장
치를 문법 문식소로 설정하여 이를 분석, 해석하는 문법 문식성 논의는 일

차적으로 화제, 초점과 같은 관계적 주어짐성 층위의 정보 구조를 대상으로 삼는 것이 바람직하다. 명시적인 문법 표지가 없는 경우에도 식별과 분석이 불가능한 것은 아니지만, 문법 문식성을 이론화하는 시작 단계에서는 우선 명시적 표지가 제시된 범주를 중심으로 논의하는 것이 효과적이기 때문이다.

그러나 관계적 주어짐성의 층위를 문법 문식성 논의의 중심으로 삼는다는 것이 한정성, 특정성과 같은 지시적 주어짐성을 논의의 대상에서 완전히 배제함을 의미하는 것은 아니다. 이 책에서는 화제, 초점과 같은 관계적 주어짐성의 층위를 주요 대상으로 삼되 한정성/특정성과 같은 지시적 주어심성이 동시에 관련될 경우 함께 논의한다.

최윤지(2016ㄱ: 15-16)도 이러한 논의를 수용하여 '지시적 주어짐성'과 '관계적 주어짐성'을 각각 '절대적 정보 구조'와 '상대적 정보 구조'로 명명하고, 전자를 다시 '실체'에 관한 것과 '명제'에 관한 것으로 구분하였다. 그러나 최윤지(2016ㄱ: 18-19)에서도 지적하고 있듯이 명제에 관한 절대적 정보 구조는 그간의 연구에서 주로 인식 양태 차원에서 논의(박재연, 2006; Palmer, 1986)되어 왔기 때문에 이 책에서는 '명제에 관한 절대적 정보 구조'는 논의의 범위에서 제외하였다.

이에 따라 선행 연구(Gundel, 1988; Gundel & Fretheim, 2004; 전영철, 2006, 2013ㄱ; 박진호, 2015; 최윤지, 2016ㄱ)에서 논의된 정보 구조 범주 중, 문법 문식성 관점에서 다루는 정보 구조의 범주 및 범위를 도식적으로 정리하면 그림 2-16과 같다.

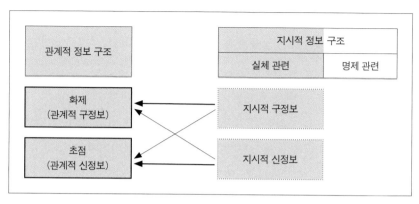

그림 2-16. 정보 구조의 범주 및 범위

　　문법 문식성 관점에서 다루는 정보 구조의 범위는 화제, 초점과 같은 관계적 정보 구조이고, 한정성/특정성과 관련된 실체 관련 지시적 정보 구조는 화제, 초점과 관련되는 경우에 한해 논의의 범위에 포함된다. 명제 관련 지시적 정보 구조는 인식 양태에서 주로 다루어져 왔기 때문에 이 책의 논의 대상에 포함되지 않는다.

　　정보 구조 분절과 관련하여 그간 다양한 방식이 제안되어 왔기 때문에 이 책에서 어떤 분절 방식을 사용하는지의 문제 역시 분명히 할 필요가 있다. 함병호(2016)에서는 정보 구조 분절 방식을 '화제-평언의 이분 구조, 전제-초점 구조, 초점-바탕(연결부-꼬리부) 구조, 화제-초점과 배경-초점의 다층위 구조'로 구분하고, '화제-초점-배경'(Erteschik-Shir, 2007)의 분절 방식을 제안한 바 있다. 이분 구조의 경우 화제 개념으로 포착되지 않는 전제 요소가 존재한다는 문제가 있고, 전제-초점 구조 역시 전제 중 화제를 제외한 나머지 부분에 명시적인 정보 지위를 부여하지 않는다는 문제가 있다. 또한 '화제-초점-배경'과 같이 화제에 해당하지 않는 전제 요소를 '배경'으로 명명하는 방법은 계층성을 단일 층위로 환원하였다는 문제를 안고 있다.

이 책에서는 화제가 아닌 비초점 영역에 별도의 명칭을 부여하는 것은 문법교육의 관점에서 불필요한 교육 내용이 추가되는 것이라고 보았다. 따라서 '화제, 전제, 초점'이라는 용어를 사용하되 '전제'는 초점과 상보적 관계를 이루는 비초점 영역으로 규정하고, '화제'는 '전제'의 부분 집합으로 규정한다. 이러한 방식을 채택하면 화제가 아닌 비초점 영역에 별도의 명칭을 부여하지 않고도 초점과 비초점을 대비적으로 살필 수 있고, 화제와 초점의 정보 지위에 대해서도 논의할 수 있다.

관계적 정보 구조와 실체 관련 지시적 정보 구조 간의 관계 중 특히 주목하는 것은 '특정적인 비한정 표현'이 '화제'가 되는 경우와 '지시적 구정보'가 '초점'이 되는 경우이다. 전자의 예로 통사론적으로 한정적이 아닌 명사구가 화제로 사용되는 경우를 들 수 있는데, 이정민(1992)에서는 수신자에게 생소하더라도 상대가 이의나 의문을 제기하지 않을 것이라는 가정이 발신자에게 있을 때 비한정적인 명사구가 사용될 수 있다고 보고 이를 '발화 상황에 닻 내리기(anchor)'라고 하였다.

특정적인 비한정 표현이 화제가 되는 사례는 발신자에게 친근한 특정적 대상을 발신자뿐 아니라 수신자에게도 친근한 한정적 대상으로 수용할 것을 요구한다는 측면에서 일종의 유표성을 띤다. '한정 명사구는 곧 특정 명사구이지만 그 역은 성립하지 않는다'(전영철, 2013ㄱ: 22)는 특정성과 한정성 간의 관계에 비추어 보았을 때, 특정성을 띠는 비한정적 대상을 한정성과 주로 관련되는 화제로 처리했다는 것은 함의 관계를 역방향으로 설정한 것이기 때문이다. 문장의 정보 구조 규명과 이에 따른 제약 문제에 주목하는 언어학적 차원의 정보 구조 논의에서는 이러한 현상 이면에 놓인 표현 의도에 크게 주목하지 못하였다. 그러나 정보 구조 분석을 통해 적절성뿐 아니라 타당성 층위까지 다루는 문법 문식성의 관점에서 보면 이러한 유표적 처리는 '전제 수용'과 '정체성 부여'의 문제와도 연결

될 가능성이 있다. 물론 이러한 해석이 가능한지 여부는 장르 층위의 해석 조정을 거쳐 이데올로기 층위에서 판단된다.

'지시적 구정보'가 '초점'이 되는 경우 새로운 정보로 부각되는 것은 초점이 되는 대상 그 자체가 아니라 초점이 되는 대상이 화제와 새롭게 맺게 되는 관계이다. 정보 구조에 대한 언어학적 연구에서 이 문제는 관계적 주어짐성과 지시적 주어짐성의 관계를 규명하는 자리에서 주로 논의되었다(전영철, 2006, 2013ㄱ: 26-27). 그러나 이 역시 대상을 기존 지식과 특정한 방식으로 관련짓는 문제와 관련되기 때문에 적절성 층위뿐 아니라 장르 및 이데올로기 층위에서 의미 있게 해석될 가능성이 존재한다. 이런 이유로 문법 문식성 관점에서는 이러한 두 유형의 관계에 주목한다. 이상의 논의를 바탕으로 문법 문식성 관점의 정보 구조 선택항 체계를 그림 2-17과 같이 제시할 수 있다.

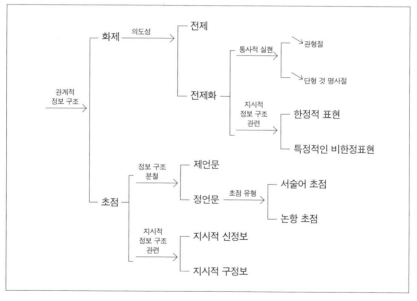

그림 2-17. 문법 문식성 관점의 정보 구조 선택항 체계

이 체계에서는 관계적 정보 구조 개념인 화제와 초점을 일차적인 선택항으로 상정한다. 특정 대상에 화제의 정보 지위를 부여할 것인지 초점의 정보 지위를 부여할 것인지 자체가 선택의 문제가 되기 때문이다. 앞서 논의한 바와 같이 문법 문식성은 모든 정보 구조를 대상으로 삼는 것이 아니라 주목을 요하는 특정 정보 구조를 대상으로 삼기 때문에, 화제의 경우 의도성을 기준으로 이를 포함하지 않은 전제와 의도적 '전제화'의 구분이 중요하다. 전제화는 통사적 실현 방식 측면과 지시적 정보 구조와 관련된 부분으로 다시 구분된다. 초점의 경우 사태를 정보 구조로 분절하여 전달할지 여부에 따라 제언문과 정언문으로 일차 구분되고, 정언문은 다시 서술어 초점과 논항 초점 선택항으로 구분된다.

## 6) 문장 구조를 장르와 이데올로기 차원에서 이해하기

문법 문식소의 분석 결과가 장르 및 이데올로기 층위에서 어떠한 조정 과정을 거쳐 해석되는지를 확인하기 위해서는 문법 문식성의 관점에서 장르와 이데올로기의 개념을 정립하고, 장르의 해석 조정 기능과 이데올로기 층위의 해석 방식을 체계화해야 한다. 이 중 문법 문식성이 마틴과 로즈(2008), 마틴(2014a, 2014b, 2015)의 장르 관계에 입각한 장르 개념에 터하고 있음은 II장 2절에서 상론한 바 있다. 따라서 이 절에서는 우선 문법 문식성에서 이데올로기를 규정하는 방식을 제시한 후, 장르의 해석 조정 기제와 이데올로기 층위의 해석 방식에 대해 설명한다.

이 책에서는 지식사회학적 관점에 입각하여 '이데올로기 층위의 해석'을 '실제의 사회적 구성 방식에 대한 이해'로 규정한다. 카를 만하임(Karl Mannheim)은 '특수적-총체적'이라는 개념 쌍을 통해 상대방이 주장하는 내용에 국한된 허위 조작성을 가리키는 '특수적 이데올로기'와 상대방 사고의 총체적 의식 구조에 깃든 허위의식을 가리키는 '총체적 이데올로기'를 구분하였고, '특정적-보편적'이라는 대치 개념을 활용하여 총체적 이데올로기를 적대 세력에게뿐 아니라 원칙적으로 자기 자신의 입장에까지 보편적으로 적용하는 '일반적 이데올로기' 개념을 제안하였다 (Mannheim, 1929/임석진 역, 2012: 199-200).

지식사회학에서 제안된 '일반적 이데올로기' 개념은 인식 주체의 시각이 사회적 존재 방식과 맺는 관계에 주목한다는 점에서 이 책의 논의와 밀접한 관련을 맺는다. 이 책에서 주목하는 이데올로기 층위에서의 해석은 특정 계층, 특정 사상에 국한된 것이 아니라 언어 주체의 언어적 표현, 특히 문장 구조에서 감지되는 사회적 사태에 대한 관점을 가리키는 것이기 때문이다.[26] 사회적 사태에 대한 언어 주체의 관점은 표현된 내용을 통해 명시적으로 드러나기도 하지만 언어 표현의 문법적 구조에 의해 암시적으로 드러나기도 하는데, 이 책에서는 후자에 주목한다.

마틴과 로즈(2008)는 이데올로기를 '관계를 만드는 방식'으로 정의하며 '내용이 아니라 관계가 만들어지고 실현되는 방식'이라고 설명하는 번스타인(Bernstein, 1996, 1999)의 관점을 수용하고 있다. 이러한 관점은 이데올로기를 담화의 내용으로 간주한다는 점에서 교과 내용 차원의 변혁을 통해 사회적 평등이 실현될 수 있다고 보는 관점과 구분된다. 이들의 논의에서 이데올로기는 기호 작용의 모든 수준을 침투하는 관계들 (relations that permeate every level of semiosis)로 간주된다(Martin & Rose,

---

26  언어는 실제 그 자체를 객관적으로 드러내는 것이 아니라 언어 주체에 의해 재구성된 사태를 표상한다. 문법 문식성의 기제를 설명하는 과정에서 지식사회학적 관점을 활용하는 이유는 지식사회학이 '실제가 사회적으로 구성된 것(Berger & Luckmann, 1966/하홍규 역, 2013)'이라는 관점을 취하고 있기 때문이다. 따라서 언어로 표현된 문장의 문법적 구조 분석을 통해 사태의 재구성 양상을 읽어 낼 수 있다.

2008).

　문장 구조 차원의 문법 문식성이 '사태의 명제화, 명제의 정보구조화'의 두 국면으로 이루어진다는 점을 고려할 때, 각 국면은 이데올로기 층위에서 '사회적 사태의 표상 방식'과 '사회적 정체성 부여' 문제로 해석된다. 전자는 사회에 존재하는 실체들의 선택과 배제, 배열을 통해 문장 구조 차원에서 사회적 실체 간의 관계를 어떤 방식으로 구성하여 표상하는지의 문제에 해당하며, 기능적 논항 구조 및 통사 구조와 관련된다. 후자는 특정 사태를 기지의 앎으로 간주하여 독자에게 특정한 사회적 정체성을 부여하려는 문제에 해당하며, 정보 구조 및 통사 구조와 관련된다.

표 2-7. 문장 구조에 대한 이데올로기 층위의 해석 범주

| 문장 구조 차원의 문법 문식성 국면 | 이데올로기 층위 | 관련 문장 구조 |
|---|---|---|
| 사태의 명제화 | 사회적 사태의 표상 방식 | • 기능적 논항 구조<br>• 통사 구조 |
| 명제의 정보구조화 | 사회적 정체성 부여 | • 정보 구조<br>• 통사 구조 |

　이 과정에서 장르는 해석 조정의 기능을 담당하는데, 표 2-8에서 볼 수 있듯 장르의 해석 조정 기능은 '장르 특수성에 근거한 해석 초점 조정'과 '장르의 변동성에 근거한 해석 초점 조정'으로 대별된다. 전자는 장르의 상대적 안정성에 기반을 둔 해석 조정 방식이고, 후자는 장르의 역동성을 고려한 해석 조정 방식이다.

　장르 특수성에 근거한 해석 초점 조정은 장르의 변별적 자질을 고려하여 이데올로기적 해석을 부여할 언어 형식과 이데올로기적 해석을 부여하지 않을 언어 형식을 구분하는 기제이다. 예를 들어, 표 2-8에 제시한 바와 같이 외교적 텍스트의 경우 책임 소재 문제가 민감한 특성을 띠기

표 2-8. 장르의 해석 조정 유형

| 장르의 해석 조정 기능 유형 | 사례 | 이데올로기 층위의 해석 |
|---|---|---|
| 장르 특수성에 근거한 해석 초점 조정 | • 외교적 성격의 텍스트에서는 주체 명시 문제가 중요하게 부각되어, 주어의 제시/생략을 이데올로기적으로 해석하게 됨(조진수, 2017ㄴ: 21).<br>• 명사화는 집안 청소에 관한 텍스트에서는 이데올로기적으로 해석될 가능성이 낮아짐(Fairclough, 2003: 46). | • 독자에게 특정한 사회적 정체성을 부여하려는 의도 파악<br>• '선호된 읽기' 해체 |
| 장르의 변동성에 근거한 해석 초점 조정 | • 신문의 논평이 종속 접속문 사용을 자제하고 사건 보도문처럼 대등 접속문을 주로 사용하는 방식으로 변화한 것은 이데올로기적으로 해석 가능(Fairclough, 2003: 95-98). | |

때문에 행위주 명시 문제는 이데올로기적으로 해석될 가능성이 높아진다. 한편, 명사화는 여러 장르에서 주체 은폐와 관련하여 이데올로기적 해석이 부여되는 언어 형식이지만 집안 청소 관련 텍스트에서는 이데올로기적으로 해석될 가능성이 희박하다.

장르에는 안정성에 대한 지향과 변동성에 대한 지향이 공존하기 때문에, 변동성을 고려한 해석 조정 유형도 필요하다. 변동성에 대한 지향은 '기존 장르의 관점에서 보았을 때 이질적인 자질'이 장르 내부로 유입된 현상을 통해 확인할 수 있다. 따라서 장르의 변동성에 근거한 해석 초점 조정은 장르의 역동성으로 인해 발생한 장르 내 유표성 해석이나 혼종적 성격을 지닌 새로운 장르에 존재하는 유표성 해석에 활용될 수 있다. 예를 들어, 표 2-8에 제시한 바와 같이 신문의 논평이 사건 보도문에 가까운 문장 구조 사용 경향을 보여 종속 접속문의 사용이 현저하게 제한된다면 이는 장르의 변동성에 근거한 해석 초점 조정 기제에 따라 이데올로기적으로 해석될 가능성이 높아진다.

이데올로기 층위에서 문장 구조는 정보 구조 조직 방식에 따라 '호명된 독자'를 설정하여 독자에게 특정한 사회적 정체성을 부여하는 기능을 할 수 있다. 이는 독자가 특정한 위치에서 사태를 인식하도록 유도(Cran-ny-Francis, 1996; Martin & Rose, 2007: 319)하는 선호된 읽기와 관련된다.[27] 문법 문식성에서 이와 같은 이데올로기적 해석은 앞서 설명한 대로 장르의 해석 조정을 통해 수행된다.

................

27  김은성(2013: 167-168)에서는 오리건(O'Regan, 2006)이 제시한 대안적 텍스트 분석 모델인 TACO(Text As a Critical Object)의 해체적 해석(deconstructive interpretation) 단계를 설명하면서 'preferred'가 '독자가 텍스트에 의해서 특정한 방향으로 유도되어 우선적으로 그렇게 읽기 쉬운' 정도로 파악된다고 보고, '선호'라는 표현 자체가 투명한 읽기가 아닌 무언가에 의해 조정된 읽기임을 드러낸다고 설명하였다. 물론 독자가 필자의 의도대로 텍스트를 해석할 것이라는 보장은 없으나 페어클라우(1995/이원표 역, 2004: 189)에서도 텍스트에 대한 우세한 해석은 존재할 수 있기 때문에, 필자는 텍스트가 특정 방식으로 해석될 가능성이 높게 의도적으로 명제들을 구조화할 수 있다고 보았다.

## [1] 체계기능언어학과 기호학의 개념들
: 재료(purport), 실질(substance), 형식(form)

소쉬르는 '실질'을 '무정형의 연속체(continuum amorphe)'로 보았으나 옐름슬레우는 이를 '재료(purport)'로 명명하고, '실질(substance)'은 '형식(form)을 통해 구조화되어 있는 것'을 가리키는 용어로 사용하였다. 따라서 옐름슬레우(1961)의 논의에서 실질은 재료가 형식을 통해 발현하는 것(manifestant)이다(김치수 외, 2016: 103-104).

'purport, form, substance'를 어떤 용어로 번역할 것인지도 중요한 문제이다. 'purport'는 '재료'(김치수 외, 2016: 104) 외에도 '취지'(Eco, 1976/서우석 역, 1985: 61), '의미재료'(Hénault, 1992/박인철 역, 2000: 100)로 번역되어 왔다. 그러나 '취지'는 'purport'의 일상어 차원의 번역어로서 옐름슬레우 이론의 특수성을 반영하지 못하고, '의미재료'는 'purport'가 형식을 통해 실질로 발현된다는 점을 표상하기는 하지만 '의미'라는 개념의 이론적 다의성 때문에 불필요한 모호성을 지니게 된다. 이에 비해 '재료'는 옐름슬레우 이론에서 'purport'가 어떤 의미인지를 간단하고 명료하게 표상하고 있어 이 책에서는 '재료'라는 번역어를 사용한다.

'form'과 'substance'의 경우 철학에서는 '형상'과 '실체'라는 번역어를 주로 사용하였으나, '실체'의 개념은 아리스토텔레스의 저작들 내에서도 상이하게 규정되고 있고 철학사에서도 관점에 따라 다양한 방식으로 규정되어 왔다. 아리스토텔레스는 『범주론(Categories)』에서 '실체(ousia, substance)'를 '구체적 개체'로 규정하였으나, 『형이상학(Metaphysics)』에서는 '형상(eidos, form)'과 '질료(hylē, matter)'의 구분이 이루어지면서 '실체'를 '형상'으로 규정하는데 이 역시 극히 우회적이고 복합적인 방식으로 논의된다(전헌상, 2006: 11-13). 또한 철학사에서 '실체'의 개념은 수없이 변천하였다(철학사전편찬위원회, 2009). 이 책에서는 'substance'의 개념을 옐름슬레우의 기호학적 관점에서 사용하였기 때문에 기호학계의 일반적인 번역어(김치수 외, 2016)를 존중하여 'substance'와 'form'을 각각 '실질'과 '형식'으로 번역하였다.


## [2] 문법적 은유에 대한 두 가지 설명 방식
### : 계층적 모형과 의미적 모형

체계기능언어학에서 '문법적 은유'를 설명하는 방식에는 '계층적 모형(stratal model)'과 '의미적 모형(semantic model)'의 두 가지가 있다 (Devrim, 2015). 전자는 문법적 은유를 의미 층위의 범주와 어휘문법 층위의 범주 간 불일치가 발생하여 층위 간 긴장이 발생하는 것으로 설명하는 전통적인 설명 방식으로, 문법적 은유에 관한 국내외 논의에서 광범위하게 수용되고 있다. 후자는 '과정-사물(process-thing)'과 같이 의미 층위에서 두 가지 의미 요소가 연결되어 있어 어휘문법 층위에 존재하는 하나의 형태가 두 개의 접합(接合, junction)된 의미를 갖는 현상을 문법적 은유라고 설명한다.

의미적 모형은 기존의 설명 방식이 어휘문법 층위에서 상이하게 실현된 형태가 의미 층위에서 동일한 의미를 갖도록 한다는 문제가 존재한다고 보고, 문법적 은유에 의해 실현된 형식은 다시 의미 층위에서 추가적인 의미를 획득한다고 설명한다. 즉, 의미적 모형에서는 문법적 은유를 의미 요소 간의 접합(Halliday & Matthiessen, 1999; Devrim, 2015에서 재인용) 또는 의미적 합성(semantic compound)(Ravelli, 1985, 1988; Simon-Vandenbergen et al., 2003에서 재인용)으로 설명한다.

이 책에서는 계층적 모형의 관점에서 문법적 은유를 설명한다. 의미적 모형이 제기한 문제의식 그 자체는 타당하지만 문제 해결을 위해 의미 층위와 어휘문법 층위 간 불일치라는 문법적 은유의 본질을 폐기하는 것은 적절하지 않다고 판단하기 때문이다. 계층 간 불일치라는 문법적 은유의 본질적 속성을 유지하면서 문법적 은유에 해당하는 형태가 결과적으로 새롭게 획득하는 의미를 어떻게 설명할지의 문제에 대해서는 추후 심도 있는 이론적 탐색이 필요하다고 본다.

[3] 온논항과 반논항 그리고 잠재논항

임홍빈·이홍식(2002: 108-110)에서는 논항에도 비중의 차이가 있다고 보고 논항을 온논항과 반논항으로 구분하면서, 반논항은 논항적 가치가 미미하여 온전한 논항으로 인식되는 경우가 드물지만 반논항이라도 실현된다면 온전한 논항의 성격을 갖는다고 보았다. 그에 따르면 '(가) 철수가 학교에 갔다.', '(나) 철수가 집에서 학교에 갔다.'에서 (가)는 반논항인 '집에서'가 실현되지 않은 문장이고 (나)는 반논항이 실현되어 온논항이 된 문장이다. 단, 이선웅(2012: 222)에서는 반논항이 통사 구조에 실현되면 보충어가 되고 실현되지 않으면 보충어가 아니지만, 어떤 경우든 의미론적으로는 반논항이라고 보아 임홍빈·이홍식(2002)과는 다른 처리를 보였다.

반논항과 잠재논항의 개념에 대해서는 학자에 따라 개념을 규정하는 방식이 다르다는 점에도 유의해야 한다. 이선웅(2012: 222), 구본관 외

(2015: 247)에서는 반논항을 잠재논항(이병규, 1994, 1998)과 동일한 개념으로 보았고 조진수(2018)에서도 이러한 방식을 따랐으나, 최근에는 반논항은 수의성에 기반한 개념이고, 잠재논항은 잠재성에 기반한 개념이라는 점을 바탕으로 반논항과 잠재논항이 개념적으로 구분된다는 논의(조진수, 2019)도 이루어졌기 때문이다. 반논항과 잠재논항의 개념 규정 방식과 관계에 대해서는 앞으로도 많은 연구가 이어져야 할 것이다.

[1] 국어교육에서 주제 지식을 어떻게 다루어야 하는가

퍼퓨라(Purpura, 2004: 88)에서도 문법적 수행(grammatical perfor-mance)에 '주제 지식(topical knowledge)'이 영향 요인 중 하나로 관여한다는 점을 지적한 바 있다. 민현식(2009)에서는 국어 능력에서 주제 지식이 중요함을 지적하고 이를 세계관과 국가관 차원에서 논의하였고, 제민경(2015: 110)에서는 주제 지식에 관한 민현식(2009)의 논의에 대해 장르성 인식의 세 가지 변인(목적, 화제, 매체) 중 하나인 화제를 보다 교육적 기준으로 범주화한 것이라고 보았다. 오현아(2010)에서는 퍼퓨라(2004)의 논의를 수용하여 문법 능력과 표현 문법의 관계를 밝힌 후, 프리스타드와 라이트(Friestad & Wright, 1994)의 설득 지식 모델을 기반으로 문장 초점화 교육에서 학습자가 갖는 지식의 유형을 화제 지식과 설득 지식으로 구분하여 분석하였다.

이 책에서는 주제 지식을 국어교육의 모든 하위 영역에서 해당 영역의 특성에 부합하는 방식으로 담당해야 하는 교육 내용으로 본다. 다시 말해 문법 문식성 교육에서는 새로운 주제 지식 그 자체가 교육 내용으로 다루어지는 것이 아니다. 대신, 학습자가 기존에 가지고 있던 주제 지식 또는 자료 검색을 통해 새롭게 갖게 된 주제 지식을 텍스트에 사용된 문법적 장치에 대한 판단과 해석에 활용하는 방식으로 주제 지식을 다루게 된다.

## [2] 체계기능언어학에서 옐름슬레우의 기호학을 차용한 것을 어떻게 평가해야 하는가

체계기능언어학에서 옐름슬레우의 기호학적 관점을 참조한 것은 이론의 이식이나 종속이 아닌 재해석으로 보는 것이 타당하다. 옐름슬레우 연구자인 바쉬(Bache, 2010: 2575-2576)는 할리데이(1978, 1994)가 옐름슬레우의 관점을 수용하면서 '형식(form)의 관점에서 재료(purport)가 실질(substance)로 구성되는 방식'을 따르지 않고 '재료에서 출발하여 실질을 경유한 후 형식이 구성되는 방식'을 취하고 있다는 점 등을 문제로 지적한 바 있다.

그러나 이는 아동이 성인과 같은 문법 체계를 형성하기 위해 '실제 현실의 사태'와 '이를 일정한 방식으로 구획하여 인식한 것'을 구분할 수 있어야 함을 설명하는 과정에서 취하게 된 관점으로, 체계기능언어학에서 언어 발달을 보는 독특한 관점을 반영하고 있다. 따라서 체계기능언어학에서 옐름슬레우의 이론을 참조했다는 말의 의미는 '내용과 표현, 형식과 실질'의 구분과 '계층화' 등의 거시적 차원에서 이해할 필요가 있으며, 미시적 차원의 모든 개념이 일치함을 의미하는 것은 아니다.


## [3] 체계기능언어학에서 의미 층위는 '내용 실질'에 속하는가, '내용 형식'에 속하는가

언어의 내용 형식은 다시 '의미(semantics) 층위'와 '어휘문법(lexico-grammar) 층위'로 구분되는데, 마틴(Martin, 2014b; 2015)의 논의에 따르면 둘 모두가 '내용 형식'에 귀속되는 것으로 보는 것이 타당하다. 체계기능언어학에서 의미 층위의 기호학적 위상 문제는 초기부터 혼란스러운 양상을 띠었다. 할리데이(1976: 30-31)는 언어의 내용 형식 층위 내부를 의미 층위와 어휘문법 층위로 계층화하면서 전자가 '내용 실질'에, 후자가 '내용 형식'에 해당하는 것으로 보았다. 그런데 이는 '실질'을 언어학 체계의 내부에 편입시켜 옐름슬레우의 이론을 수용하면서 원 이론과 상치된 체계를 수립했다는 점에서 문제로 지적되어 왔다(Bache, 2010: 2576).

이와 같이 그간 체계기능언어학에서는 옐름슬레우의 이론을 수용하면서 어휘문법은 '내용 형식'으로, 의미 층위는 '내용 실질'로, 맥락은 '내용 재료'로 처리하는 방식을 취해 왔다(Taverniers, 2011: 1114). 그러나 마틴(2014b: 6)이 언어학의 연구 대상은 '실질'이 아니라 '형식'이라는 옐름슬레우의 관점을 명시적으로 수용하면서 본문의 그림 2-3과 같은 도식을 제시했기 때문에 의미 층위 역시 어휘문법 층위와 마찬가지로 '내용 형식'에 해당한다.


## [4] 논항 구조와 의미역 구조를 엄밀한 관점에서 구분할 것인가, 동일한 개념으로 간주할 것인가

이 책에서는 이선웅(2012: 222), 구본관 외(2015: 247)에 근거하여 논항을 핵어의 의미 구현에 꼭 필요한 의미적 요소로 정의하고, 핵어의 통사적 구현에 꼭 필요한 통사적 요소는 보충어(complement)로 본다. 논항을 이와 같이 의미론적 개념으로 정의하면 논항 구조와 의미역 구조가 동일해진다(이선웅, 2012: 222). 물론, 논자에 따라 두 개의 의미역이 하나의 논항에 대응되는 현상이나 의미역을 지니지 않는 논항 등을 근거로 의미역 구조와 논항 구조를 구분하는 경우(이정훈, 2011: 118-119)도 있다. 그러나

이 경우 논항 구조는 의미역을 배제한 논항의 개수와 논항 사의의 계층성을 가리키는 것으로 한정된다. 또한 양정석(2002:14-15)과 같이 논항 구조를 포괄적 개념으로 상정하고 필요에 따라 '의미역 구조, 통사적 논항 구조, 동사의 논항 구조'와 같은 용어를 구분하여 사용하는 경우도 있다.

이 책에서는 논항 구조를 논항의 개수나 논항 사이의 계층성 차원으로 제한하는 것보다는 의미론적 차원에서 의미역 구조와 동일한 의미로 사용하는 것이 문법교육에 더 유용하다고 판단하여 이와 같은 방식으로 논항 구조라는 용어를 사용한다. 즉, 논항 구조를 의미역 구조와 동일하게 간주하되 논항성(argumenthood)(이선웅, 2012: 225) 개념을 수용하여 논항을 정도성 자질로 보고 반논항(임홍빈·이홍식, 2002), 잠재논항(이병규, 1994, 1998)도 함께 논의한다. 다만 한국어에서는 의미역을 논항 이외의 명사구에도 상정하는 것이 필요한 경우가 존재하기 때문에 의미역이 배당된 부가어를 인정(구본관 외, 2015: 249-250)하는 경우도 있다는 점에 유의해야 한다.

# 문법 문식성은 실제로
# 어떻게 발현되는가

들어가며

Ⅲ장에서는 학습자와 숙련자의 수행을 분석해 봄으로써 문법 문식성이 실제로 어떻게 발현될 수 있는지를 논의한다. 구체적으로는 문법 문식성이 발현되는 실제 모습을 문법적 장치에 '주목하기', 문법적 장치를 '분석하기', '해석하기'로 구분하여 학습자와 숙련지의 수행 양상을 비교한다.

한편, 이와 같은 문법 문식 활동을 수행함으로써 학습자의 문법 지식이 어떻게 재구조화되는지도 살펴본다. 네트워크 분석 방법을 활용하여 학습자의 문법 지식이 재구조화되는 양상을 시각화하고 그 의의에 대해 설명한다.

마지막으로 구성주의 근거이론에 의해 문법 문식성이 어떤 모습으로 이론화되는지를 보여 준다. 더하여 Ⅲ장 첫머리에 수행을 분석하는 데 사용한 방법을 상세히 설명하는데, 이 부분은 질적 연구의 방법론을 어떻게 연구 주제에 맞게 적용해야 할지 고민하는 사람들에게 특히 참고가 될 것이다.

# 1. 분석을 위한 몇 가지 전제

　문법 문식 활동의 양상은 활동의 과정을 표상하는 범주와 각 범주의 속성으로 구성된다.[1] 그러나 앞서 언급한 바와 같이 구성주의 근거이론에서 범주의 생성과 속성은 오로지 귀납적인 방법을 통해 도출되는 것이 아니라 귀추(abduction)와 귀납을 통해 이루어진다(Charmaz, 2006, 2012; Birks & Mills, 2011). 따라서 범주와 속성의 생성을 통한 양상 체계화 과정에 대한 상세한 설명이 요구된다. 이 책에서는 문헌 연구와 질적 자료 분석을 통해 문법 문식 활동의 거시 구조를 '문법 문식소 설정, 문법 문식소 분석, 문법 문식소 해석'의 세 국면으로 구분하였다.

　문법 문식성이 기반으로 하는 체계기능언어학의 사회기호학적 문법관은 선택항 체계 분석을 핵심 기제로 삼고 있고 이를 장르와 이데올로기 층위에 걸쳐 다층적으로 해석할 수 있도록 하고 있기 때문에, 문법 문식소의 분석과 해석 국면이라는 거시적 개념 틀은 이론적 연구를 통해 구성된다.[2] 그러나 문법 문식소의 설정 국면은 기존 이론에서 명시적으로 다루고 있지 않은 내용으로, 질적 분석 과정에서 생성되어 이론적으로 정당화

.................

1　근거이론에서 '속성(property)'은 '범주(category)'의 하위 범주(subcategory) 집합체를 가리킨다(Kelle, 2007: 195). 근거이론에서 구축한 이론은 범주의 위계적 구조로 이루어져 있어 하나의 범주가 중층적이고 복합적인 하위 범주로 구성된다. 켈르(Kelle, 2007: 195)에 따르면 특정 범주는 기준에 따라 상이한 하위 범주를 가질 수 있고, 하위 범주들은 상호 배타적 관계를 가질 수도 있지만 그렇지 않을 수도 있다.
2　자료 분석에 임하는 연구자가 이론화 대상이 되는 개념에 대한 문헌 연구를 통해 개념 틀을 가지고 자료 분석에 임하는 것은 선입견에 의해 자료 분석이 왜곡되는 현상과는 구분된다. 차마즈(2006: 111)가 데이(Dey, 1999: 251)를 인용하여 '열린 가슴과 텅 빈 머리는 다르다'라고 언급한 것도 같은 맥락에서 이해할 수 있다.

된 개념이다. 연구자는 문법 문식 활동을 질적으로 분석하는 과정에서 텍스트에 사용된 특정한 문법적 장치에 주목하는 기제가 존재함을 포착하였다. 이론 구성 측면에서도 문법 문식성이 텍스트에 사용된 모든 문법적 장치를 대상으로 삼는 것이 아니라 사회기호학적 문법관에 따라 주목의 대상이 되는 특정한 문법적 장치를 대상으로 삼기 때문에, 이를 위해 문법 문식소의 설정이 선결 과제로 요구된다.

문법 문식소의 설정, 분석, 해석의 각 국면에 존재하는 문법 문식 활동의 범주와 속성은 귀추와 귀납을 기반으로 한 구성주의 근거이론을 통해 도출되었다. 자료 분석은 차마즈(2006)에 따라 '초기 코딩, 초점 코딩, 이론적 코딩'의 순으로 실시하였다.[더 알아보기 1]

초기 코딩은 '자료에 긴밀히 밀착되기, 개방성, 잠정성, 신속함과 즉흥성' 등을 특징으로 한다. 이러한 특징으로 인하여 초기 코딩은 새로운 생각과 범주의 출현을 촉진한다. 이 책에서는 학습자의 활동 수행 및 성찰지는 다시 쓰기 활동을 단위로 삼고, 숙련자의 면담 결과는 녹취록의 각 문단을 단위로 삼아 초기 코딩을 실시하였다. 초기 코딩의 신속함과 즉흥성을 최대한 활용하기 위하여 버크스와 밀스(Birks & Mills, 2011)에 언급된 안드리아 고라(Andrea Gorra)의 사례를 참고하여[쟁점 탐구 1] 초기 코딩 결과는 활동 수행 및 성찰지의 복사본과 녹취록 인쇄본의 여백을 활용하여 기록하였다. 또한 초기 코딩 과정에서 생겨난 의문과 아이디어를 코드 옆에 메모하여 초점 코딩 시 참고할 수 있도록 하였다.

초점 코딩은 초기 코딩에서 빈번히 나타나거나 의미 있다고 생각되는 코드를 선별하고, 이를 활용하여 다른 자료를 검토하고 자료 간 비교하는 작업을 뜻한다. 초점 코딩을 통해 주요 코드를 선별할 수 있고, 선별된 코드를 활용하여 다시 자료들을 검토하는 과정에서 통찰을 얻을 수 있다. 초기 코드를 선별하고 다듬은 방식은 표 3-1에서 확인할 수 있다.

표 3-1. 초기 코딩 및 초점 코딩 사례

| 자료 | 코딩 및 메모 |
|---|---|
| 〈발췌 1〉<br>"학교 급식 제도의 탄생 자체가 자주적이지<br>않고 교육차원은 더욱 아니었으며 심지어<br>구차하기까지 했다."는 크게 세 문장으로<br>나누어질 수 있다. 그러나 필자는 일부러<br>복문으로 처리함으로써 문장의 호흡을 길게<br>하여 만연체의 느낌을 주고자 한 듯하다. 이렇게<br>서술어를 나열하면서 독자로 하여금 문장에<br>몰입하게 하고, 학교 급식 제도의 탄생 자체에<br>대한 자신의 부정적인 입장을 점층적으로<br>표현하고자 한 것이 아닐까. 〔㉯-1〕 | 〔초기 코딩〕<br>• 복문 내 절 추출하기<br>• 문체적 효과(만연체)<br>• 문장 구조가 독자의 읽기 방식 유도<br><br>〔메모〕<br>문장 구조의 효과 중 하나로 문체 효과도<br>넣어야 할지? 문체 효과는 다소 집합적<br>개념으로 '서술어 나열'과 같은 하위 요소별<br>기술과 층위가 구분됨.<br><br>〔초점 코딩〕<br>• 선호된 읽기 해체하기 |
| 〈발췌 2〉<br>원 문장은 남측 군인들이 부상을 당한 것에<br>유감을 표시한 의도가 있고, 바꾼 문장은 남측<br>군인들이 부상을 당하게 된 지뢰폭발에 대해<br>유감을 표시한다는 의도가 포함되어 있다.<br>(원 문장: 북측은 최근 군사분계선 비무장지대<br>남측 지역에서 발생한 지뢰 폭발로 남측 군인들이<br>부상을 당한 것에 대해 유감을 표명했다. / 다시<br>쓰기 결과: 최근 군사분계선 비무장지대 남측<br>지역에서 남측 군인들이 부상을 당한 북측의<br>지뢰폭발에 대해 유감을 표명했다.) 〔㉮-A-57〕 | 〔초기 코딩〕<br>• 사태 재구성 경유 유형/연계적 분석<br><br>〔메모〕<br>목적어, 즉 대상역으로 어떤 사태를 선택할지도<br>선택의 문제임을 보여 줌. 무엇을 대상역으로<br>선택할 것인가? 부상, 지뢰 폭발<br><br>〔초점 코딩〕<br>• 논항 구조의 가능태 계열화를 통한 사태<br>재구성 |

이와 같은 과정을 거쳐 다음과 같이 총 29개의 초점 코드를 개발하였다.

〈초점 코드 목록〉

장르 유표성 활용하기, 장르 독립적 유표성 활용하기, 장르 매개적 유표성 활용하기, 장르 간 유표성 활용하기, 장르 내 유표성 활용하기, 사태와 언어 간 불일치 인식하기, 유표성 인식하기, 직관적으로 포착하기('저절로 주목하게 됨'), 사태의 명제화 과정 재구성하기, 논항 구조의 가능태 계열화를 통해 사태 재구성하기, 논항 구조 선택항의 선택과 배제 과정 인식하기, 명제의 정보구조화 과정 재구성하기, 정보 구조에 따른 통사 구조 가능태 계열화하기, 정보 지위 및 현저성 부여 과정 인식하기, 연계적으로 분석하기, 제한적으로 분석하기, 연계성 제한, 문맥에 제한하여 분석하기, 문장에 제한되어 분석하기, 계열성 제한, 실현태를 매개로 삼아 잠재태를 계열화하기, 선택항의 선택 과정 인식하기, 선택항의 배제 과정 인식하기, 장르성을 고려하여 해석 조정하기, 장르성을 고려하지 않고 단선적으로 해석하기, 선호된 읽기 해체하기, 문법 문식소 설정하기, 문법 문식소 분석하기, 문법 문식소 해석하기

초점 코딩을 통해 개발한 위의 범주들이 개념적 수준에서 어떠한 방식으로 상호 연결되는지에 주목하여 이론적 코딩을 실시함으로써 문장 구조 차원에서 이루어지는 문법 문식성의 수행 구조를 이론화하였다. 주요 범주의 출현 과정과 그 범주들 간의 상호 관련성을 문법 문식성의 관점에서 정립해 가는 과정은 다음과 같다.

우선, 문법 문식소 설정의 경우 장르 문법에서 장르 유표성을 활용한 논의가 많이 이루어졌기 때문에 초기에는 장르 유표성 활용을 하나의 범주로 설정하였다.[더 알아보기 2] 그런데 숙련자와 학습자의 실제 문법 문식 활용 양상에 대한 질적 분석 과정에서 장르를 매개하지 않는 유형이 출현하였다. 또한 장르 유표성을 활용하는 경우에도 장르성에 부합하는 표지에 주목하는 방식과 장르성을 벗어나는 표지에 주목하는 방식이 모두 존재함을 확인하였다. 이에 더하여 장르성 매개 여부와 별도로 사태와 언어 층위의 불일치에 주목하는 사례가 발견되었고 이것이 문법적 은유를 기제로 하는 유표성 인식 유형임을 확인하여 새로운 범주로 추가하였다.

이에 따라 문법 문식소 설정 범주를 '장르 독립적 유표성 인식, 장르 매개적 유표성 인식(장르 간/장르 내), 문법적 은유를 통한 사태와 언어 간

의 불일치 인식'으로 재범주화하였다. 이후 질적 분석이 진행되는 과정에서 유표성에 대한 명시적 인식 없이 이루어지는 직관적 문식소 설정 유형이 숙련자와 학습자에서 모두 확인되었다. 이에 최종적으로 문법 문식소 설정 유형을 유표성에 근거한 범주와 직관에 따른 범주로 대분류하였다. 문법 문식소 설정 국면의 범주 출현 과정을 정리하면 그림 3-1과 같다.

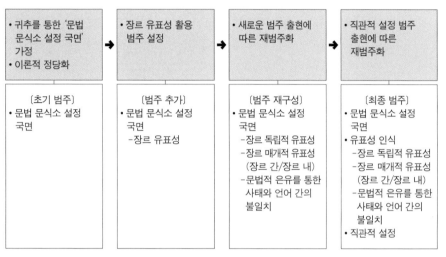

그림 3-1. 문법 문식소 설정 국면의 범주 출현 과정

　　문법 문식소 분석의 경우 문장 구조를 통사 구조에 한정하지 않고 논항 구조, 정보 구조를 포괄하는 개념으로 규정한 이 책의 관점에 의해 '사태의 명제화 재구성'과 '명제의 정보구조화 재구성'이 초기 범주로 설정되었다. 전자는 논항 구조 및 통사 구조와 관련되고 후자는 정보 구조 및 통사 구조와 관련되기 때문이다. 자료 분석이 진행되는 과정에서 각 범주가 '사태, 잠재태, 실현태'를 연계하여 분석하는 성격을 지니고 있음을 깨닫게 되어 '연계적 분석'을 두 범주를 포괄하는 상위 범주로 설정하였다.

　　숙련자뿐 아니라 학습자의 자료를 분석하는 과정에서 실현된 문장 구조와 잠재적 층위에 존재하는 문장 구조를 관련짓지 못하고 문맥이나 문장에 한정된 분석을 하는 사례가 다수 발견되었으며, 잠재적 선택항 체계를 계열적으로 구성하지 못하는 사례 또한 발견되었다. 이러한 사례를 바탕으로 연계성 제한 범주와 계열성 제한 범주를 설정하고 전자의 하위 유형으로 문맥 제한과 문장 제한을 설정하였다. 제한적 분석 범주에서 '제한'은 연구 아이디어 발전의 출발점을 제공하여 다양한 하위 범주를 파생시켰다는 점에서 '민감한 개념'(Chamarz, 2006)에 해당한다고 볼 수 있다.[3] 문법 문식소 분석 국면의 범주 출현 과정을 정리하면 그림 3-2와 같다.

그림 3-2. 문법 문식소 분석 국면의 범주 출현 과정

문법 문식소 해석의 경우 장르와 이데올로기 층위의 문제를 다루는

--------

3 차마즈(2006/박현선 외 역, 2013: 131-133)는 특정 연구(Charmaz, 1983)에서 부정적 의미로 빈번히 나타났던 '순간을 확인하기(identifying moment)'라는 초점코드가 이후 다른 경험에 대한 별도의 연구에서 긍정적 의미로 활용된 사례를 언급하며 이 코드가 이후 다른 연구자가 출발점으로 사용할 수 있는 '민감한 개념'(Blumer, 1969)임을 지적하였다.

데, 장르의 개념 규정 방식은 이론에 따라 다기(多岐)한 양상을 보인다. 이 책에서 이론적 근거로 삼는 체계기능언어학 내에서도 관점에 따라 장르 개념을 규정하는 방식이 달라 초기 범주를 설정하는 데 어려움이 존재하였다. 결과적으로, 숙련자의 자료 분석 과정에서 장르가 문법 문식소를 어떻게 해석할지 결정하는 데 기준으로 작용한다는 점을 확인하였고 이를 '장르의 해석 조정' 범주로 설정하였다. 이어 학습자의 자료를 분석하는 과정에서 장르 층위의 해석 조정이 필요함에도 장르에 대한 고려가 이루어지지 않아 적절한 해석이 이루어지지 않는 사례를 확인하고 이를 '장르성을 배제한 단선적 해석' 범주로 명명하였다. 이데올로기 층위의 경우 '문장 구조에 부여된 선호된 읽기 해체'를 범주로 설정하고 이를 사회적 사태의 표상 방식, 사회적 정체성 부여와 관련지었다. 문법 문식소 해석 국면의 범주 출현 과정을 정리하면 다음과 같다.

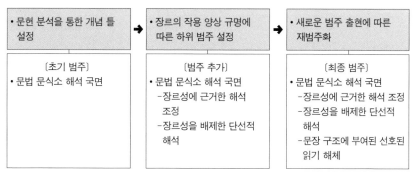

그림 3-3. 문법 문식소 해석 국면의 범주 출현 과정

　　자료 분석 초기에는 문장 구조 차원의 문법 문식 활동 양상을 국면별로 규명하는 것을 목표로 하였으나, 연구 참여자로부터 자료를 수집하고 분석하는 과정에서 연구자는 문법 문식 활동이 문법교육적 관점에서 학습자의 문법 지식을 재구성하는 역할을 한다는 점을 점차 인식해 가게 되

었다. 이 책에서는 이를 연구 과정에 대한 연구자의 반영성이 드러난 사례로 보고 이를 반영하여 문법 문식 활동을 '문법 문식소 설정, 분석, 해석으로 이루어진 국면별 양상'과 '문법 문식 활동을 통한 학습자의 문법 지식 재구성 양상'으로 재편하였다. 그리고 후자의 하위 범주로 '기능적 관련성에 근거한 재구성, 구조적 관련성에 근거한 재구성, 언어 단위 간 통섭적 재구성'을 설정하였다.

한편, 이 책의 일차적 목표가 구성주의 근거이론을 통해 문장 구조 차원의 문법 문식 활동 양상을 이론화하는 데 있기 때문에, 이론화되는 활동의 수행 주체 문제를 명확히 할 필요가 있다. 이론의 구축이 문법교육이라는 교육의 장을 전제로 이루어진다는 점을 고려할 때, 수행 주체를 숙련자와 학습자로 구분하고 문법 문식 활동 양상을 이원화하여 규명하는 방법을 생각해 볼 수 있으나 이러한 방식은 몇 가지 문제를 안고 있다.

우선 숙련자의 경험 양상과 학습자의 경험 양상은 상보적으로 구분되는 것이 아니라 여러 범주에서 중첩되며, 중첩되는 범주 내의 수준 차이도 다양하다. 보다 근본적인 문제는 이와 같이 수행 구조를 이원적으로 이론화할 경우 학습자의 수행 구조를 왜곡할 우려가 있다는 점이다. 학습자를 숙련자와 대비하여 설정할 경우 학습자를 미숙련자로 보는 관점이 전제되는데 실제 학습자 집단은 균질하지 않기 때문이다.

그러므로 문법 문식 활동의 이론화는 숙련자와 학습자의 문법 문식 활동을 통합적으로 구현하되, 숙련자와 학습자의 수행 양상을 이분적으로 구분하기보다는 경향성 차원에서 변별하는 수준으로 구분하여 살피는 것이 본질에 부합한다. 따라서 이 책에서는 숙련자와 학습자의 문법 문식 활동 양상을 통합적으로 규명하여 이론화하되, 경향성에 따라 그 결과를 숙련자의 양상과 학습자의 양상으로 변별하여 살펴본다.

## 2. 문법 문식성의 실제 모습들

### 1) 주목하기 1: 유표성 활용하기

(1) 장르 독립적 유표성 인식

문법 문식소 설정은 유표성에 대한 장르 독립적 인식과 장르 매개적 인식의 두 경로 모두에서 이루어진다. 문법 문식소의 심층적 분석과 해석은 장르 매개를 통해 가능하지만, 문법 문식소의 설정은 명시적인 장르 인식 없이 직관적으로 이루어지는 유형도 존재하기 때문이다. 여기에서는 장르 독립적 유표성 인식을 통해 문법 문식소를 설정하는 양상을 살펴본다. 다음은 사동 표현을 유표적 문법 장치로 인식한 사례이다.

> 원 문장은 사동의 의미를 갖는다. 물론 문장 자체의 의도가 '학부모들이 자녀에게 교육을 시킨다.'이지만 사교육을 학생들이 자발적으로 원하는 경우도 없고, 학부모들의 성향에 더 주목한 글이기 때문에 원문 표현이 더욱 적합함은 명백하다. 의도를 사동의 의미를 갖는 문장 구조로 잘 표현한 것 같다. (원 문장: 적잖은 학부모들이 이미 유치원 때부터 자녀에게 영어 교육을 시키고 있다. / 다시 쓰기 결과: 자녀(학생)들은 이미 유치원 때부터 영어 교육을 받고 있다.) 〔㉮-A-16〕

이 사례에서 학습자는 "적잖은 학부모들이 이미 유치원 때부터 자녀에게 영어 교육을 시키고 있다."라는 문장에서 사동성을 제거할 경우 사교육에 대한 학부모들의 성향이 잘 드러나지 않는다는 점을 근거로 사동 표현에 주목하였다. 해당 사태를 "자녀(학생)들은 이미 유치원 때부터 영어 교육을 받고 있다."와 같이 표현해도 명제 의미에 큰 차이가 발생하지는 않음에도 불구하고 필자가 굳이 사동성이 부여된 문장 구조를 선택한 이유에 주목한 것이다. 이 경우 사동 표현은 선택 가능한 다른 문장 구조와 비교하였을 때 특수한 의도가 반영된 문법적 장치로 인식되어 명시적인 주목을 받았으므로 '문법 문식소'로 설정되었다고 할 수 있다.

다음은 피동 표현을 사용하지 않고 행위의 주체를 주어로 명시한 문장 구조를 유표적인 것으로 인식한 사례이다.

"(위탁급식은) 고등학교 급식을 확대하기 위해 만들어진 제도인데, 초기 비용이 필요한 정부가 ~ 잡겠다며 도입했다."는 후행절에서 제도를 도입한 주체를 정부로 제시했네요. 선행절 주어가 '위탁급식은'이니까, 자연스럽게 쓰면 피동형으로 더 간단하게 쓸 수 있을 거 같은데… "예산 부족에 대한 대안과 운영 효율화 등 두 마리 토끼를 잡기 위해 도입되었다." 뭐 이런 식으로요. 〔㉯-6〕

이 사례의 경우 '자연스럽게 쓰면 피동형으로'라는 표현에서 실현되지 않은 잠재태인 피동 표현을 무표적으로 인식하고 실현태인 주어를 명시한 능동 표현을 유표적으로 인식하고 있음을 알 수 있다. 행위주 주어를 명시한 구조를 유표적으로 인식함으로써 이와 같은 문장 구조를 의식적인 분석과 해석의 대상으로 삼고 있다는 점에서, 장르 독립적 유표성 인식을 통한 문법 문식소 설정의 사례로 볼 수 있다.

피동 표현을 무표적으로 인식한 것은 능동 표현을 기준으로 피동 표현을 설명하는 학교 문법의 설명 방식을 고려할 때 낯선 풍경으로 인식될 수 있다. 학교 문법에서는 대개 능동 표현을 기준으로 피동 표현이 구성되는 통사적 절차를 기본적인 교육 내용으로 삼고 있고, 표현 효과의 측면에서도 능동 표현을 피동 표현으로 바꾸었을 때 발생하는 효과를 주로 문제 삼기 때문이다. 이와 같은 관점으로는 능동 표현이 무표적이고 피동 표현이 유표적이라는 생각을 할 수도 있으나, 실제 유표성 인식 양상은 앞의 사례와 같이 반대의 경우도 존재하였다.

능동 표현이 유표성을 띤다는 점에 대한 인식은 다른 사례에서도 발견된다.

> "헌법재판소는 ~"으로 시작하는 첫 번째 문장이 <u>전략적으로 쓰인 것 같아요.</u> "초등학교 1, 2학년에서 영어 과목 개설을 금지한 교육과학기술부 장관 고시가 헌법에 위반되지 않는다는 헌재의 결정이 공개되었다."로 서술할 수도 있었다고 보면, 능동문으로 서술함으로써 얻을 수 있는 효과를 누리고 있는 게 아닐까 합니다. 능동문으로 기술함으로써 헌재의 결정을 부각하는 효과. 〔나-3〕

위의 사례는 "헌법재판소는 어제 초등학교 1, 2학년 영어 과목 개설을 금지한 교육과학기술부 장관 고시는 헌법에 위배되지 않는다고 결정했다."와 같이 행위주인 '헌법재판소'를 주어로 삼아 능동문으로 표현한 것이 전략적이라고 보고 있다. 해당 문장은 전략적 구성이라는 평가를 받으며 문장 구조 차원에서 유표적 대상으로 주목을 받았다. '전략적'이라는 개념을 유표성과 관련짓는 것은 전략적 선택이 표면적 의미와 다른 별개의 목표를 숨기고 있어 다른 대상과 달리 특별한 주목을 요하기 때문이다.

위르겐 하버마스(Jürgen Habermas)는 존 오스틴(John Austin)의 발화수반적 행위와 발화효과적 행위의 구별을 통해 '의사소통적 행위'와 '전략적 행위'를 구분한 바 있다(Habermas, 1987/장춘익 역, 2006: 487). 그에 따르면 전략적 행위는 발화수반적 행위의 범위를 벗어난 것으로, 외적 맥락을 도입함으로써 이해될 수 있는 또 다른 의도를 포함하기 때문에 발화효과적 행위와 연결된다. 이러한 구분은 문장 구조 그 자체를 대상으로 이루어진 것은 아니지만 문법 문식성 관점에서 유표적 대상을 찾을 때에도 활용 가능하다.[4] '전략적'이라는 표현은 문장 구조가 텍스트 내적 맥락에 제한되어 선택된 것이 아니라, 텍스트 내부를 넘어 독자에게 특정한 효과를 주려는 의도로 선택되었다는 판단을 담고 있다. 이러한 판단은 해당 문장 구조를 해석의 대상으로 삼아 주목하게 만들기 때문에 유표성과 관련된다.

### (2) 장르 매개적 유표성 인식

장르를 매개로 한 문법 문식소 설정은 장르 간 유표성을 활용하는 유형과 장르 내 유표성을 활용하는 유형으로 구분된다. 전자는 장르성에 부합하는 언어 형식을 문법 문식소로 설정하는 유형이고, 후자는 장르성을 위배하는 언어 형식을 문법 문식소로 설정하는 유형이다. 장르 독립적 유표성 인식과 직관적 설정 유형은 학습자의 문법 문식 활동에 빈번히 나타나지만, 장르 매개적 유표성 인식은 학습자의 문법 문식 활동에 잘 나타나지 않는다. 장르 매개적 유표성 인식은 주로 숙련자의 문법 문식 활동에서 확인할 수 있다.

----

4  하버마스는 외적 맥락이 해석에 동원된다고 보았다. 하지만 맥락이 언어를 둘러싸고 있는 것이 아니라 맥락이 언어화된다고 보는 체계기능언어학의 사회기호학적 관점에 따르면, 맥락은 언어의 내용 형식에도 반영된다. 따라서 문법 문식성의 관점에 서면 선택된 문장 구조가 전략적이라는 판단은 맥락이 언어화되는 과정에서 무표적이 아닌 유표적인 문장 구조가 의도적으로 선택된 것이라고 설명할 수 있다.

① 장르 간 유표성

장르 매개적 유표성은 장르성 인식을 전제한다. 장르성에 대한 인식을 기반으로 텍스트의 장르적 성격을 잘 드러내는 언어 형식을 찾아 이에 주목해야 한다. 장르성과 언어 형식 간의 관련성에 대해 학습자가 가지고 있는 지식이 제한적이기 때문에, 이 유형은 특히 숙련자에게 주로 나타난다.

저 같은 경우는 제가 읽는 글의 장르성을 큰 틀로 생각하고 거기에 맞춰 글을 읽기 시작하는 것 같아요. 신문 기사면 정보와 기자의 의견을 의식적으로 분리하고 구분하면서 읽으려고 하고, 학술적인 글이라면 연구자가 자신의 주장이나 논리를 전개하기 위해서 어떤 언어적 전략을 사용하는지 등에 주목하고 그런 식으로요. 〔⬭-1〕

이 사설에서 어떤 특징적인 문장 구조가 많이 등장하는데 그 표현 효과가 지금 내가 이야기한 것처럼 헌재가 어떤 판단을 했고 그 판단에 대한 기술적인 설명이 들어가야 되고 그거에 대한 사설을 쓴 사람의 입장이 들어가야 하잖아요. 그러면 구조적으로 인용절이나 관형사절이 들어갈 확률이 되게 높은 텍스트의 성격을 가지고 있는데 … 관형사절이지만 실제로는 인용절이어야 하는 거잖아요. 그러면 이게 왜 인용절로 안 쓰고 관형사절로 썼을까? 이런 생각이 들었어요. 〔⬭-2〕

첫 번째 사례에서 숙련자는 장르성을 '큰 틀'에 비유하며 장르성이 텍스트 내에서 어떠한 언어 형식에 주목해야 하는지를 판단하는 거시적 기준으로 작용한 경험을 밝히고 있다. 이 사례에서 신문 기사와 학술적인 글 각각을 예로 들고 있는데, 각 장르의 특성에 부합하는 언어 형식에 주목하는 경험은 이 책의 분류에 따르면 '장르 간 유표성'에 주목하는 유형에 해당한다.

두 번째 사례에서 숙련자는 신문 사설이 특정한 입장을 담고 있다는 점에 근거하여 인용절과 관형사절의 문제에 주목하고 있다. 이는 곧 장르성에 부합하는 언어 형식에 주목하는 양상을 보여 준다. 사설은 특정 입장을 표명한다는 점에서는 주관적 성격을 갖지만 수용성을 높이기 위해 주장 혹은 주장의 근거가 되는 하위 주장을 객관화하여 표현하는 장르성을 지닌다. "왜 인용절로 안 쓰고 관형사절로 썼을까?"라는 물음은 관형사절이 전제화의 기능을 한다는 점을 사설의 장르성과 연계하여 인식할 때 제기할 수 있다. 따라서 이와 같은 방식으로 관형사절에 주목하는 경험 역시 장르 간 유표성을 고려하여 문법 문식소를 설정하는 유형에 해당한다.

장르성을 기준으로 이에 부합하는 언어 형식을 찾고 의미기능을 밝히는 작업은 일련의 장르 문법 연구에서 많이 논의되어 왔는데, 이 책에서는 연구 결과로 제시되는 특정 언어 형식의 의미기능이 아니라 숙련자가 특정한 언어 형식을 포착하게 된 과정에 주목한다.

'-기로'가 기사문 속에서 '-기로 하-' 구문으로 실현될 때, 기사문의 장르성에 부합하는 유표적 언어 장치로 기능함을 밝힌다. 이러한 '발화 주체'의 문제에 더해, '발화 내용에 대한 인용자의 태도' 역시 기사문의 장르성을 형성하는 인용을 읽기 위한 핵심 요소로 본다. 즉, 발화 주체가 비교적 분명하게 드러나는 인용 형식들 중에서도 발화 내용에 대한 인용자의 태도에 따라 선택되는 인용 형식이 달라지는 문제에 주목하고자 한다. 예컨대, (10)의 ㉯와 ㉰는 (11), (12)와 같이 '-기로 하-'와 '-고 밝히-'를 교체해도 언표적 내용 자체는 크게 변하지 않음에도, 기사문 생산자는 둘 중 하나의 형식을 '선택'한다(이관희, 2012ㄴ). 〔㉣-1〕

〔㉮-1〕에서는 '교체 혹은 선택 가능한 여러 언어 형식들과 비교'하는 방법을 통해 '-기로'가 '기사문의 장르성에 부합하는 유표적 언어 장치'로 기능함을 밝히고 있다. 이때 유표성은 장르 간 유표성에 해당한다.

기사문을 보고 인용 구문에 주목하였으나 이를 장르성과 관련짓지 못한 사례도 존재한다.

- 문장 구조에 주목해 볼 필요가 있다고 생각하는 문장: 대부분의 문장에서 타인의 말을 인용할 때 큰따옴표를 쓴 것.
- 이 문장의 구조에 주목한 이유: 큰따옴표를 쓰지 않고 간접적으로 설명하는 식의 문장을 쓸 수도 있었을 텐데 인용함과 동시에 그 말을 강조하는 효과를 주기 위해 큰따옴표를 썼다고 생각한다. 〔㉮-A-45〕

위의 학습자는 직접 인용 구문이 사용된 것에 주목하여 직접 인용이 간접 인용과 잠재적 선택항 체계를 이룰 수 있다고 보고 이를 강조 효과와 관련지어 설명하였다. 이러한 사례는 표층적 차원에서만 보면 장르 독립적 유표성 인식 유형과 유사하지만, 직접 인용 구문이 기사문의 장르성과 긴밀한 연관을 맺는다는 점을 고려하면 장르 간 유표성 인식의 결핍 유형으로 분류할 수 있다.

장르 간 유표성 인식의 대상이 하나의 장르에만 사용되는 문법 장치에 국한된 것은 아니다. 다음은 관형사절이 보도 기사와 상품 정보 기사[5]

--------

5  이원표(2012: 953)에서는 할마리와 비르타넨(Halmari & Virtanen, 2005)의 논의를 인용하여 "어떤 장르가 설득이라는 목적을 위해 지나치게 사용되면, 설득은 명백해지고 설득력을 잃게 되므로, 설득이 좀 더 비명시인 것이 되기 위해 설득에 사용된 언어 표지들이 변화할 필요"가 있음을 지적하고, 어떤 장르에 속하는 구체인 사례, 즉 어떤 특정 텍스트가 비명시인 방식으로 설득력을 행사하기 위해 이미 속해 있는 장르의 원형(prototype)으로부터 멀어지려고 할 때 기존 장

에 빈번히 사용되는 문법적 장치라는 점을 바탕으로, 상품 정보 기사에 사용된 관형사절에 주목한 사례이다.

- 더바디샵의 레인포리스트 라인이 주목받는 이유는 친환경성 외에도 유해성분이 들어있지 않기 때문이다. (중앙일보, 7/17)
- 여성들에게 인기를 끄는 화장품 중에 설화수는 한방 재료를 사용해 만들어졌다. (동아일보, 6/21)
- 백세발효강황카레를 비롯한 오뚜기 카레의 변함없는 인기 비결은 오뚜기의 창립과 함께한 43년간 변함없는 국민브랜드라는 믿음이 있기에 가능했다. (중앙일보, 6/21)

상품 정보 기사에서 흔히 발견되는 언어 장치 중의 하나에 '전제'가 있다. 전제는 상태 변화 동사와 함의 동사, 관계절/관형절, 강조 구문, 강세 등 다양한 '전제유발자'를 통해서 만들어지는데, 본 논문의 자료에서는 주로 동사와 관계절/관형절을 통한 전제가 발견되고 있다. '더바디샵'이라는 화장품의 "레인포리스트 라인이 주목받고 있음"을, 설화수라는 화장품이 여성들에게 인기가 있음을, "백세발효강황카레를 비롯한 오뚜기 카레"가 변함없이 인기가 있음을 전제하고 있다. '전제'는 보도 기사에서도 흔히 발견되는 불가피한 언어적 자질이지만, 그 기능/효과 면에서 여기서 발견되고 있는 전제들은 하나같이 해당 제품에 도움이 되는 긍정적인 내용만을 담고 있다는 점에서 해당 제품을 광고하기 위한 조작적 성

---

르들 사이에서 변화 과정에 있는 혼합 성격의 새로운 장르인 '중간 장르(intergenre)'가 탄생한다고 보았다. 상품 정보 기사는 기사문의 형식을 취한 광고문이라는 점에서 혼종적 성격을 지닌 중간 장르에 해당한다. 상품 정보 기사와 같이 중간적 성격을 띠는 장르에서 장르 간 유표성을 띠는 문법적 장치가 무엇인지에 관한 미시적 논의도 추후 이루어질 필요가 있다.

격도 배제할 수는 없다(이원표, 2012). 〔라-4〕

관형사절은 전제를 유발하는 문법적 장치로 여러 장르에서 광범위하게 사용되지만, 위의 사례처럼 상품 홍보를 목적으로 한 상품 정보 기사와 같은 장르에서 특정한 목적으로 활용되기도 한다. 물론 전제의 기능을 하는 관형사절은 보도 기사에서도 활용되나 모든 장르에서 유표적으로 사용되는 것은 아니므로 위의 사례 역시 장르 간 유표성을 고려하여 문법 문식소를 설정한 유형에 해당한다.

② 장르 내 유표성

장르성에 부합하는 언어 형식에 주목하는 유형은 그간 여러 연구에서 명시적 혹은 암묵적으로 빈번히 나타났다. 그에 비해 장르성에 위배되는 언어 형식에 주목하는 유형은 거의 논의되지 않았다. 이는 장르 매개적 유표성 인식 유형 내에서 장르 내 유표성 인식이 비전형성을 띠는 유형임을 의미한다. 조진수(2015)에서는 많은 현대 정치 텍스트가 종속절 대신 대등절을 주로 사용하여 현상 그 자체만 나열함으로써 주어진 현상을 불가피한 지평으로 수용하게 하려는 의도가 내재해 있다는 페어클라우(2003: 95-98)를 인용하여 타당성 층위의 문장 확대 교육 내용의 구성 방향을 논의한 바 있다. 이 책의 관점에서 보면 이는 장르성에 위배되는 언어 형식에 주목한 사례에 해당한다. 그러나 한국어 텍스트를 대상으로 한 논의는 이루어진 바 없어 한국어 텍스트를 활용한 실증적 연구가 필요하다. 또한 장르 내 유표성에 해당하는 다른 하위 유형에 어떤 것이 있는지에 대한 조사도 필요하다.

문장 구조 차원에서 장르성과 상치되는 문법적 장치가 포착된 사례는 숙련자의 수행 구도가 내재된 관련 연구물에서 찾을 수 있었다. 다음은 교과서의 장르성을 고려하여 간접 인용절을 장르 내 유표성을 띠는 문법적 장치로 주목한 사례이다.

일부 교과서는 경제 세계화와 자유 무역에 대한 옹호의 입장을 문장 서술 구조와 방식을 통해서도 암묵적으로 드러내고 있었다. 교과서 B의 경우 자유 무역의 이득을 설명하는 부분(p.209)에서는 "~의 효과가 크다", "~를 활성화한다", "이득을 얻을 수 있다"와 같이 설명문 형식의 서술과 중립적인 입장을 표명하는 문장 구조를 취하고 있다. 반면 자유 무역의 한계에 대한 서술에서는 "자유 무역의 반대론자들은 ~고 주장한다", "~한다는 한계가 있다는 것이다", "~한다는 것이 자유 무역 반대론자들의 주장이다"와 같이 일부 반대론자들의 주관적인 견해, 또는 사실과는 다른 소수 집단의 주장이라는 뉘앙스를 전달하고 있다(윤노아·최윤정, 2017). 〔라-3〕

위 사례에서는 '자유 무역의 반대론자들은 ~고 주장한다'와 같은 간접 인용절 구조에 주목하고 있는데, 그 이유는 간접 인용이라는 형식이 경제 교과서가 가진 장르성을 고려할 때 장르 내 유표성을 띠기 때문이다. 그간 많은 연구에서 인용절의 의미기능에 주목하여 왔다. 그러나 주로 직접 인용의 의미기능에 초점을 두고 논의가 전개되어 왔는데, 위의 사례는 간접 인용절의 의미기능을 대상으로 했다는 점에서 기존 논의와 변별된다.

위 사례에서 간접 인용절에 주목한 것은 경제 교과서가 가진 장르성이 문법 문식소 설정 과정을 매개했음을 보여 준다. 경제 교과서에서 경제 현상과 원리에 대한 설명은 '~의 효과가 크다', '~를 활성화한다'와 같이 통상 인용절을 사용하지 않은 방식으로 서술된다. 따라서 '~고 주장한다'와 같은 간접 인용 구문의 선택은 경제 교과서 텍스트의 장르성을 위배하는 문법 장치에 해당하여 위의 사례에서처럼 주목의 대상이 되는 것이다.

장르성의 한 요소인 양식 측면에 국한하여 이에 어긋한 문장 구조에 주목한 양상이 학습자에게서도 나타났다. 다만 텍스트의 장르성을 양분 자질로 인식하여 구어성에 내재한 표현 의도를 적절히 인식하지 못했다는 문제를 안고 있다.

문장이 전체적으로 구어체 같다고 생각했다. 그래서 <u>사설이라는 글의 종류에 맞게 공식적인 글의 느낌을 주려고 했다.</u> 그런 맥락에서 '더 잘 ~'이라는 부분이 읽기에 매끄럽지 않다고 생각하여 '더 잘 해결할 수 있는'을 '훨씬 해결이 잘 될 수 있는'으로 바꿨다. 또한 문장의 의미상 주어가 '문제'라고 생각하여 수동태로 바꿨고 무조건 자신의 의견에만 맞춰진 단정적 어조를 약간이나마 완화시키기 위해 '맡겨서'를 '맡기면' 가정법으로 바꿨다. 그리고 '왜'라는 표현도 구어체 같다고 생각하여 문장에서 빼고 '규제하려는 이유가 무엇인지'로 바꿨다. (원 문장: 학부모의 선택에 맡겨서 더 잘 해결할 수 있는 문제를 국가가 일률적으로 규제하려는 것인지 납득하기 어렵다. / 다시 쓰기 결과: 학부모의 선택에 맡기면 훨씬 해결이 잘 될 수도 있는 문제를 국가가 일률적으로 규제하려는 이유가 무엇인지 납득하기 어렵다.) 〔㉮-A-29〕

장르 자체가 하나의 선택항이 되는 장르 관계 이론의 관점에서 보면 장르는 다른 장르들과 변별되는 자질의 집합으로 규정된다.[6] 사설은 거시

--------

6  장르 관계 이론에 입각하여 장르를 '변별 자질의 집합'으로 규정할 때, '변별 자질'이 상대적이라는 점에 유의할 필요가 있다. 장르 관계를 기반으로 설정된 장르 선택항 체계가 다층적 성격을 띠기 때문에, 미시적 수준에서 구분된 동렬 층위의 다른 장르와는 변별 자질보다 공유 자질이 더 많을 수도 있다. 예를 들어, 신문 사설은 신문 텍스트에 사용되는 다른 장르들과 '설명/설득'이라는 목적 수준의 자질 차원에서 일차적으로 변별된 후, 다시 설득을 목적으로 하는 신문 텍스트 내 다른 장르들과 미시적인 자질 차원에서 변별된다. 이때, 사설이 갖는 [+설득] 자질은 〔[+설

적으로는 주장하기의 성격을 지니지만 장르 관계의 측면에서 보면 사회적 문제를 대상으로 삼아 개인이 아닌 특정 기관의 입장을 공표한다는 점에서 다른 장르들과 변별된다. 위 학습자는 사설이 가진 장르적 특징을 이와 같은 관점에서 인식하지 못하고, 양식 측면에서만 접근하고 있어 장르를 제한적으로 이해하고 있다.

더 문제가 되는 것은 구어성과 문어성에 대한 이분적 인식이다. 사설은 기관의 입장을 담고 있기에 실제로는 주관적인 속성을 지닐 수밖에 없음에도 불구하고 객관성을 띤 것으로 인식되도록 하는 표현 특성이 상대적으로 강하게 나타난다. 그러나 동시에 문어적 텍스트가 독자의 수용성을 높이기 위해 대화성이 높은 문장 구조를 사용하는 전략을 취하기도 한다는 점을 고려해야 한다. 사설의 문장 구조를 구어성과 문어성의 관점에서 분석할 때에는 사설이라는 장르가 양식 측면에서 취하고 있는 이와 같은 이중적 전략을 충분히 이해할 필요가 있는데, 위의 학습자는 사설이 문어성을 띤다는 점을 당위적 사실로 인식하고 교정적 관점에서 접근하고 있다는 점에서 문제적이라 할 수 있다.

### (3) 문법적 은유를 통한 사태와 언어 간의 불일치 인식

문법적 은유를 통한 사태와 언어 간의 불일치 인식은 주로 숙련자의 문법 문식 활동에서 발견된다. 사태와 언어 간의 불일치는 명사나 명사구를 이용하여 동적 사태를 정적으로 표현하는 것을 대표적 예로 들 수 있다. 현실에서 동적 사태로 규정될 수 있는 현상을 언어 차원에서 정적으로

---

명], [-설득]} 자질을 갖는 다른 장르들과의 관계에서는 변별 자질로 규정되지만, 설득을 목적으로 하는 다른 장르들과의 관계에서는 공유 자질이 된다.

표현하는 문제는 주로 체계기능언어학의 문법적 은유 차원에서 논의되어 왔다. 이런 관점에서 과학이나 역사 텍스트에서 명사를 활용한 문장 구조가 어떤 기능을 하는지의 문제가 주목받아 왔는데, 이는 숙련자가 보여 주는 문법 문식소 설정의 한 유형에 해당된다고 할 수 있다.

이와 또 다른 흐름으로 비판적 담화 분석에서 논의된 어휘화, 명사화 논의에도 주목할 수 있다. 동적 현상을 명사로 표현함으로써 현실에 존재했던 참여자를 은폐하는 문제는 그간 비판적 담화 분석에서 주로 논의되어 왔다. 그런데 이는 사태와 언어 간의 불일치 문제를 다루는 문법 문식성 논의에서도 다루어질 수 있다. 다시 말해 문법 문식성은 별도의 연구 전통에서 이루어진 논의를 사태와 언어 간의 불일치 인식이라는 문법 문식소 설정 기제 차원에서 함께 다룰 수 있도록 한다.

다음은 과학 텍스트에 사용된 문법적 은유에 주목한 사례이다.

"개체군의 밀도는 개체의 출생, 사망, 이입, 이출 등에 의해서 조절된다. 개체의 출생과 이입은 개체군의 밀도를 증가시키고, 개체의 사망과 이출은 개체군의 밀도를 감소시킨다. 개체군의 밀도 변화는 이입과 이출보다 출생과 사망의 영향을 더 많이 받는다."

위 사례에서 밑줄로 표시한 주어들은 모두 문법적 은유로서 명사화라는 점에서 이미 정보의 압축이 이루어진 것으로 볼 수 있다. 과학 텍스트에서 주제가 되는 부분이 대부분 명사(긴 명사 표현)로 표현된다는 점을 생각해 보면 이러한 표현 방식은 과학 텍스트에서 특징적인 것으로 볼 수 있다. 더 나아가 주어부에 쓰인 이러한 문법적 은유는 문장 구성 과정에도 영향을 미치게 된다. 문장의 주어가 무생물(사물)이라는 점에서 이 주어가 다른 주체에 의해 어떤 동작을 당하는 것으로 표현되는 수동태 문장으로 구성될 가능성이 높아지는 것이다. 실제로 과학 텍스트는 능동태보다는 수동태를 사용하여 정보를 전달하는 경향이 있는데 이러한 수동태는 필자가 과학적 과정에 포함된 생물 주체를 언급하지 않음으로써 객관성과 권위를 가질 수 있게 하는, 과학 텍스트 구성에 있어 유용한 전략 중 하나이다(소지영·주세형, 2017). 〔라-2〕

위의 사례는 명사를 활용한 문장 구조가 정보를 압축하고 나아가 정보 전달의 객관성을 높이는 데 기여할 수 있다는 점을 고려하여 '개체군의 밀도, 개체의 출생과 이입, 개체의 사망과 이출, 개체군의 밀도 변화'와 같은 명사구에 주목하고 있다. 이 사례는 동적 현상을 동사를 활용하여 언어 형식 층위에서도 동적으로 표현할지 아니면 명사를 활용하여 언어 형식 층위에서는 정적으로 표현할지가 선택항 체계를 이루며, 문법적 은유가 사용된 후자가 유표성을 띨 수 있음을 실증적으로 보여 준다.

문법적 은유는 학습자의 다시 쓰기 결과 산출된 문장에도 나타나지만, 학습자들은 동일한 사태를 동적으로 표현하는 것과 정적으로 표현하는 것 간의 차이를 잘 인식하지 못하고 이를 교정적 차원으로 환원하여 이해하는 양상이 나타났다.

원 문장은 '(조건절)/주어/서술어'인데 가상 문제 상황을 먼저 제시한 후, 그에 따른 결과를 예측하였다. 독자가 그 상황에 대해 본인 의견을 떠올릴 시간을 주는 역할을 할 수 있으며, 뒤에 예측되는 결과와 본인의 의견을 비교해 보는 기회가 될 수 있는 문장 구조이다. 바꾼 문장은 '주어/목적어/서술어' 순으로 배치함으로써 글의 원만한 흐름에 도움이 되고, 의문형으로 문단을 시작하면 독자로 하여금 흥미와 관심을 유발할 수 있다. 또한 원 문장과 마찬가지로, '저녁 급식 폐지'라는 가상 문제 상황에 대한 본인의 의견을 스스로 생각하고, 답해 볼 수 있는 기회가 되면서 글에 대한 몰입도를 높여 줄 수 있다. (원 문장: 저녁급식을 없애면 많은 사람들이 항의할지 모른다. / 다시 쓰기 결과: 저녁 급식 운영 폐지는 다수의 사람들의 불만을 불러일으키지 않을까?) 〔㉮-A-5〕

글쓴이의 의도는 독자의 연령층을 고려한 어휘와 표현의 사용이라고 생각한다. 분명 글쓴이는 예상 독자를 고등학생, 혹은 그 이상으로 고려했을 것이다. 그러나 고등학생의 수준을 고려한다면 이보다 더 수준 높은 어휘를 사용해도 무리가 없을 것으로 생각한다. 예를 들어 저녁급식은 현재 시행되고 있는 '제도'의 일종으로써, 제도와 관련되어 쓰이는 어휘인 '폐지'를 사용하고, 항의보다는 조금 더 상위 수준의 어휘인 '비판'이라는 용어를 활용하는 편이 더 적절하다. (원 문장: 저녁급식을 없애면 많은 사람들이 항의할지 모른다. / 다시 쓰기 결과: 저녁 급식 제도의 폐지가 이루어질 시, 분명 이에 대한 비판은 불가피한 사항이다.) 〔㉮-A-10〕

위의 두 사례는 원 문장의 '저녁급식을 없애면'을 각각 '저녁 급식 운영 폐지', '저녁 급식 제도의 폐지'와 같이 명사구로 표현하였는데, 이는 동적 사태를 언어 형식 측면에서 하나의 개체와 같이 표현한 것이므로 문법적 은유에 해당한다. 더 중요한 문제는 원 문장의 '많은 사람들이 항의할지 모른다'를 각각 '다수 사람들의 불만', '이에 대한 비판'과 같이 명사구로 표현하였고, 이로 인해 후자의 경우 논항 구조 차원에서 행위주가 배제되었다는 점이다. 즉, 위의 두 사례는 '동적 사태를 정적 사태로 표상하는 수준'과 '동적 사태 속에 존재했던 행위주까지 배제하는 수준'을 변별적으로 보여 주고 있음에도 불구하고 학습자들은 이를 인식하지 못하고 있어 수행과 인식 사이의 괴리가 존재함을 알 수 있다.

## 2) 주목하기 2: 직관에 의존하기

문법 문식소의 설정 국면에서 직관은 이중적 성격을 갖는다. 숙련자는 유표성에 대한 명시적 인식 없이 직관을 통해 주목을 요하는 문법적 장치를 찾아내기도 한다. 그러나 학습자는 많은 경우 유표성에 대한 명시적 인식 능력이 부족하여 직관에 의존하는 경향이 있으며 이로 인해 설정된 문법적 장치 역시 부적절한 사례도 존재하였다.

다음은 자신이 특정 구조의 문장에 주목한 이유를 명시적으로 설명하지 못하고 직관적 판단에 따라 주목했음을 밝힌 사례이다.

- 문장 구조에 주목해 볼 필요가 있다고 생각하는 문장
  : 초등 1, 2학년에서 영어 교육을 하는 곳은 대부분 사립학교이다.
- 교체 가능하다고 생각한 문장
  : 대부분의 사립학교는 초등 1, 2학년때 영어 교육을 시킨다.
- 이 문장의 구조에 주목한 이유
  : 사립학교를 문장의 맨 뒤로 보내고 초등 1, 2학년을 맨 앞으로 보낸 것에 주목했다. '대부분의 사립학교는 초등 1, 2학년 때 영어 교육을 시킨다'로 문장을 바꿔 보았는데 약간의 의미의 변질이 일어나서 저절로 이 부분에 주목하게 되었다. 〔㉮-B-147〕

'저절로 주목하게'[7]라는 표현에서 확인할 수 있듯이 위의 학습자는

--------

7  '저절로 주목하게'는 연구 참여자가 사용한 특수한 표현을 코딩의 명칭으로 활용한 '내생코드(in vivo codes)'(Charmaz, 2006: 124-125)로서, 직관에 의존하여 문법 문식소를 설정하는 유형의 특성을 효과적으로 표상한다.

자신이 특정 구조의 문장에 주목하게 된 과정을 메타적 인식을 통해 분석적으로 설명하지 못하였다. 해당 문장에 주목하게 된 이유로 '약간의 의미 변질'을 제시하고 있으나 이 또한 특정한 구조의 문장에 주목해야 하는 근거로 충분하다고 보기 어렵다.

학습자 자료에서 다음과 같이 유표성에 대한 명시적 인식이 결여된 채 직관적으로 특정 구조의 문장에 주목하는 사례가 다수 확인되었다.

- 문장 구조에 주목해 볼 필요가 있다고 생각하는 문장: 초등학교 1, 2학년은 공교육 체계 하에서 한글을 처음 접하는 시기로 이때 영어를 배우면 한국어 발달에 장애가 올 수 있다는 헌재의 판단도 전제부터 비현실적이다.
- 이 문장의 구조에 주목한 이유: 호흡이 꽤 긴 문장이라 새로운 문단의 첫 문장인 만큼 두 문장으로 나눠 비현실적인 전제를 두었다는 평가를 앞에 짧게, 그에 대한 설명을 뒤에 썼더라면 좀 더 강경한 투로 비판의식을 드러낼 수 있었을 것. 〔㉮-A-17〕

- 문장 구조에 주목해 볼 필요가 있다고 생각하는 문장: 이렇듯 배가 산으로 가려는, 복잡성을 뛰어넘을 수 있는 것은 제도의 근간을 이루는 원칙과 철학이다.
- 이 문장의 구조에 주목한 이유: 기존의 문장 구조에서는 '원칙과 철학'을 뒤쪽에 배치함으로써 그 단어들은 강조할 수 있다. 그러나 그 부분을 앞에 배치하고 '~할 수 있다'식으로 서술한다면 그 '원칙, 철학'이라는 단어를 강조할 수 있을 뿐만 아니라 그들의 역할까지도 명확히 드러낼 수 있을 것 같다. 〔㉮-B-122〕

이 학습자들은 구조에 주목해 볼 필요가 있다고 생각한 문장을 선택한 후 그에 대해 나름의 이유를 제시하고 있으나, 대부분 효과에 대한 직관적 판단일 뿐 유표성 기제를 활용하는 양상은 나타나지 않았다.

직관에 의존한 인식 유형의 경우 단순 강조 효과에 주목하여 장르 매개적 유표성을 띠는 문법 장치에 주목하지 못한 사례가 다수 존재하였다. 다음은 신문 기사에 포함된 남북 공동보도문을 읽고 문장 구조 차원에서 주목해 볼 필요가 있다고 생각하는 문장을 선택한 사례이다.


- 문장 구조에 주목해 볼 필요가 있다고 생각하는 문장: 북측은 준전시 상태를 해제하기로 했다.
- 교체 가능하다고 생각한 문장: 준전시 상태를 해제하기로 한 것은 북측이었다.
- 이 문장의 구조에 주목한 이유: '강조'하고 싶은 것을 앞으로 빼거나 연결 관계에 있는 두 단어들을 더 가까이 배치함으로써 '강조' 효과를 얻는 것이 문장을 군이 변경하는 데 큰 이유 중 하나가 된다고 생각하였기 때문이다. 〔㉮-B-183〕


위 사례에서 학습자는 텍스트의 장르성을 고려하지 못하여 장르 매개적 유표성을 띠는 문법 문식소를 포착하지 못하고 있다. 남북 공동보도문이 외교적 텍스트의 성격을 띠고 있음을 고려할 때, 장르 매개적 유표성 관점에서 주목할 대상은 사회적 행위에 대한 책임 소재를 표현하는 방식이다. 따라서 명제 내용의 통사적 배열에 따른 강조 효과보다는 논항 구조 차원의 행위주 표상과 통사 구조 차원의 주어 명시, 정보 구조 차원의 행위주 초점화가 보다 중요한 주목 대상이 된다.

즉, 위의 사례에서 학습자가 주목할 필요가 있다고 생각한 문장은 외교적 성격의 텍스트에서 행위주를 주어로 명시한 문장이며 교체 가능하다고 판단한 문장 역시 행위주에 대한 초점 부여 문제를 정보 구조 차원에서 주목할 수 있기에 적절하다. 그러나 실제 학습자가 이 문장을 주목한 이유를 보면, 장르 매개적 유표성에 대한 인식 없이 직관적 차원에서 주목할 만한 문법 표지를 선정했기 때문에 단순히 강조 효과를 인식하는 수준에 머물렀음을 알 수 있다.

### 3) 분석하기 1: '사태-잠재태-실현태' 연계하기

#### (1) 실현태를 매개로 한 잠재태 계열화

잠재태는 언어로 실현되기 이전의 선택항을 의미하는데, 잠재태를 설정하기 위해 실현태를 매개물로 활용할 수 있다. 실현태 역시 언어화되기 이전에는 잠재적 선택항 체계를 구성하는 한 요소였기 때문에 실현태를 매개로 잠재태를 계열화할 수 있는 것이다. 다음은 실현태를 매개로 한 잠재태 계열화를 보여 주는 사례이다. 동일한 실현태를 매개로 삼더라도 계열화되는 잠재태의 선택항 체계 유형이 달라질 수 있음을 보여 주고 있어 주목할 필요가 있다.

> "또 하나는 그런 제약 때문에 정크푸드나 가공품을 많이 사용한다는 것이다."는 <u>주어를 생략</u>해서 문제의 책임이 영양교사나 조리원에게 돌아오지 않도록 하고 있는 것 같아요. 그런데 <u>저 같으면 애초에 누가 사용한다는 거지? 이런 생각이 들지 않게, 피동형으로 썼을 거 같네요.</u> 〔㉯-6〕

이 사례의 경우 '주어를 생략'이라는 문장 구조 실현태를 바탕으로 주어 제시를 기본적인 잠재적 선택항으로 전제할 뿐 아니라 피동 표현 역시 가능한 잠재적 선택항으로 계열화하고 있다. 전자의 경우 능동 표현의 구조를 유지하면서 주어의 제시/생략이 선택항 체계를 이루고 있고, 후자의 경우 주어를 생략한 능동 표현과 피동 표현이 선택항 체계를 이루고 있다. 즉, 실현태는 능동 표현에서의 주어 생략 구조로 동일하지만, 실현태를 매개로 잠재태를 계열화하는 과정에서 계열화의 축을 무엇으로 삼느냐에 따라 구축되는 선택항 체계는 상이한 양상을 띨 수 있다. 실현태를 통해 복수의 잠재적 계열태를 재구성하는 과정을 도식화하면 그림 3-4와 같다.

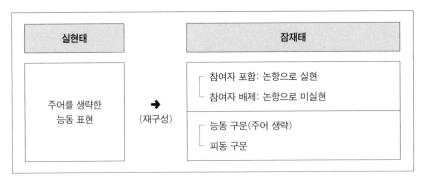

그림 3-4. 실현태를 매개로 한 잠재적 선택항 계열화 사례

이 도식처럼 복수의 잠재태 설정이 가능한 이유는 참여자 논항의 배제가 정도성 차원에서 '통사 구조상 완전 배제'와 복원 가능성을 지닌 '반논항' 또는 '논항 생략'으로 구분되기 때문이다. 이는 이 책의 II장에서 제시한 기능적 논항 분석을 위한 논항 구조 선택항 체계 중 참여자의 배제 관련 도식과 그림 3-5에서 확인할 수 있다.

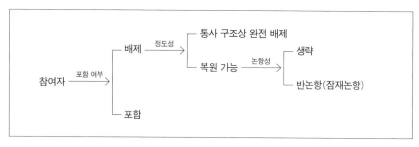

그림 3-5. 참여자 배제와 관련된 논항 구조 선택항 체계

　"또 하나는 그런 제약 때문에 정크푸드나 가공품을 많이 사용한다는
것이다."라는 문장은 행위주 논항이 통사 구조에 실현되지는 않았으나 능
동 구문의 구조를 유지하고 있어 행위주가 복원 가능한 방식으로 생략된 유
형에 해당한다. '사용하다'라는 동사를 사용했기 때문에 행위주가 논항 구
조에 명세되어 있다고 보아야 하는데, 텍스트 내적 맥락을 바탕으로 행위주
가 영양 교사나 조리원이라고 추론할 수 있기 때문이다. 이에 비해 잠재태
로 설정 가능한 첫 번째 문장인 "또 하나는 그런 제약 때문에 조리원이 정
크푸드나 가공품을 많이 사용한다는 것이다."는 행위주 논항이 통사 구조
에 실현되었다. 그런데 "또 하나는 그런 제약 때문에 정크푸드나 가공품이
많이 사용된다는 것이다."와 같이 피동 구조의 문장을 사용하여 행위주 논
항의 통사적 실현을 보다 제약하는 것도 가능하다. 이처럼 실현태를 매개로
한 잠재태의 계열화 방식은 문장 구조 차원에서 복수로 존재할 수도 있다.
　숙련자의 경우 실현태를 매개로 잠재태에 존재하는 복수의 문장 구조
선택항을 계열화하는 과정이 잘 나타난다.

　제목이 앞의 칼럼과 달리 명사형으로 끝나는 게 눈에 띄네요. 독자칼럼과
사설의 차이인가요? 여튼 "초등 1, 2학년 영어수업 금지를 폐지해야 한
다."-"초등 1, 2학년 영어수업 금지는 비현실적이고 옳지 않다."-"현재의

초등 1, 2학년 영어수업 금지 판단은 비현실적이고 옳지 않다."-"헌재의 비현실적 판단: 초등 1, 2학년 영어수업 금지"-"초등 1, 2학년 영어수업 금지가 옳다는 비현실적 헌재"를 비교해 봤을 때 뒤로 갈수록 헌재 자체를 비판의 대상으로 설정하는 효과가 있는 것 같네요. 추진하려는 내용보다도 이번 판단, 아니 판단이 아니라 판단의 주체를 비판하려는 제목인 게 재밌네요. 이미 헌재 판단은 내려졌으니 당장 폐지할 수 없는 노릇이고, 기왕 이렇게 된 거 헌재가 사회적으로 부담을 느끼게 하기 위해선가? 〔㉯-6〕

이 사례에서 제목이 명사형으로 끝나는 것이 눈에 띈다고 하였지만, 실제로 제목은 명사형이 아닌 명사로 끝나고 있다. 계열화를 통해 산출된 잠재태로서의 문장 구조를 살펴보면 실현태와 잠재태 간의 근본적인 차이는 논항 구조 차원의 행위주 명시와 정보 구조 차원의 전제화 여부로 볼 수 있다. "초등 1, 2학년 영어수업 금지는 비현실적이고 옳지 않다."와 "헌재의 초등 1, 2학년 영어수업 금지 판단은 비현실적이고 옳지 않다."는 논항 구조 차원의 행위주 명시와 관련되고, "헌재의 초등 1, 2학년 영어수업 금지 판단은 비현실적이고 옳지 않다."와 "초등 1, 2학년 영어수업 금지가 옳다는 비현실적 헌재"는 정보 구조 차원의 전제화 여부와 관련된다. 이 사례는 잠재적 계열체를 문법적 범주에 따라 구분하여 비교하고 있지는 않지만 복수의 문장 구조 가능태를 구성해 내어 표현 효과 차원에서 모든 문장 구조를 비교하고 있다는 점에서 문법 범주 층위가 아니라 표현 효과 층위의 사고 과정을 보여 준다.

문장 확대를 통사적 층위의 선택항으로 간주하고 복문으로 실현된 문장에서 단문이 잠재적 선택항으로 존재했음을 계열화한 사례도 존재한다.

홑문장으로 기술하지 않고 이어진 문장으로 기술. 홑문장으로 기술이 되면 '전원 일치된 의견이다.'라는 내용의 중요성이 더 부각될 수 있음. 그러나 그렇게 하지 않음으로써 이는 별로 중요한 게 아니다라는 인식을 하게 할 수 있음. 〔㉯-7〕

위의 사례는 "재판관 9명 전원의 일치된 의견으로 내려진 헌재 결정이지만 초등학교 1, 2학년 영어 과목 금지가 사교육 과열을 막을 수 있는 적절한 방법이라는 판단은 현실과 동떨어져 있다."라는 문장에서 '재판관 9명 전원의 일치된 의견으로 내려진 헌재 결정이지만'이 절로 구현되었으나 문장으로 구현될 수도 있었음에 주목하고 있다. 복합적 사태를 복문으로 표현할 것인지 단문들로 표현할 것인지는 해당 사태를 구성하는 하위 사태를 절 단위로 실현할지 문장 단위로 실현할지의 문제로 바꾸어 생각할 수 있다.[8] 문장 확대 유형으로는 단문, 복문이 보다 익숙한 구분 방식이지만 명제 의미가 어떠한 언어 단위로 실현되는지를 명시적으로 설명하기에는 절과 문장 단위로 구분하는 것이 보다 유용하다. 절과 문장은 통사적 단위이기도 하지만 정보 지위 측면에서도 다른 위상을 지니기 때문에 선택항 간의 표현 효과 차이를 설명하기에 유리하기 때문이다.

그림 3-6. 절 단위 실현과 문장 단위 실현

................

8 복문이 반드시 두 개의 절로만 구성되는 것이 아니기 때문에, 복문 내에 절 단위로 실현된 명제 내용을 문장 단위로 실현한다고 해서 반드시 단문으로 실현되는 것은 아니다. 즉, 복문 내에 절 단위로 실현되어 있던 명제 내용을 문장 단위로 실현할 때 단문이 아니라 또 다른 복문으로

절 단위와 문장 단위가 선택항 체계를 이룬다는 점은 문장 확대를 실현된 문장의 유형 구분 문제가 아니라 문장 확대 유형 선택의 문제로 간주한 조진수(2013)에서도 논의된 바 있다. 그러나 논의 대상이 문장 확대로 한정되어 있어 문장 구조 전반을 포괄하지 못하였고, 문법 문식성에 대한 조망적 시각이 결여되어 어떤 구조의 문장에 주목해야 하는지, 어떤 방법으로 분석해야 하는지, 장르 층위에서 어떠한 해석 조정 과정을 거치는지, 이데올로기 층위에서 어떤 해석이 가능한지를 설명하지 못하였다.

절 단위와 문장 단위가 문장 구조 차원의 선택항 체계로 성립하기 위해서는 절 단위와 문장 단위의 기능적 차이가 규명되어야 한다. 이를 위해서는 두 단위 간의 문법적 차이에 대한 논의가 선결 과제로 요구되는데, 두 단위를 구분하는 것은 그 자체로 논쟁적 성격을 띠고 있다. 학교 문법에서는 통상 절이 주술 관계를 갖추고 있으나 상위 단위인 문장 속에 들어가 있다는 점을 들어 절과 문장을 구분해 왔다. 반면 생성 문법에서는 S를 보문소의 최대 투사인 CP로 간주하기 때문에 절과 문장을 구분하기 어렵게 된다(고영근·구본관, 2008: 520; 유현경 외, 2015: 262).

절 단위와 문장 단위의 기능적 차이를 규명하기 위해서는 문장의 통사적 속성뿐 아니라 정보 구조적 속성 등을 함께 고려할 필요가 있다. 절 단위와 문장 단위의 기능적 차이는 특정한 언어 단위로 실현된 사태가 독자에게 완결성을 지닌 정보 지위로 인식되는지 여부에 있다. 그간 문법 연구에서 문장의 속성을 밝히기 위해 다양한 정의를 시도하였으나 통사적 층위나 문장 내적 의미에 국한된 정의 방식은 문장 단위의 기능적 특성을 설명하기에 충분하지 않았다.

...............

실현할 수도 있다. 이런 이유에서 선택항 체계를 '복문-단문'이 아니라 '절 단위-문장 단위'로 수립해야 한다.

예컨대, 최현배(1971: 734)에서 "비록 생각의 하나됨[統一]은 있을지라도, 만약 이 따로섬[獨立]이 없을 것 같으면, 그것은 완전한 월이 되지 못한다."라고 지적한 바 있으나 여기서 '통일'은 의미적 측면에서, '독립'은 통사 혹은 분포적 측면에서 해석되었다(유현경 외, 2015: 260-263). 그러나 결과로서 선택된 언어 단위의 분류 문제에서 벗어나 '문장 단위' 자체가 잠재적 선택항으로 존재했다는 관점에 서면, 필자가 특정한 명제 의미를 독자에게 완성되고 독립적인 정보로서 전달하고자 할 때 문장 단위를 선택한다는 해석이 가능하다. 이와 같은 해석은 선택항 체계를 통해 문장 단위의 변별적 속성을 규정하고 있어, 그간 문장을 정의하는 과정에서 담화에서의 정보 흐름을 고려하는 논의(임홍빈·장소원, 1995; 주세형, 2005ㄷ; 손혜옥·김민국, 2013)를 언어 주체의 언어 형식 선택 차원에서 명료화했다는 의의를 지닌다.

일부 학습자의 경우 숙련자와 같이 실현태를 매개로 잠재태를 계열화하는 체계기능적 방법을 사용하지 않고, 유의 관계를 통해 새로운 문장 구조를 구성하는 방식을 사용하여 어려움을 겪는 경우가 존재하였다.

기사에서 다룬 단어와 비슷한 것을 생각해 내는 게 어려웠고 생각해 낸 단어를 썼을 때 어울리는 또 다른 단어를 생각해서 문장을 짜 맞추는 점에서 문장 구조와 어휘가 많이 어렵다는 것을 느꼈다. 또한 문장을 만들어가면서 적당한 길이도 생각해야 하는 것에서 문장 구조에 대한 이해가 더 멀게 느껴졌다. 〔㉑-A-132〕

위 사례의 경우 실현된 문장 구조를 매개로 하여 잠재태로 존재하는 선택가능한 문장 구조의 목록을 구성하지 않고, 실현태 층위에 국한하여 유사한 어휘를 떠올리며 이에 맞게 문장 구조를 재편하려는 시도를 보이고 있다. 이렇듯 실현태에 국한하여 생각하고 있어 사태가 언어화되는 과정에서 문장 구조에 의해 다양하게 재구성될 수 있음을 인식하지 못하고 있다.

(2) 사태의 명제화 과정 재구성: 논항 구조 선택항 체계 분석

① 논항 구조의 가능태 계열화를 통한 사태 재구성

논항 구조는 사태에 대한 언어 주체의 특정한 인식 방식을 반영한다. 실제 사태에 존재하는 모든 대상이 언어화 과정에서 논항으로 설정되는 것은 아니기 때문이다. 또한 특정 사태를 참여자 논항으로 실현할지 환경 논항으로 실현할지와 논항으로 실현할지 부가어로 실현할지 역시 선험적으로 규정된 것이 아니라 사태의 언어화 과정에서 언어 주체의 선택에 의해 결정되는 문제이다. 이런 이유에서 논항 구조의 가능태를 계열화하는 작업은 사태를 재구성하는 과정을 포함하며, 이러한 재구성을 통해 사태가 명제화되는 과정을 역추적하는 것이 가능해진다.

다음은 다시 쓰기를 통해 '헌법재판소'가 행위주로 실현된 문장을 매개로 '헌법재판소'가 처소 논항으로 실현된 문장을 계열화한 사례이다.

원 문장은 능동문인데 바꾼 문장은 피동문이다. 원 문장은 헌법재판소를 주어로 삼아 사실전달에 주력한 반면 바꾼 문장은 헌법재판소에서 결정된 내용을 주어로 삼아 결정된 내용을 더 강조하는 효과가 있는 것 같다. (원 문장: 헌법재판소는 어제 초등학교 1, 2학년 영어 과목 개설을 금지한 교육과학기술부 장관 고시는 헌법에 위배되지 않는다고 결정했다. / 다시 쓰기 결과: 초등학교 1, 2학년에서 영어 과목 개설을 금지한 교육과학기술부 장관 고시는 헌법에 위배되지 않는다는 것이 어제 헌법재판소에서 결정되었다.) 〔㉮-A-20〕

위 학습자는 자신의 다시 쓰기 결과를 능동과 피동의 관점에서 설명하며 이로 인해 강조 대상의 변화가 야기되었다고 보고 있다. 그러나 다시 쓰기 결과를 논항 구조의 계열화라는 관점에서 보면, 실제 사태 층위에 존재하는 '헌법재판소'가 문장의 논항 구조 층위에서 실현될 때 원 문장의 '헌법재판소는'과 같이 행위주로 실현될 수도 있고, 다시 쓴 문장의 '헌법재판소에서'와 같이 처소 논항으로 실현될 수도 있음을 확인할 수 있다.[9]

그림 3-7. 학습자의 논항 구조 계열화 결과

이와 같은 논항 구조 계열화를 통해 학습자는 실제 사태 층위에서 헌법재판소의 위상이 단일하지 않음을 인식할 수 있다. 즉, 헌법재판소가 논항 구조 층위에서 행위주뿐 아니라 처소로도 실현될 수 있다는 사실은 사태 층위에서 헌법재판소가 '헌법 문제 결정의 주체'라는 위상을 지닐 수 있을 뿐 아니라 '헌법 문제 결정이 이루어지는 장소'라는 위상을 지닐 수도 있음을 의미한다. 논항 구조 계열체는 사태 층위에서 복수로 존재하는 대상의 위상과 구조적 동형성을 갖기 때문에 논항 구조 계열화를 통해 사태를 재구성할 수 있다.

................

9  '헌법재판소에서'를 부가어로 처리할 수도 있으나, 이 책에서는 논항을 정도성의 관점에서 파악하는 논항성 개념을 수용하고 있다. 그렇기 때문에 위 문장에서 '헌법재판소에서'가 생략되는 것으로 문장의 적격성에 문제가 발생하지는 않더라도, '결정되었다'라는 서술어가 의미상 '헌법재판소에서'를 요구한다고 보고 이를 논항으로 간주하였다.

학습자들의 경우 수행 차원에서는 논항 구조를 바꾸었음에도 불구하고 이를 명시적으로 인식하지 못하여 수행과 인식의 괴리를 보이는 사례가 빈번히 나타났다.

원 문장을 간략하게 요약하여 문장을 바꾸었다. 원 문장은 보다 자세하고 주장을 약간 돌려서 표현한 반면 바꾼 문장은 핵심 내용만 담아서 글쓴이의 의견을 직접적으로 표출했다. 원 문장을 쓴 글쓴이는 자신의 의견을 완곡하게 표현하려는 의도를 가지고 있었을 것이다. '국가는 개입하면 안 된다'라고 단정 짓는 것과 달리 '왜 그러는지 납득하기 어렵다'라는 표현을 사용함으로써 상대적으로 부드럽게 의견을 표출할 수 있기 때문이다. 또한 '학부모의 선택에 맡겨서 더 잘 해결할 수 있는 문제'라는 표현을 통해 이 문제를 학부모의 선택에 맡겨야 함을 더 강조하고 싶었을 것이다. (원 문장: 학부모의 선택에 맡겨서 더 잘 해결할 수 있는 <u>문제를</u> 왜 국가가 일률적으로 규제하려는 것인지 납득하기 어렵다. / 다시 쓰기 결과: 학부모가 스스로 선택할 <u>문제에</u> 국가가 개입해서는 안 된다.) 〔㉮-A-28〕

원문에서는 '문제'가 목적격으로 실현되었으나 학습자의 다시 쓰기 결과에서는 부사격으로 실현되었다. 이를 논항 구조 선택항 체계 차원에서 보면 '문제'가 대상역에서 처소역으로 바뀐 것인데, '문제'에 대상역이 부여되지 않아 문장의 타동성이 약화되었다. 그러나 학습자는 자신의 수행 결과가 야기하는 이와 같은 효과를 인식하지 못하고 있다.

논항 구조의 계열화는 실현된 문장이 문면에 드러내지 않고 은폐하고 있는 사태 층위의 내용을 명시하는 기능을 한다. 다음은 내용역(contents)[10]

................

10 '내용역'은 홍재성 외(2002: 293)에서 설정한 의미역으로, '발화 행위 동사, 사유 동사 등의

논항을 달리한 논항 구조를 계열화한 사례이다.

원 문장은 남측 군인들이 부상을 당한 것에 유감을 표시한 의도가 있고, 바꾼 문장은 남측 군인들이 부상을 당하게 된 지뢰폭발에 대해 유감을 표시한다는 의도가 포함되어 있다. (원 문장: 북측은 최근 군사분계선 비무장지대 남측 지역에서 발생한 지뢰 폭발로 남측 군인들이 부상을 당한 것에 대해 유감을 표명했다. / 다시 쓰기 결과: 최근 군사분계선 비무장지대 남측 지역에서 남측 군인들이 부상을 당한 북측의 지뢰폭발에 대해 유감을 표명했다.) 〔㉮-A-57〕

학습자는 논항 구조 차원에서 내용역의 변화를 명시적으로 설명하고 있지는 못하지만 원 문장과 다시 쓰기 결과 산출된 문장의 논항 구조를 비교해 보면 유감 표명의 대상이 '남측 군인들이 부상을 당한 것'에서 '남측 군인들이 부상을 당한 북측의 지뢰폭발'로 변경되었음을 확인할 수 있다. '지뢰폭발'은 원 문장에서 내용역으로 실현되지 않아 문면에 드러나지 않았으나, 논항 구조 계열화를 통해 '지뢰폭발'이 논항으로 실현된 구조의 문장이 존재할 수 있음을 인식할 수 있다.

② 논항 구조 선택항의 선택과 배제 과정 인식

논항 구조의 가능태 계열화를 통해 사태를 재구성한 후에는 논항 구조 선택항의 선택과 배제 과정 인식이 이루어진다. 그런데 앞서 지적한 대로 논항 구조는 통사와 의미 층위의 접면일 뿐 아니라 사태와 의미 층위의 접면이기도 하다. 이러한 점에서 논항 구조는 '이원적 접면을 가진 구

---

절 논항이 갖는 의미역으로 발화 내용이나 사유 내용'을 나타낸다.

조'(조진수, 2017ㄴ)로 규정될 수 있기 때문에 논항의 선택과 배제 과정은 단순하지 않다.

통사와 의미 층위의 접면이라는 측면에서는 통사적으로 실현된 성분의 의미역을 확인하는 작업이 요구되고, 사태와 의미 층위의 접면이라는 측면에서는 사태에 존재하는 참여자가 의미역을 부여받았는지와 어떤 의미역을 부여받았는지를 살펴봐야 한다. 또한 온전한 의미역을 부여받았다 할지라도 통사 층위에서 생략될 수 있고, 잠재논항이 '논항 숨기기'(이병규, 1998: 134-138)에 의해 통사적으로 실현되지 않을 수도 있다는 점도 함께 고려해야 한다.

다음은 행위주 논항 배제의 문제를 인식하고 있는 사례인데, 맥락에 따른 행위주의 단순 생략으로 규정하기에는 어려운 문제를 내포하기 때문에 보다 상세한 고찰이 요구된다.

다음 문단의 첫 번째 문장은 복문으로 '저녁 급식을 없애다'와 '많은 사람들이 항의할지 모른다.'가 접속되어 있다. 그런데 앞 절은 피동이 아니라 주동절인데도 불구하고 주어가 존재하지 않는다. 우선, '저녁급식이 없어지면'과 같이 피동 표현을 사용하지 않고 능동 표현을 사용한 것은 '저녁급식'은 어떤 주체가 '폐지'하거나 또는 '존속'시키는 선택과 의지에 달린 문제라는 것을 드러내기 위해서가 아닐까 싶다. 그리고 '저녁 급식'을 없앨 수 있는 주체는 결국 정부인데, 정부는 없애자는 입장이 아니기 때문에 선뜻 주어로 '정부가'를 선택하지는 못한 것 같다. 〔④-1〕

위 사례는 "저녁급식을 없애면 많은 사람들이 항의할지 모른다."라는 문장을 분석 대상으로 삼고 있다. 문장의 선행절인 '저녁급식을 없애면'이 능동 구문의 구조를 취하고 있음에도 주어를 생략하여 행위주를 드러내지 않고 있기 때문에 이와 같은 문장 구조를 선택한 이유에 대한 분석이 필요하다. 선택항을 계열화해 보면 피동 구문을 사용하여 행위주가 통사 구조상 주어로 실현되는 것을 완전히 차단하는 방식과 능동 구문을 사용하되 행위주를 주어로 실현하는 방식이 존재함을 알 수 있다. 행위주가 주어로 실현되지 않은 능동 구문이 유표성을 띠는 문법 문식소로 작용하여 논항의 선택과 배제라는 관점에서 분석될 수 있는지의 문제는 해당 논항의 의미적 특성을 함께 고려해야 설명이 가능하다.

이병규(1998)는 특정 성분이 통사적으로 문면에 드러나지 않는 현상을 '맥락 독립적인 단문에서 숨겨지는 경우'와 '맥락 의존적인 복문 및 담화에서 생략되는 경우'로 나누어 전자를 '논항 숨기기', 후자를 '생략'으로 보고, 전자와 같은 논항을 잠재논항으로 규정하였다. 이러한 분류에 따르면 앞의 사례는 '정부가'라는 필수 논항이 생략된 현상으로, 문맥에 의한 자연스러운 맥락 의존적 생략인지 특정한 의도가 내재된 생략인지가 문제가 된다. 맥락상 생략되는 것이 자연스러울 경우 행위주를 주어로 실현하는 것이 유표성을 띠고, 반대의 경우에는 생략하는 것이 유표성을 띠기 때문이다.

원 텍스트에는 나타나지 않았지만 상호텍스트성이 있는 다른 텍스트와의 관련성을 고려하여 논항 구조 선택항의 선택과 배제 과정을 인식한 사례도 있다. 이 사례는 특히 서술성 명사도 논항을 가진다는 점을 고려하여 상이한 문법 단위인 문장 구조와 명사를 비교하고 있다는 점에서 주목할 필요가 있다.

그런데 여기서 한 가지 주목할 것은 사례 〈1〉에서 볼 수 있듯이 편집자가 '교실이 무너지고 있다'라는 말을 은근슬쩍 '파괴'라는 말로 바꾸어 놓았다는 것이다. 이 두 단어의 차이는 큰 의미를 지닌다. '무너지고 있다'

는 술어는 자동사로서, 무너지게 하는 특정한 원인이 없이도 설명하기 어려운 다양한 원인에 의하여 일어날 수 있는, 즉 그 책임이 불분명한 움직임을 나타낸다. 그러나 '파괴'는 다르다. '파괴'라는 말은 '파괴하다'라는 동사에서 볼 수 있듯이 파괴하는 행위자와 파괴당하는 대상이 있어야 한다. 그러므로 이 '재단어화'는 우선 '무너진다'는 어휘를 통하여 읽는 이에게 막든지, 혹은 탈출해야 한다는 식으로 행위구조를 촉발시키고 나서, '파괴'라는 용어를 통하여 바로 그러한 급박한 상황을 만들어 낸 행위자가 누구인가에 대하여 의구심과 적개심을 가지도록 한 것이다. 이 행위자가 누구인가에 대한 규명은 이 시리즈에서는 조금씩 시사만 할 뿐 직접적으로 드러나지 않는다. 행위자에 대한 추적은 이 기획시리즈에 이어 나타난 다양한 사설과 칼럼을 통하여 실체화되며, 자연스럽게 한 행위자에게로 모아진다. 사실 이 시리즈는 이 기정사실화된 사건 관련자들의 입을 통해 그 파괴의 용의자가 누군지를 독자로 하여금 추리하게 하는 효과를 가진다(서덕희, 2003). 〔라-5〕

위의 사례에서는 '교실이 무너지고 있다'라는 문장과 '교실 파괴'라는 명사구를 비교의 대상으로 삼고 있다. '파괴'와 같은 서술성 명사는 논항을 요구한다는 점에서 동사와 함께 논의하는 것이 가능하기 때문에 문장과 명사구가 서로 다른 문법 단위임에도 불구하고 비교가 가능하다. '무너지다'는 자동사로서 무너지는 대상에 해당하는 대상역 논항을 요구하지만, '파괴'는 타동성을 지니고 있어 파괴되는 대상뿐 아니라 파괴하는 행위의 주체를 함께 요구한다.

논항 구조는 어휘부에 명세되어 있기 때문에, 모어 화자는 논항이 통사적으로 실현되어 있지 않더라도 생략되거나 잠재적으로 존재하는 논항을 일정 부분 예상할 수 있다. 위 사례에서는 논항 구조가 지닌 이와 같은 속성을 고려하여 '무너지고 있다'와 '파괴'를 잠재적 선택항으로 설정하고, 후자의 경우 논항이 통사적으로 실현되지 않을 경우 오히려 행위주에 주목하게 되는 효과가 있음을 지적하고 있다.

(3) 명제의 정보구조화 과정 재구성: 정보 구조 선택항 체계 분석

① 정보 구조에 따른 통사 구조 가능태 계열화

명제의 정보구조화 과정을 역추적하기 위해서는 통사 구조를 정보 구조의 관점에서 계열화하는 과정이 필요하다. 다음 사례는 관형사절이라는 통사 구조를 정보 구조 차원에서 계열화하는 양상을 보여 준다. 계열화 과정에서 각 선택항의 의미기능에 대한 생각이 변화하고 있기 때문에 계열화 전반부와 후반부를 나누어 제시한다.

[1] "초기비용이 필요한 정부가 예산 부족에 대한 대안과 운영 효율화 등 두 마리 토끼를 잡겠다며 도입했다." 그런 정당성을 가진 제도이지만, 이 제도의 도입이 그런 정당성을 확보한 것처럼 보이지만, 사실상은, 그 실체를 들여다보면, 사실 이 제도의 도입은 정부가 초기비용이 필요했기 때문이었다. 필자는 이 사실을 부각하고 싶었던 것 같다. 고교 저녁급식을 폐지해야 한다는 것이 필자의 주장이고, 정부의 그러한 정책에 대한 비판적 입장을 견지하고 있다는 점을 고려하면 그렇다. 그런데 이를 '초기비용이 필요한 정부'를 주어부로 삼고 '예산 부족에 대한 대안과 운영 효율화 등 두 마리 토끼를 잡겠다며 도입했다'라고 서술하여서 그러한 사실이 덜 부각된다. 이렇게 서술을 하니까, 그냥 당시 예산이 부족했던 정부의 어쩔 수 없는 선택이었다는 느낌을 주기도 한다. 내가 필자였다면 다음과 같이 서술했을 것 같다. "학교급식 제도의 큰 변화 중 하나는 1996

년 도입된 위탁급식인데, 이는 고등학교로 급식을 확대하기 위해 만들었다고는 하지만, 사실은 예산이 부족했던 정부가 <u>초기비용을 마련하기 위해</u> 도입한 것이나 다름없었다. 정부는 '예산 부족에 대한 대안'과 '급식 운영의 효율화'라는 두 가지 명분을 내세웠지만 실상은 부족한 예산을 메우기 위한 처사였던 것이다."〔㉯-3〕

이 사례에서는 '초기비용이 필요한'이라는 관형사절에 주목하여, 동일한 명제 의미가 관형사절이 아니라 '초기비용을 마련하기 위해'라는 부사절로 실현될 수 있었음을 보이고 있다. 관형사절이라는 통사 구조를 정보 구조 차원에서 접근할 수 있다는 점은 그간 조진수(2013, 2015)에서 지속적으로 논의되어 왔다. 그러나 이 사례는 관형사절을 매개로 부사절도 선택항으로 계열화될 수 있음을 보여 줌으로써 기존 논의를 확장적으로 계승한다.

조진수(2015: 282)에서는 "그 속성들은 잘 정의된 값을 지니고 있다"라는 절이 원 문장에서 대등 접속절이었는데 학습자의 다시 쓰기 결과 "정의된 값을 가지는"과 같이 관형사절로 그 위상이 바뀐 사례를 들어 대등 접속절과 관형사절이 선택항 체계를 구성함을 예증하였다. 그리고 학습자가 관형사절을 선택한 이유가 해당 내용을 독자가 알고 있거나 독자로부터 새로운 정보로 도전받지 않을 것이라고 가정했기 때문일 수 있음을 논의한 바 있다. 그러나 위의 사례에 따르면 관형사절과 선택항 체계를 구성할 수 있는 통사 구조는 대등 접속절에 국한되지 않는다. 부사절과 같은 내포절 역시 명제 의미를 전제화하는 관형사절과 정보 구조적 기능에 차이가 존재할 경우 선택항으로 계열화하는 것이 가능하다. 이상에서 학습자의 선택항 체계는 그림 3-8, 그림 3-9와 같이 도식화된다.

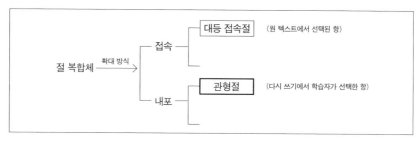

그림 3-8. 학습자의 관형사절 선택항 체계 1(조진수, 2015: 282)

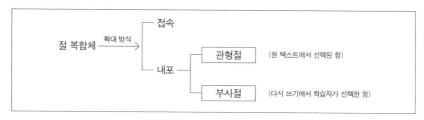

그림 3-9. 학습자의 관형사절 선택항 체계 2

　이와 같은 사례는 정보 구조 관점에서 통사 구조를 계열화하는 방식이 복수로 존재할 수 있음을 시사한다. 문법 문식성에서 다루는 계열화라는 인식 과정은 언어 단위를 기준으로 구획된 범주 체계가 중시되는 국어학적 분류 방식과 달리 유연성을 특징으로 한다. 정보 구조 관점에서 복수의 잠재적 계열체를 재구성하는 과정을 도식화하면 그림 3-10과 같다.

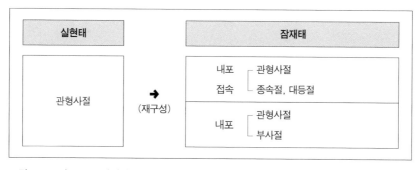

그림 3-10. 정보 구조 관점의 잠재태 계열화 사례

이 학습자는 실현태인 관형사절을 매개로 잠재태인 부사절을 계열화하여 두 통사 구조를 비교함으로써 아래와 같이 원래의 통사 구조가 실현태로 선택된 이유를 추론하였다.

[2] 그런데 이렇게 서술하고 나니, 왜 필자가 심정적으로는 이 제도의 도입이 사실상 정당한 것은 아니었다는 말을 하고 싶었음에도 불구하고, 이렇게 드러내 놓고 비판적으로 서술할 수 없었는지를 알 것도 같다. 왜냐하면, 바로 위의 문단처럼 서술할 경우, 정부가 정말로 예산 부족 때문에 초기비용을 마련하기 위해 위탁급식을 도입했다는 사실에 대한 뚜렷한, 명백한 근거를 대야 하는 부담이 있기 때문이다. 따라서 '초기비용이 필요한 정부'라는 관형절의 구성을 취해, 일단 정부가 초기비용이 필요했다는 사실을 전제로 하고, '두 마리 토끼를 잡겠다.'라는 관용표현을 끌어와 표현함으로써 근거를 대야 하는 부담을 줄이면서도, 정부의 그러한 태도를 비판적으로 바라보는 필자의 태도를 암암리에 드러내고 있는 것 같다. 그리고 당연히, 필자는 그러한 제도를 도입한 주체가 다름 아닌 '정부'임을 드러내야 했는데, 그러한 주어를 '고등학교로 급식을 확대하기 위해 만들어진 제도'의 주체로 부각하기보다, '초기비용이 필요한'의 주체로 부각하고 있다는 점도 눈에 띈다. 〔㉯-3〕

실현태를 매개로 잠재태에 존재하는 정보 구조를 도출하는 인식 과정을 명시적으로 보이지는 못하였으나, 수행 차원에서는 정보 구조의 문제인 초점을 조정하는 양상도 확인되었다.

비정상적인 상태가 발생하지 않아야 확성기 방송을 중단하기로 했다는 내용을 강조하려고 했다. (원 문장: 남측은 비정상적인 사태가 발생하지 않는 한 군사분계선 일대에서 모든 확성기 방송을 8월 25일 12시부터 중단하기로 했다. / 다시 쓰기 결과: 8월 25일 12시부터 남측이 군사분계선 일대에서 모든 확성기 발송을 중단하기로 한 것은 비정상적인 상태가 발생하지 않는다는 전제하였다.) 〔㉮-A-42〕

이 학습자는 다시 쓰기를 통해 '비정상적인 상태가 발생하지 않는다는 전제하'를 논항 초점으로 조정하였다. 이와 같은 조정을 통해 '비정상적인 상태가 발생하지 않는다는 전제하'는 문장 구조 차원에서 관계적 신정보가 된다.

② 정보 지위 및 현저성 부여 과정 인식

앞서 언급한 대로 이 책에서는 관계적 정보 구조를 주요 논의 대상으로 삼고, 실체 관련 지시적 정보 구조는 관계적 정보 구조와 관련되는 경우에 한해서만 논의의 대상으로 삼는다. 따라서 문장에서 부여될 수 있는 정보 지위는 관계적 정보 구조를 구성하는 화제와 초점으로 구분된다. 현저성은 정보 지위에 부수되는 효과인데, 대개 초점에 비해 화제가 상대적으로 현저성이 낮다.

화제의 경우 관형사절과 같은 통사 구조, 한정적 표현이나 특정적인 비한정 표현을 통한 의도적인 전제화가 현저성과 관련하여 중요한 문제가 된다. 초점의 경우 초점 유형 차원에서 서술어 초점, 논항 초점, 문장 초점 중 어떤 유형의 초점이 어떤 명제 내용에 부여되었는지의 문제와 관계적 신정보인 초점이 지시적 정보 구조 차원에서는 지시적 신정보인지 지시적 구정보인지의 문제를 중점적으로 살펴볼 수 있다.

다음은 관형사절을 사용하여 특정 명제의 '전제'에 해당하는 정보 지위를 부여하고 있음을 인식한 사례이다.

다섯 번째 문단에서도 역시 관형절을 삽입하여 헌재의 판단을 수식하게 함으로써 해당 내용이 헌재의 판단임을 전제하도록 하였고 그 문장에서 바로 그 전제가 비현실적임을 지적하고 있다. 〔㉯-1〕

이 사례는 "초등학교 1, 2학년 영어 과목 금지가 사교육 과열을 막을 수 있는 적절한 방법이라는 판단은 현실과 동떨어져 있다."라는 문장에서 '판단'을 수식하고 있는 관형사절에 주목하고 있다. 이 문장은 '판단'을 수식하고 있는 동격 관형사절에 담긴 명제 내용에 '전제'에 해당하는 정보 지위가 부여되어, 헌재가 내린 판단이 이와 같은 내용이라는 점에 독자 역시 이미 합의한 것처럼 기술하고 있다. 이러한 문제에 대한 지적은 동일한 텍스트에 사용된 문장 구조를 검토한 다른 숙련자의 분석 결과에서도 나타난다.

"초등학교 ~ 적절한 방법이라는 판단"은 그 내용이 헌재의 판단이라고 전제하고 있는데요. 헌재 판단이 어차피 유사한 내용이니 딱히 필자의 의도성이 없지 않나 싶기도 하지만, 첫 문단의 인용 내용과 약간의 차이가 있긴 하네요. 결정 이유로 인용된 것은 "고시가 ~ 과열을 막기 위한다는 정당한 목적이 있고 ~"니까 목적이 정당하다는 거고, 관형절은 사교육 과열을 막는 방법으로서의 타당성을 이야기하고 있어서 완전히 똑같지는 않네요. 목적의 정당성은 반박하기 힘들지만, 방법으로서의 타당성은 반박 가능하니까… 앞 문단의 내용을 "~라는 판단"으로 요약하며 받고, 이걸 주어로 삼아서, 독자가 헌재의 판단이 타당성의 틀에 의해 내려진 거라고 읽도록 이렇게 쓴 것 같기도 하네요. 〔㉯-6〕

위의 사례에서는 동격 관형사절로 표현된 명제 내용이 '전제'에 해당하는 정보 지위를 부여받아 헌재의 판단으로 인식되지만 실제로는 목적의 정당성이 방법으로서의 타당성으로 변형되어 기술된 것일 뿐임을 지적하고 있다. 즉, 해당 명제 내용에 전제라는 정보 지위가 부여되어 있지만, 그것이 헌재의 판단인지 여부는 명확하지 않다는 것이다. 이 문제는 헌재의 고시 내용이 직접 인용절로 제시된 텍스트의 앞부분을 검토해 보아야 진위 여부를 확인할 수 있다. 해당 내용은 다음과 같다.

> 헌법재판소는 어제 초등학교 1, 2학년에서 영어 과목 개설을 금지한 교육과학기술부 장관 고시는 헌법에 위반되지 않는다고 결정했다. 헌재는 "고시는 영어 과목에 대한 사교육의 지나친 과열을 막기 위한다는 정당한 목적이 있고 초등학교 3~6학년에게는 영어 과목을 인정하고 있어 과도한 기본권 침해라고 보기 어렵다"고 결정 이유를 밝혔다.

헌재의 판결문 전체를 직접 확인해야 정확한 판단을 내릴 수 있겠으나, 기사문에 제시된 내용을 기준으로 판단해 보았을 때 헌재는 고시가 목적 층위에서 정당성을 지닌다는 점을 지적하고 있는 것이지 방법 차원의 적절성을 지적하고 있는 것으로 보기는 어렵다. 따라서 숙련자들이 공통적으로 지적하고 있는 바와 같이 관형사절 사용에 따라 전제의 정보 지위가 부여되었다고 하더라도 그것이 정말로 전제될 수 있는 사실인지 여부에 대한 검토가 필요하다.

관형사절 사용에 따른 정보 지위 부여 문제는 다른 사례에서도 빈번히 지적된다. 다음은 관형사절로 처리된 명제 내용이 실제와 부합하지 않음을 지적한 사례이다.

> "그러나 말만 자율이지 강제나 다름없는 야간자율학습도 함께 없애야 한

다."는 '야간자율학습'을 관형절로 수식하여 야간자율학습이 말만 자율이고 실제로는 강제라는 필자의 의견을 사실인 것처럼 서술하였다. 그러나 사실, 서울의 경우 강제나 다름없는 자율학습은 폐지되었다. [④-1]

초점의 경우 다양한 통사 구조로 실현될 수 있는데, 분열문과 어순에 의한 초점 실현 문제를 지적한 사례가 많이 나타났다. 다음은 분열문에 의한 초점 부여 문제를 지적한 사례이다.

네 번째 문단에서 일반적으로 '대부분의 사립학교는 초등 1, 2학년에서 영어 교육을 한다.'라고 표현하지 않고 '~ 곳은 대부분 사립학교다.'라는 문형을 사용하여 '사립학교'의 경우를 초점화하여 자신의 논리를 전개하고 있다. [④-1]

원문에서는 "초등 1, 2학년에서 영어 교육을 하는 곳은 대부분 사립학교다. 공립초등학교는 수업료를 한 푼도 내지 않지만 사립초등학교는 분기당 85만~170만 원의 수업료를 내야 한다."와 같은 문장들이 사용되었는데, 위의 사례에서는 '사립학교는 ~ 교육을 한다'와 같이 표현하지 않고 '~ 곳은 대부분 사립학교이다'와 같이 표현한 점에 주목하고 있다. '것은' 분열문은 한국어에 나타나는 전형적인 분열문으로 "항상 '것'절이 화제이고 분열된 성분이 초점에 대응되는 단일한 정보 구조"(최윤지, 2016ㄱ: 256)를 가진다. 위 사례에서 지적된 '곳'절은 '것'절의 변이형으로 핵명사가 '것'은 아니지만 의미 범위가 포괄적인 경명사에 해당되기 때문에 의사분열문(남길임, 2006: 344-345),[11] 준분열문(최윤지, 2016ㄴ: 195) 구문을

---

11  남길임(2006: 345)에서는 의사분열문의 사례로 다음과 같이 '것' 대신 주어 관형사절의 핵

이룬다고 할 수 있다.

그 외에도 다음 사례에서와 같이 어순에 따른 현저성 부여 과정을 인식한 경우도 나타났다.

'그런 제약 때문에'와 '정크푸드나 가공품을'의 자리를 바꿈으로 '정크푸드나 가공품' 같은 몸에 안 좋은 음식의 예시를 강조시켜서 비판할 수 있는 것 같다. 원래는 '그런 제약 때문에'를 '정크푸드나 가공품'보다 더 강조시켜서 비판하려고 했다. 예시를 강조시키면 조금 더 흥미를 이끌어 낼 수 있을 것 같다. (원 문장: 또 하나는 <u>그런 제약 때문에 정크푸드나 가공품을</u> 많이 사용한다는 것이다. / 다시 쓰기 결과: 또 하나는 <u>정크푸드나 가공품을 그런 제약 때문에</u> 많이 사용한다는 것이다.) 〔㉮-B-125〕

위의 사례에서는 사태의 원인을 나타내는 부사어인 '그런 제약 때문에'와 대상을 나타내는 목적어인 '정크푸드나 가공품'의 어순을 바꿈으로써 현저성이 부여되는 대상이 달라진다는 점을 인식하고 있다. 부사어의 어순 바꿈은 주어와 목적어 등 다른 문장 성분의 어순 바꿈만큼 큰 차이를 보이는 것은 아니지만(구본관 외, 2015: 218), 정보 지위의 현저성에 미세한 차이가 존재하는 만큼 맥락에 따라 이러한 인식이 필요한 경우도 존재한다.[12]

................

어 명사가 일반명사로 구성되어 있는 문장도 제시하고 있는데, 이 중 '곳'이 사용된 문장으로 "이 경기에 의해 전쟁을 해결하는 전통이 상식화돼 있었던 곳이 바로 중남미다."를 제시하였다.

12 임지룡·김령환(2013: 145-147)에서는 머리에 오는 말이 인지적인 현저성을 부여받아 강조되는 원리를 '머리말 효과의 원리'로 명명하였다. 그들은 개별 단어들이 복합어나 구 또는 문장을 이룰 때 일정한 유형으로 정형화되어 나타나는 어순을 '일차적 어순'으로, 화자가 발화 목적에 따라 기본 어순인 일차적 어순과는 다른 어순을 사용한 것을 '이차적 어순'으로 규정하고, 문장의 경우 기본 문형이 지니고 있는 어순이 '일차적 어순', 발화의 목적에 따라 달라진 어순이 '이차적 어순'이 된다고 보았다. 다음의 (2)와 (3)은 각각 '책'과 '영희'에 대한 설명을 목적으로

## 4) 분석하기 2: 제한적 분석

제한적 분석은 학습자의 문법 문식소 분석 국면에서 빈번히 나타난 유형이다. 제한의 양상은 연계적 측면과 계열적 측면에서 모두 나타난다. 전자는 실현태와 잠재태를 관련짓지 못하고 문맥 및 문장 제한적으로 분석하는 연계성 제한 유형이다. 후자는 잠재적 선택항 체계를 계열적으로 구성하지 못한 채 분석하는 계열성 제한 유형이다.

### (1) 연계성 제한 유형

#### ① 문맥 제한적 분석

문법 문식소를 분석할 때 실현된 문장 구조를 단서로 사태와 잠재태를 재구성한 숙련자의 연계적 분석 유형과 달리 학습자의 경우 분석 대상을 실현된 텍스트 층위로 국한하여 텍스트 내적 맥락, 즉 문맥 차원에서만 제한적으로 분석한 유형이 다수 존재하였다. 다음은 연계적 분석을 하지 못하고 텍스트 구조 표지 차원에 국한하여 다시 쓰기를 한 사례이다.

> 원 문장과 바뀐 문장의 차이는 '하지만'을 붙인 건데 두 문장의 표현상의 차이는 앞에 문장과 반대되는 문장이 온다는 것이다. (원 문장: 저녁급식을 없애면 많은 사람들이 항의할지 모른다. / 다시 쓰기 결과: 하지만 저녁급식을 없애면 많은 사람들이 항의할지 모른다.) 〔㉮-A-134〕

..................

한 이차적 어순의 사례로 제시된 문장이다.
(1) 철수가 영희에게 책을 주었다. [일차적 어순]
(2) 책을 철수가 영희에게 주었다. [이차적 어순]
(3) 영희에게 철수가 책을 주었다. [이차적 어순]

원 문장과 바꾼 문장의 표현 차이는 '그렇기 때문에'와 '만약'이라는 가정이 원래 문장인 '그러나'를 지우고 문장 앞에 온다는 것이다. 효과의 차이는 앞에 문제로서 나온 ㉠ 문장과 이에 대한 해결로서 ㉡으로 자연스럽게 연결이 될 수 있다. (원 문장: 그러나 말만 자율이지 강제나 다름없는 야간자율학습도 함께 없애야 한다. / 다시 쓰기 결과: 그렇기 때문에 저녁 급식이 없어진다면 말만 자율이지 강제나 다름없는 야간자율학습도 함께 없어져야 한다.) 〔㉮-A-134〕

위의 사례에서 학습자는 텍스트 내적 맥락을 고려하여 텍스트 구조 표지인 '하지만'을 삽입하거나 '그러나'를 '그렇기 때문에'로 수정하는 양상을 보인다. 이는 문장을 탈맥락적으로 보지 않고 문맥을 고려하여 파악하고자 했다는 점에서는 그 자체로 유의미한 교육적 의의가 있다. 그러나 문법 문식성 교육의 관점에서는 잠재태를 고려하지 못하고 실현태 층위에서 사고하고 있다는 점에서 제한적 양상으로 볼 수 있다. 이처럼 실현된 문장 구조를 사태 층위와 관련짓지 않고 문맥 차원에서 해석할 경우 주목하는 문법 범주의 범위도 제한되는데, 다음과 같이 특히 텍스트 구조 표지에 주목하는 사례가 많이 나타났다.

원 문장은 자신이 설명할 내용을 먼저 언급한 후 앞 문장을 통틀어 '발상'이라는 단어를 써 표현하였고, 바꾼 문장은 앞 문장을 먼저 언급한 후 그다음에 자신이 설명할 내용을 적어 자연스럽게 문장을 이어 감. (원 문장: 그런데 급식비의 구조를 들여다보면 발상이 잘못됐다는 것을 알 수 있다. / 다시 쓰기 결과: 하지만 이 발상이 잘못됐다는 것을 급식비의 구조를 보면 알 수 있다.) 〔㉮-A-137〕

앞에 '또 하나는'이라는 말을 쓴 것이 어색해 보인다. '또 하나는'은 문장을 지칭할 때 쓰일 만한 게 아닌 것 같다. '또 한 가지로는'이라고 쓰이는 게 더 괜찮을 것 같다. (원 문장: 또 하나는 그런 제약 때문에 정크 푸드나 가공품을 많이 사용한다는 것이다. / 다시 쓰기 결과: 이러한 제약 때문에 정크 푸드나 가공품을 많이 사용한다는 것 또한 문제이다.) 〔㉮-A-137〕

텍스트 구조 표지[13]는 국어과 교육과정의 각 영역에서 오랫동안 강조되어 왔다. 그러나 그간 강조해 온 '텍스트 구조 표지'는 담화 표지, 담화 표현, 연결 표지, 상위담화 등으로 명명되는 표지들이 가진 '화자와 청자 결속'(전영옥, 2002: 139), '양태 기능'(김정남, 2008: 15), '대인적 기능'(정혜승, 2012: 466)을 포괄하지 못한다는 문제를 지닌다(조진수 외, 2015ㄱ). 독서 영역과 문법 영역에서 담화 표지를 텍스트 구조 표지로 한정하여 문맥 제한적으로 다루는 양상은 다음의 교육과정 내용에서도 잘 드러난다.

[독서와 문법] (18) 필자의 의도나 목적, 숨겨진 주제, 생략된 내용 등을 추론하며 읽는다.
<u>추론적 독해를 위해서는 글의 표면적 단서인 담화 표지를 활용하여 문맥을 파악해 나가면서</u> 독자의 배경 지식과 경험을 활용한다. (중략) 추론적 독해 능력을 길러 글에 담긴 의도나 숨겨진 주제, 필자의 가치관이나 관점 등을 효과적으로 파악할 수 있도록 한다(교육과학기술부, 2012: 123, 밑줄은 필자).

................

13  텍스트 구조 표지는 "텍스트구조의 구성 요소인 명제들이 관계를 맺어 텍스트 구조를 구성하는 데 관련된 제반 정보를 담은 언어 요소"(김봉순, 2002: 78)를 가리킨다.

[독서와 문법] (14) 담화에서 지시·대용·접속 표현의 기능과 효과를 이해한다.

지시 표현, 대용 표현, 접속 표현은 담화의 응집성과 통일성을 높이는 데 기여한다. 특히 독서와 관련지어 구체적인 담화 자료를 바탕으로 지시 표현, 대용 표현, 접속 표현을 분석하고 그 효과를 탐구함으로써 이들 표현이 하나의 담화에서 갖는 기능을 이해하고 담화의 특성을 이해할 수 있도록 지도한다(교육과학기술부, 2012: 122, 밑줄은 필자).

위의 내용을 살펴보면 문법교육 내용으로 제시된 담화 표지가 읽기 영역에서 추론적 독해에 활용되는데, 담화 표지의 개념이 두 영역에서 모두 텍스트 구조 표지로 협소하게 정의되어 있음을 알 수 있다. 기존 교육 내용에서 담화 표지가 텍스트 구조 표지 차원으로 한정되어 다루어져 왔기 때문에 많은 학습자들이 잠재태를 고려하지 못하고 실현된 텍스트 내의 맥락만을 고려하여 지시어나 접속어에 주목하는 등 제한적인 분석을 한 것으로 보인다.

② 문장 제한적 분석

문장 구조의 분석 층위를 문장 내부로 제한한 경우는 문장 제한적 분석에 해당한다. 예를 들어, 해석의 중의성 문제에 초점을 두고 대안적인 문장 구조를 제안한 다음 사례는 의미의 문제를 고려하고 있다. 그러나 언어적 실현태와 사태를 관련짓거나 문맥을 고려하고 있지 않으므로 문장 제한적 분석으로 볼 수 있다.

원 문장은 두 가지 해석으로 잘못 판단할 수 있기 때문에 바꾼 문장처럼 잘못 판단하지 않게 배치시킨다. 글쓴이의 의도는 위탁이 구조적 결함이

있다는 것을 말하고 싶은 것 같은데 어떤 사람들에게는 그 기업이 구조
적 결함이 있다고 판단할 수도 있다. 그래서 '~는 ~이다'라는 문장 구조
로 잘못 해석되지 않게 바꾸어 주면 좋을 것 같다. (원 문장: 위탁은 그 기
업이 아무리 '착한 기업'이라도 구조적 결함이 있는 것이다. / 다시 쓰기 결
과: 아무리 그 기업이 착한 기업이라도 위탁은 구조적 결함이 있는 것이다.)
〔㉮-A-138〕

위의 사례에서는 실현태와 잠재태를 연계하지 못하고 있을 뿐 아니라
문장 구조를 텍스트 내적 구조와 연계하여 분석하지도 못하고 있다. 이와
같은 문장 제한적 분석은 다음과 같이 문장이 길이에 주목하는 유형에서
도 나타난다.

원 문장은 '초등학교 ~ 방법이라는 판단'에서 '초등학교 ~ 방법이라는'
부분이 너무 길어져서 읽기 힘듦. 바뀐 문장은 원 문장의 '초등학교 ~ 방
법이라는'을 분산시켜서 읽기 쉽게 함. (원 문장: 초등학교 1, 2학년 영어
과목 금지가 사교육 과열을 막을 수 있는 적절한 방법이라는 판단은 현실과
동떨어져 있다. / 다시 쓰기 결과: 사교육 과열을 막을 수 있는 적절한 방법으
로 초등학교 1, 2학년 영어 과목 금지를 판단하는 것은 현실과 동떨어져 있
다.) 〔㉮-A-18〕

문장의 의미를 고려하여 문장 구조를 조정하는 경우도 있으나 다음과
같은 사례는 문장의 의미를 고려하더라도 잠재태와 실현태를 연계하지
못할 경우 문장 제한적 분석이 됨을 보여 준다.

원 문장에서 '초등학교 1, 2학년, 시기, 이때' 의미 중복. 중복되는 의미가

불필요하다고 느껴져서 (원 문장: 초등학교 1, 2학년은 공교육 체계하에서 한글을 처음 접하는 시기로 이때 영어를 배우면 한국어 발달에 장애가 올 수 있다는 현재의 판단도 전제부터 비현실적이다. / 다시 쓰기 결과: 공교육 체계하에서 한글을 처음 접하는 초등학교 1, 2학년 시기에 영어를 배우면 한국어 발달에 장애가 올 수 있다는 현재의 판단도 전제부터 비현실적이다.) 〔㉮-A-18〕

위 학습자는 의미 중복 문제를 고려하여 '이때'가 사용되지 않도록 문장 구조를 조정하였다. 이로 인하여 정보 구조 차원에서 화제의 정보 지위를 지녔던 '초등학교 1, 2학년'이 부사절의 구성 요소가 되어 화제의 지위를 상실하게 되었다. 실현태로서의 문장 구조만을 고려하여 교정적 차원에서 접근했기 때문에 정보 구조 층위의 문제를 읽어 내지 못한 것이다.

문장 제한적 분석의 문제는 특히 문장 구조의 선택이 민감한 사회적 기능을 수행하는 공동보도문과 같은 유형의 장르에서 잘 드러난다. 다음은 남북 공동보도문에 사용된 문장의 구조를 문장 제한적으로 분석한 사례이다.

문장을 좀 더 간결하게 그리고 인과관계가 똑바로 보이게 표현했다. (원 문장의 의도) 딱히 어떤 의도는 없는 것 같다. 만약 의도를 넣어야 했다면 자신에게 더 유리한 단어, 다르게 해석될 가능성이 있는 단어를 사용했을 것이다. 이 문장은 사실 그 자체 같아 보인다. (원 문장: 남과 북은 올해 추석을 계기로 이산가족 상봉을 진행하고, 앞으로 계속하기로 했으며, 이를 위한 적십자실무접촉을 9월초에 가지기로 했다. / 다시 쓰기 결과: 올해 추석부터 남과 북은 이산가족 상봉을 하기로 했으며 그래서 9월 초에 적십자 실무접촉을 할 것이다.) 〔㉮-A-40〕

'이산가족 상봉을 진행하고, 앞으로 계속하기로 했으며'에서 쉼표 앞부분을 생략해 더 간단하게 표현했다. 글쓴이는 구체적으로 서술하여 사실성을 높이려 했던 것 같고, 한 호흡에 최대한 깔끔하게 문장을 전개하려고 노력한 것 같다. (원 문장: 남과 북은 올해 추석을 계기로 <u>이산가족 상봉을 진행하고, 앞으로 계속하기로 했으며</u>, 이를 위한 적십자실무접촉을 9월초에 가지기로 했다. / 다시 쓰기 결과: 올해 추석을 기점으로 남과 북은 <u>이산가족 상봉을 계속해 나가기로 했으며</u>, 이를 위해 적십자와의 만남을 9월 초에 가지기로 했다.) 〔㉮-B-208〕

첫 번째 학습자는 필자의 의도가 어휘 차원에서만 실현되고 문장 구조 차원에서는 실현되지 않는다는 전제를 가지고 간결성과 명확성 차원에서 다시 쓰기를 수행하였고, 두 번째 학습자 역시 간결성 차원에서 다시 쓰기를 수행하였다. 그 결과 '이산가족 상봉을 진행하고, 앞으로 계속하기로 했으며'와 같이 이산가족 상봉 진행 여부와 지속 여부가 각각 절 단위 수준에서 명시적으로 표현된 문장을 '이산가족 상봉을 하기로 했으며' 또는 '이산가족 상봉을 계속해 나가기로 했으며'와 같이 하나의 절로 통합하는 방식으로 수정하였다.

(2) 계열성 제한 유형

제한적 분석 중 계열성 제한은 잠재적 선택항 체계를 계열적으로 구성하지 못한 채 분석하는 유형을 가리킨다. 이 유형은 실현태를 사태 층위와 관련지으려는 시도가 나타난다는 점에서 연계성 제한 유형보다는 발전된 형태로 볼 수 있다. 그러나 문장 구조 선택항을 계열화하는 명시적 과정이 누락되었다는 점에서 불완전한 문법 문식 활동 유형으로 간주된다. 다음은 학습자가 문장 구조에서 암시되는 의도를 문장의 내용 차원에 반영하여 문장 구조를 재구성하였으나 논항 구조의 가능태를 계열화하는 명시적인 과정은 보이고 있지 않은 사례이다.

원 문장은 북한 측이 유감을 표명한 것이 정말로 의미가 있는 중대한 일인 것을 직접적으로 나타내지는 않았지만, 바꾼 문장에서는 북한 측이 유감을 표명한 것을 왜 강조해야 하는지 앞 문장에서 나타냈다. 글쓴이의 의도는 북한이 단지 유감을 표명한 게 아니라 유감을 나타냄으로써 사과의 의미도 지니고 있다는 것을 간접적으로 나타낸 것 같다. (원 문장: 북측은 최근 군사분계선 비무장지대 남측 지역에서 발생한 지뢰 폭발로 남측 군인들이 부상을 당한 것에 대해 유감을 표명했다. / 다시 쓰기 결과: 여태까지 스스로 유감 표명의 주체로서 활동한 적이 없는 북한 측은 이번에 남한 측에서 발생한 지뢰 폭발로 인해 남측 군인들이 부상을 당한 것에 대해 처음으로 유감을 표명했다.) 〔㉮-A-54〕

원래 문장에서는 정부가 왜 위탁급식을 도입했는지에 대한 의미를 전달하려고 했던 것 같다. (원 문장: 초기비용이 필요한 정부가 예산 부족에 대한 대안과 운영 효율화 등 두 마리 토끼를 잡겠다며 도입했다. / 다시 쓰기 결과: 이와 같은 제도를 시행했던 이유는 정부에서 초기 비용이 필요했기 때문에 예산 부족과 운영을 효율적으로 하기 위해 도입했다.) 〔㉮-A-39〕

위의 첫 번째 학습자는 원 문장이 유감 표명의 중대성을 직접적으로 드러내지 않고 있다고 보았고 두 번째 학습자는 원 문장의 의도가 위탁급식 도입의 이유를 전달하는 데 있다고 보았다. 이러한 문제를 문장 구조 차원에서 분석적으로 다루기 위해서는 논항 구조가 사태 층위와 갖는 접면을 고려하는 과정이 요구된다. 앞의 사례는 모어 화자의 직관적 인식을 통해 해당 문장 구조를 매개로 사태를 재구성한 결과를 보여 주기는 하지만 논항 구조 가능태의 계열화 과정이 생략되어 사태의 명제화 과정을 역추적했다고 보기는 어렵다.

다음 사례 역시 계열적 사고가 결여된 분석 양상을 보여 준다.

본질적으로 이야기하고자 하는 것은 어떠한 기업이라도 '위탁'이라는 과정에서는 내부에서의 결함이 있고 이것이 급식비의 상승을 일으키는 것이라는 것까지 내포하고 있다. 나는 글쓴이가 하고자 하는 내용을 풀어서 어떠한 기업이라도 구조적인 결함이 있는지를 부각시켰다. 이를 통해 독자들에게 뚜렷한 주장을 펼칠 수 있다. (원 문장: 그런데 급식비의 구조를 들여다보면 발상이 잘못됐다는 것을 알 수 있다. / 다시 쓰기 결과: 위탁 과정에서 구조적 결함은 어떤 기업이든 있다.) 〔㉮-B-126〕

위의 학습자는 실현된 문장을 통해 사태를 재구성해 내는 연계적 사고를 하고 있으나 사태를 문장으로 표현하는 과정에서 잠재적 선택항 체계에 대한 계열화 과정을 누락하여 불완전한 분석 양상을 보인다. 원 문장과 다시 쓰기 결과로 산출된 문장은 통사 구조 층위의 차이를 넘어 명제 의미 자체가 다른 문장에 해당한다.

명제의 정보구조화 과정 재구성은 명제 의미가 동일한 문장을 대상으로 하는 것이기 때문에 앞의 사례는 명제 의미 자체를 구성해 내는 사태의 명제화 과정 재구성과 관련된다. 사태를 명제화하는 과정은 논항 구조나 통사 구조가 완전히 다른 별개의 문장을 구성해 내는 방식과 논항 구조나 통사 구조가 유사한 상태에서 문장 내 부분적 차이가 존재하는 방식을 모두 포괄한다. 위의 학습자는 별개의 문장을 구성했으나 가능한 문장 구조를 계열화하는 과정을 생략하여 후자와 같은 방식의 문장 구조를 고려하지 못하였다.

표면적으로는 계열적 사고를 하고 있는 것처럼 보이지만 실제로는 잠재태로서의 문장 구조를 계열화하지 못하는 경우도 있다.

능동/수동의 차이가 있다. 정크푸드나 가공품 자체가 사용할 수는 없으므로 사용된다고 표현하는 것이 적합하다고 생각한다. (원 문장: 또 하나는 그런 제약 때문에 정크푸드나 가공품을 많이 사용한다는 것이다. / 다시 쓰기 결과: 또 하나는 정크푸드나 가공품이 그런 제약 때문에 많이 사용된다는 것이다.) 〔㉮-B-139〕

위의 학습자는 원 문장이 능동 구문으로 표현된 것을 단서로 피동 구문으로도 표현될 수 있음을 인식하고 있으나, 원 문장에서 능동 구문이 선택된 이유를 문장 성분 호응 수준에서만 이해하고 있다.

### 5) 해석하기: 장르의 해석 조정과 이데올로기

(1) 장르성에 근거한 해석 조정 유형

텍스트의 장르성은 문법 문식소의 해석 과정을 조정한다. 여기서 조정은 두 가지 의미를 갖는다. 하나는 해당 문법 장치를 유표적으로 해석할지 여부에 대한 판단이고, 다른 하나는 문법 장치가 가진 일반적 기능을 장르 특수적 기능으로 재규정하는 과정이다.

장르마다 언어 표현이나 문법 장치가 고정되어 있는 게 아니다 보니, 예를 들면 사물 주어를 써서 전체 문장을 피동형으로 쓰는 것이 기사에 나올 수도 있고 논문에 나올 수도 있고 일기에도 나올 수 있고 하다 보니, 어느 정도 글의 전체적인 내용이 파악된 다음에는 (보통 한 편의 글을 일독한 뒤에는) 유다르거나 두드러지는 언어 표현이 해당 글의 장르성에 어떻게 기여하는지, 어떤 역할을 하는지를 생각하는 것 같아요. 정리하면… 어떤 글을 처음 접해서 읽으면서는 장르에서 언어 표현으로 읽는데, 두드러지는 언어 표현이나 문법 장치가 파악되면 언어 표현에서 장르성으로 뒤바꿔서 파악하는 경향이 있는 것 같아요. 〔㉣-1〕

위 사례에서 숙련자는 장르와 언어 형식을 관련지어 보았던 자신의 경험을 떠올리며, '장르를 고려하여 언어 형식에 주목하는 방식'과 '언어 형식을 장르 특수적 관점에서 해석하는 방식'의 두 가지 경험 양상이 있었다고 밝히고 있다. 이 책의 관점에 따르면 전자는 장르를 매개로 한 문법 문식소 설정 유형에 해당하고, 후자는 장르 특수성에 근거한 해석 초점 조정 유형에 해당한다.

다음은 장르성을 고려하여 부사절의 문장 내 위치 문제를 해석 대상으로 삼은 사례이다.

다음 문장에서 부사어로 기능하는 '좀 비약해서 말하면'을 문두에 넣지 않고 굳이 문장의 가운데 삽입한 이유는 무엇일까. 문두에 넣으면 주관적이고 감정적인 느낌이 처음부터 강하게 들 수 있어 독자가 거부감이 들 것이라는 점을 우려하여 '학교 급식은 먹는 문제이다.'와 '(학교 급식은) 관련된 사람을 모든 국민으로 확대할 수 있다.' 사이에 삽입한 듯하다. 장르의 특성상 칼럼은 주관적이고 자신의 주장을 강하게 내세우는 것이 당연하지만, 독자에게 그러한 느낌을 강하게 주면 오히려 설득력이 떨어진다. 그리고 '식'생활은 우리의 삶에 있어 가장 기본적이고 중요한 문제이므로 학교 급식은 '먹는 문제'라는 전제를 먼저 바탕에 두고 논리를 전개하여 설득력을 높이고자 한 것이 아닐까 싶다. 〔㉯-1〕

부사절의 위치는 일반적인 경우 문장의 의미 해석에 크게 중요하지만, 위의 사례에서는 칼럼의 장르성을 고려하여 부사절의 위치를 유표적 장치로 보고 특별한 해석적 의미를 부여하였다. 즉, 칼럼이 필자의 의견을 담고 있다는 점에서 주장을 내세우는 설득 장르에 속하나 필자의 주관성을 객관화하여 전달하는 특성을 지닌다고 보고 있는 것이다.

명제 내용을 문장 단위로 나열하는 방식과 접속 또는 내포를 통해 절 단위로 변환하는 방식에 대한 해석도 장르성에 의해 조정된다.

'적잖은 학부모들이 이미 유치원 때부터 자녀에게 영어 교육을 시키고 있다.', '초등학교 3학년이 되면 다시 영어를 배운다.'라는 두 문장의 사이에 '그러나' 등의 접속사가 삽입되거나, 두 문장이 연결 어미를 통해 접속할 수 있다. 그러나 다소 어색한 느낌이 들더라도 앞서 말한 방식을 선택하지 않은 이유를 생각해 보면, 어떤 접속어미나 접속사를 선택하는가에 따라 필자의 의도가 드러날 수 있음을 염두에 두고 보다 객관적인 느낌을 주기 위해 위와 같이 기술한 듯싶다. 사실 사설이라는 것이 객관적인 성격의 장르는 아니지만 독자로 하여금 현상을 있는 그대로 수용하게 하고, 또 자신이 객관적으로 전달하고 있다는 필자의 의도가 독자에게 (간접적으로) 전해지면 설득력을 획득할 것이라는 판단이 있었던 것이 아니었나 싶다. 〔㉯-1〕

앞의 사례는 "적잖은 학부모들이 이미 유치원 때부터 자녀에게 영어 교육을 시키고 있다. 초등학교 3학년이 되면 다시 영어를 배운다. 초등학교 1, 2학년에서만 영어 교육을 금지하면 학교 밖에서 영어 교육을 시키게 된다."와 같이 문장 단위로 나열된 텍스트에 주목하고 있다. 연결 어미를 사용하여 복문으로 구성하는 방법이 잠재태에 선택항으로 존재함을 고려하면서, 원문에서 복문 구성을 선택하지 않고 문장 단위 나열을 선택한 이유를 장르성에 근거하여 해석하고 있다. 사설이라는 장르가 필자의 의도를 객관적 방식으로 제시하는 특징이 있다는 인식이 이러한 문법적 장치를 유표적으로 해석하게 하였고, 나아가 문장 단위 나열 구조가 사회적 현상을 있는 그대로 수용하도록 하는 데 기여하고 있다고 해석하게 하였다. 이 과정을 도식하면 다음과 같다.

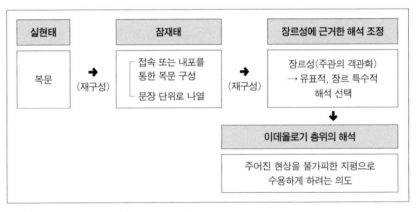

그림 3-11. 장르성에 근거한 해석 조정 사례

장르성의 해석 조정은 문법교육에서 학습자가 언어 형식을 텍스트의 장르성과 관련지어 인식하도록 지도해야 한다는 기존의 논의와도 관련된다.

표 3-2. 학습자의 논증 텍스트에 사용된 언어 형식을 매개로 한 문법교육의 구도(조진수 외, 2015ㄴ: 238)

| | 기존의 교정적 관점 | 본고의 관점 | |
|---|---|---|---|
| 언어 형식 | 양태 표지 → 삭제 (단정적 표현으로 교정) 예) 것 같다 → 이다 | 학습자가 사용한 양태 표지 예) 것 같다 | 선택항 구성 예) 수 있다, 예상된다 등 |
| 텍스트 | 논증 텍스트 | 논증 텍스트 | |
| 장르성 | 다루지 않음 | 비관여적 어조 객관화된 주관성 | |

조진수 외(2015ㄴ: 238)에서는 "장르성을 인식하여 사회문화적 의미 과정에 비추어 타당한 선택항을 구성하고 자신의 의미에 맞는 언어형식을 선택할 수 있는 능력을 목표로 하여, 학습자의 이러한 문법적 감식안을 성장시키기 위한 교육(제민경, 2015: 76)"으로 정의되는 장르 문법 교육의 관점을 수용하여, 논증 텍스트에 사용된 '것 같다'라는 언어 형식을 장르성과 연계하여 인식하는 문법교육의 구도를 제시한 바 있다. 이 책은 이러한 논의와 지향을 공유하지만, 두 지점에서 기존 논의와 구분된다. 하나는 장르성이 문법 문식성이라는 기제 속에서 해석 조정의 기능을 한다는 점이고, 다른 하나는 해석의 층위가 장르성에 국한되지 않고 사회기호학을 바탕으로 한 이데올로기 층위까지 이어진다는 점이다.

장르성을 부분적으로 고려하였으나 이를 논항 구조, 통사 구조, 정보 구조와 관련짓지 못하여 불완전한 해석을 한 사례도 나타났다.

긴 수식구를 풀어서 씀으로써 가독성을 높임. 신문 기사이기 때문에 최대한 말을 줄이는 식으로 쓴 걸로 보임. (원 문장: 주민생활에 직접적 영향을 주는 중요한 정책사안에 대한 찬반투표가 정치권의 이해관계로 인해 정치적 투표로 변질되는 것도 큰 문제로 지적된다. / 다시 쓰기 결과: 중요한 정책 사안에 대한 찬반 투표는 주민생활에 직접적으로 영향을 줄 수 있는데, 이때 정치권의 이해관계 때문에 투표가 정치적 투표로 변질된다면 큰 문제가 발생한다.) 〔㉮-B-201〕

위의 학습자는 신문 기사라는 장르가 지면의 제약으로 인해 문장의 길이가 한정된다는 점을 고려하고 있으나 이를 논항 구조 또는 정보 구조와 관련짓지 못하고 있다. 실제 수행 과정에서는 '정치적 투표로 변질되는 것'과 같이 명사절 상당 구성으로 표현된 내용을 '투표가 정치적 투표로 변질된다면'과 같이 수정하였는데 이에 관한 언급은 나타나지 않는다. '장형 것 명사절 구성'과 달리 '단형 것 명사절 구성'이 사실성을 전제로 하는 경우가 많다는 점(유현경 외, 2015: 187-188)을 고려할 때, 앞서 지적한 명사절 상당 구성은 전제화를 통한 수용성 강화 기능을 할 가능성이 있다. 만약 학습자가 신문 기사의 장르성을 해석 조정 장치로 활용하였다면 텍스트의 명사화 표현이 사태의 기정사실화라는 이데올로기 기능을 수행할 수 있음을 인식할 수 있었을 것이다.

(2) 장르성을 배제한 단선적 해석 유형

장르 층위의 해석 조정 기제를 활용하지 못하고 문장 구조의 의미기능을 해석한 사례는 장르성을 배제한 단선적 해석 유형에 해당한다.〔쟁점 탐구 2〕 이러한 유형에서 발생하는 문제는 장르에 따라 해석 대상으로서의 현저성이 크게 달라지는 문장 구조 관련 사례에서 잘 드러난다. 다음은 남북 공동보도문에 사용된 문장에서 주어의 문제에 주목한 사례이다.

원 문장은 북측이 유감을 표했다는 것을 강조한 것 같고 바꾼 문장은 지뢰폭발로 남측 군인들이 부상당한 것을 강조한 것 같다. 글쓴이는 북측이 유감을 표했다는 것을 강력히 알리는 것 같다. 왜냐하면 '북측'이라는 말을 맨 앞에 쓰면서 독자들에게 강조했기 때문이다. (원 문장: 북측은 최근 군사분계선 비무장지대 남측 지역에서 발생한 지뢰 폭발로 남측 군인들이 부상을 당한 것에 대해 유감을 표명했다. / 다시 쓰기 결과: 최근 군사분계선 비무장지대 남측 지역에서 발생한 지뢰폭발로 남측 군인들이 부상을 당한 것에 대해 북측은 유감을 표명했다.) 〔㉮-A-52〕

이 학습자는 원 문장에서 '북측'이라는 주어의 위치에 주목하며 어순에 의해 행위주가 강조됨을 지적하고 있다. 그러나 왜 이 텍스트에서 문장의 주어 문제에 주목하여 이를 해석의 대상으로 삼아야 하는가에 대한 인식은 드러나지 않는다. 공동보도문은 외교적 텍스트에 준하는 성격을 지니고 있기 때문에 행위주의 책임 인정 문제가 매우 민감하다는 특성을 지닌다. 따라서 장르성에 근거한 해석 조정이 있었다면 위의 문장에서 행위주인 '북측'의 제시 여부와 정보 지위가 이데올로기 층위에서 해석될 가능성이 높아진다. 이 사례에서 학습자는 이러한 점을 인식하지 못하였기 때문에 주어 문제를 강조 차원에서만 이해하고 이데올로기 층위에서 해석하지 못하였다. 또한 행위주 제시 문제 역시 인식하지 못하고 어순 차원의 문제만을 제한적으로 이해하는 양상을 보였다.

인용절의 유형을 선택항 체계로 계열화하여 의미기능의 구분을 인식하였음에도 불구하고 장르 층위에서의 해석 조정 단계를 거치지 않아 단선적 해석이 이루어진 사례도 존재한다.

원 문장에서는 큰따옴표를 사용하여 객관적인 사실을 있는 그대로 직접 인용하여 전달하여 신뢰감을 얻으려는 의도가 담겨져 있다. 그러나 바꾼 문장에서는 간접 인용을 사용하여, 좀 더 주관적인 생각으로 보일 수 있게 바꾸었다. (원 문장: 이에 대해 "인물을 선택하는 선거는 과열·혼탁을 막기 위해 엄격한 규제가 필요할 수 있지만, 정책투표는 충분한 홍보기회를 보장해야 하는 것 아니냐"는 지적이 나온다. / 다시 쓰기 결과: 그렇지만 인물을 선택하는 선거는 과열, 혼탁을 막기 위해 엄격한 규제가 필요할 수 있지만, 정책 투표는 충분한 홍보기회를 보장해야 하는 것이라고 문제점이 제기되고 있다.) 〔㉮-B-186〕

이 학습자는 직접 인용을 객관적 사실과 관련지어 신뢰감을 얻으려는 의도로 해석하고, 간접 인용을 선택항으로 계열화하여 주관성과 연결 짓고 있다. 이러한 해석은 계열적 사고를 바탕으로 인용절 실현 방식을 선택항으로 인식했다는 점에서 일정 부분 의미가 있으나 신문 기사의 장르성을 해석 조정 기제로 활용하지 못하고 있다는 점에서 한계를 보인다. 인용 형식에 따른 문장 구조의 차이가 장르성과 밀접한 관련을 가진다는 점이 그간의 연구에서 지속적으로 논의되어 왔다는 점을 고려할 때 장르 층위의 인용절 해석의 문제는 특히 주목할 필요가 있다.

이를 논의하기 위해서 우선 앞의 사례에서 학습자가 직접 인용을 객관화 장치로 인식하는 것이 아니라 실제 사실을 전달하는 장치로 인식하고 있다는 점을 지적할 수 있다. 직접 인용이 실제 사실을 사실로서 전달하는 기능을 할 수도 있으나, 해당 문장이 신문 기사라는 점을 고려하면 직접 인용이라는 문법적 장치를 선택함으로써 해당 명제 내용을 객관화하여 제시했다고 이해하는 것이 타당하다. 이는 신문 기사가 주관성을 객관화하여 표현하는 장르성을 지녔다는 인식이 해석 조정 기제로 작동할 때 가능하다.

이 사례에서 또 하나 지적할 점은 직접 인용과 간접 인용뿐 아니라 인용 표현의 사용 여부 자체도 선택항 체계를 이룬다는 사실에 대한 인식 결여이다. 주세형·조진수(2014: 217-219)에서는 학습자가 다시 쓰기 과정에서 원 텍스트에 없던 인용 표현을 사용하는 사례를 분석하여 인용 표현 사용 여부도 선택항 체계를 구성한다는 점을 실증적으로 확인한 바 있다. 따라서 인용절 선택항 체계는 다음의 그림과 같이 직접 인용, 간접 인용의 문제를 경유하여 근본적으로 인용 표현 사용 여부의 문제를 포괄하는 방식으로 구성되어야 한다.

그림 3-12. 인용 표현에 관한 학습자의 선택항 체계(주세형·조진수, 2014: 218)

단선적 해석 유형이 문제가 될 수 있는 또 다른 이유는 신문 기사의 장르 특수성으로 인하여 직접 인용이 '대화성 신장을 통한 수용성 강화'라는 이데올로기적 기능을 할 수 있기 때문이다. 이러한 기능은 직접 인용의 의미기능으로 상시 작용하는 것이 아니라 특정 장르에 국한되어 작용하기 때문에 장르 층위의 해석 조정이 반드시 필요하다. 다음은 장르 층위의 해석 조정 단계 없이 직접 인용과 간접 인용의 기능을 파악하여 적절한 이데올로기 층위의 해석이 이루어지지 못한 사례이다.

원 문장에 비해 바꾼 문장은 두 투표가 다름을 확실히 명시하여 홍보기회를 주어야 함을 더 강조하고 ""를 제거하여 어느 인물들이 아닌 많은 이들의 의견인 듯한 느낌을 준다. (원 문장: 이에 대해 "인물을 선택하는 선거는 과열·혼탁을 막기 위해 엄격한 규제가 필요할 수 있지만, 정책투표는 충분한 홍보기회를 보장해야 하는 것 아니냐"는 지적이 나온다. / 다시 쓰기 결과: 인물을 선택하는 선거와 정책 투표는 그 차이를 인정하여 정책 투표 시 충분한 홍보기회를 보장해야 한다는 목소리가 나오고 있다.) 〔㉮-B-188〕

위의 학습자는 직접 인용이 다수가 아닌 한 명의 목소리를 전달하는 형식을 취하기 때문에 설득력이 떨어진다는 직관적 해석을 내리고 있다. 이는 신문 기사라는 장르에서 직접 인용이 대화성을 높여 수용성을 강화하는 이데올로기적 효과를 갖는다는 점(Fowler, 1991)을 인식하지 못한 것으로 볼 수 있다.[14] 장르 층위의 해석 조정을 거쳐야만 직접 인용이 갖는 다양한 기능 중 어떤 것에 주목하여 해석할지 판단할 수 있다.

장르 층위의 해석 조정 단계가 결여되면 문장 구조에 내재한 필자의 표현 의도를 인식하지 못하고 의도와 어긋난 구조의 문장을 산출하게 될 수도 있다. 다음은 장르 층위의 해석 조정 단계를 거치지 않아 의도성을 지닌 문법적 장치인 관형사절을 삭제한 사례이다.

글쓴이는 학교급식이 위탁으로 시행되게 된 배경을 자세히 설명하면서 문제점을 말하려 했다. 하지만 이 부분에서 강조되어야 할 내용은 정부가 위탁급식 시행에 관한 준비가 미흡했다는 점이다. 그러므로 글은 내가 바꾼 문장으로 바꿔 읽는 것이 정부의 무능을 드러내어 허점을 강조하기에 더 좋다고 생각한다. (원 문장: 초기비용이 필요한 정부가 예산 부족에 대한

.................

14 대화성의 이데올로기적 효과는 기자수첩의 사례를 들어 대화성의 효과를 논의한 서덕희 (2003)를 참조할 수 있다.

대안과 운영 효율화 등 두 마리 토끼를 잡겠다며 도입했다. / 다시 쓰기 결과: 정부는[15] 예산 부족 대안과 운영 효율화를 해결하고자 도입했다.) 〔㉮-A-40〕

위 학습자는 문장에서 특정 내용이 강조되어야 한다고 보고 다시 쓰기 과정에서 원 문장에서 관형사절로 표현된 '초기 비용이 필요한'이라는 관형사절을 삭제하였다. 그러나 해당 텍스트가 칼럼의 성격을 띠고 있어 주관적 의견을 객관화하여 드러내는 장르성을 가지고 있다는 점을 고려할 때, '정부'를 수식하는 이 관형사절은 전제화를 통해 해당 주체를 암시적으로 비판하고자 하는 의도를 함의하고 있다고 볼 수 있다. 그러나 위 학습자는 장르 층위의 해석 조정 과정을 누락하였기 때문에 관형사절에 주목하지 못하고 이를 삭제하였다.

(3) 문장 구조에 부여된 선호된 읽기 해체

문장 구조에 부여된 선호된 읽기를 해체하기 위해서는 문장 구조와 관련된 다양한 문법 범주가 어떤 방식으로 선호된 읽기를 유도하는지 인식하는 과정이 필요하다. 문법 문식 활동 과정을 관찰한 결과 문장 구조에 부여된 선호된 읽기는 특히 통사 구조 층위에서 사태를 특정한 주체의 관점에서 읽게 하는 방식과 정보 구조 층위에서 특정 정보를 기정사실로

---

15  이 학습자는 '정부가'를 '정부는'으로 바꾸었음에도 불구하고 이를 인식하지 못하고 있다. Ⅱ장에서 제시한 바 있는 주어의 정보 역할에 대한 현대 한국어 의미 지도(박진호, 2015: 390)를 고려하면, 원 문장의 '정부'는 '정보 초점'으로서 관계적 신정보이면서 지시적 신정보이다. 그러나 다시 쓰기 결과 산출된 문장의 '정부'는 실상 관계적 구정보이면서 지시적 신정보인 '비인가 화제'인데도 '는'과 결합하여 정보 구조 차원에서 어색하게 되었다. 또한 원 문장에서 '정부가'가 정보 초점이라는 점은 책임 소재 문제에 대한 필자의 입장과 관련하여 중요한 정보 구조의 문제임에도 학습자는 이를 인식하지 못한 채 수정하였다.

수용한 것을 전제하는 두 방식이 많이 나타났다. 다음은 사동 구조와 행위주 설정 문제를 관련지어 문장 구조에 부여된 선호된 읽기를 인식한 사례이다.

> "초등학교 1, 2학년에서만 영어 교육을 금지하면 학교 밖에서 영어 교육을 시키게 된다."'영어 교육을 하게 된다.', 혹은 '영어 교육을 받게 된다.'라고 하지 않고 사동 '시키게 된다'로 표현한 것은 독자인 학부모를 설득하고자 함일 것이다. 주어를 명시하진 않았지만 당연히 '시키는' 주체는 학부모이다. 필자는 주요 독자층을 학부모로 상정하고 의식적이든 무의식적이든 위와 같이 학부모가 주체가 되는 사동 구조를 취하고 있는 것이다. 〔㉯-4〕

위의 사례에서는 원 문장을 능동 구문 또는 피동 구문이 아닌 사동 구문으로 나타낸 이유를 독자와 관련짓고 있다. 즉, 사동 구문과 주어 생략 문제를 연결 지어 통사 구조 층위에서 주어가 생략되었으나 사동 구조의 주체는 학부모일 것이라고 추론하고, 이와 같이 '학부모가 주체가 되는 사동 구조'를 취한 이유를 독자인 학부모 관점에서 사태를 인식하도록 하기 위한 것이라고 보고 있다.

문법 문식성에서는 지식사회학의 '일반적 이데올로기' 개념을 수용하고 있기 때문에, 이데올로기 층위에서의 해석은 특정 계층, 특정 사상에 국한된 것이 아니라 언어 주체에 의해 재구성된 사회적 사태에 내재한 관점을 대상으로 한다. 이는 앞서 설명한 바와 같이 지식사회학이 실제가 사회적으로 구성된 것(Berger & Luckmann, 1966)이라는 관점을 취하고 있기 때문이다. 따라서 행위주인 학부모가 통사적으로 실현되지는 않았으나 맥락상 사동의 주체로 복원되는 것이 가능하도록 구조화된 위의 문장은 특정한 관점에서 사태를 재구성하고 있다는 점에서 이데올로기 층위의 해석이 가능하다. 문장이 특정 관점에서 사태를 인식하도록 구조화되어 있다는 점에 대한 지적은 아래와 같이 다른 사례에서도 나타난다.

'그럼에도 불구하고 ~'에서는 두 번째 문단에서 잠깐 등장하였던 교육주체인 '학부모'를 주어로 명시함으로써 학부모의 관점에서 사태를 인식하도록 하여 독자의 공감을 이끌어내고자 하였다. 아무래도 이 사설을 읽는 대중들 가운데는 학부모라는 역할을 가지고 있는 사람들이 많을 것 같다. 〔㉯-1〕

위의 사례는 "그럼에도 불구하고 자녀를 사립초등학교에 보내는 학부모들은 공립초등학교보다 영어 교육을 훨씬 잘 받을 수 있고 사교육으로 영어 교육을 시키는 것보다는 돈이 덜 든다고 보기 때문이다."에서 '학부모들'을 주어로 명시한 부분에 주목하여, 이러한 문장 구조가 학부모의 관점에서 사태를 인식하도록 유도한다고 보았다. 다만 위 사례에서는 이러한 문장 구조가 선택된 이유로 텍스트의 실제 독자 중 학부모가 많다는 것을 들었으나, 학부모가 아닌 독자들 역시 학부모의 관점에서 사태를 인식하게 유도하는 효과를 지니는 것으로 이해하는 것이 더 적절하다.[16]

문장 구조에 선호된 읽기가 부여된 사례는 피동 구문에서도 나타난다.

'이에 ○○초 ~ 교육선택권을 침해당했다며'→'침해당했다'는 피동의 표

................
16   정혜승(2013: 47-53)에서 논의한 '수신된 독자(audience addressed)'와 '호명된 독자(audience invoked)'의 구분(Ede & Lunsford, 1984)을 참고하면 사태를 특정한 관점에서 수용하도록 유도하는 문장 구조는 '호명된 독자'를 구성한다고 설명할 수 있다.

현을 사용해서 주어인 ○○초 재학생과 학부모들이 자신들을 피해자로 프레이밍하고 있음을 은연중에 드러내었다. 그러나 '다며'를 사용해 필자가 그러한 프레이밍에 동의하지 않고 있음 또한 내포하고 있다. 〔㉯-2〕

위 사례의 경우 피동 표현을 문장에 제시된 주체의 정체성 문제와 관련짓고 있다. 피동 표현을 사용함으로써 문장의 주체가 피해자로 프레이밍되었다는 진술에서 이러한 인식을 읽어 낼 수 있다.[17]

행위주의 생략 문제와 관련하여 숙련자와 학습자 간의 인식에 차이가 존재하는 사례도 나타났다. 동일한 텍스트는 아니지만 행위주가 생략된 능동 구문을 보고 숙련자는 의도적인 행위주 생략으로 해석하였고, 학습자는 교정적 차원으로 이해하였다.[18]

"한편 저녁 급식을 준비하는 현장은 끔찍하다. 점심을 마치고 휴식시간은커녕 위생적 처리조차 제대로 하지 못한 채 부산하게 움직여야 한다." 에서 뒷문장의 주어가 생략된 게 눈에 띄네요. 약간 독자의 공감을 노리려는 의도일 수도? '조리원은' 이런 주어를 명시하는 것보다 약간 '우리는' 이런 식의 주어를 가정하는 느낌? 〔㉯-6〕

일곱 번째 문단의 '또 하나는 그런 제약 때문에 정크푸드나 가공품을 많

--------

17  더하여 어미 '-다며'가 '들은 사실에 대해 빈정거리는 뜻'(이희자·이종희, 2002: 155)을 나타낸다는 점을 고려하여 명제 내용에 대한 필자의 태도 문제까지 읽어 내고 있다.
18  물론 텍스트에 사용된 문법적 장치의 기능에 대한 과도한 이데올로기적 해석은 경계할 필요가 있다. 이데올로기적 해석 부여는 '진위(眞僞) 확인'의 문제가 아니라 '해석'의 문제이기 때문에 근본적으로 다양한 견해가 존재할 수밖에 없다. 따라서 이데올로기적 해석 부여 여부에 대한 판단이 타당성을 갖기 위해서는 장르 층위의 해석 조정 기제가 원활히 작동해야 한다.

이 사용한다는 것이다.'에서 주어가 생략되어 있다. (저녁급식을 준비하는 가장 직접적인 주체인) 학교 영양교사이기에 정크푸드나 가공품을 선택하는 주체를 문장에서 일부러 드러내지 않은 듯하다. '시간 부족'과 '노동 환경의 열악'이라는 상황이 정크푸드나 가공품을 많이 사용하게 된 것의 원인은 맞지만, 그러한 상황 속에서 결국 선택과 판단의 주체는 영양교사가 아닌가 싶다. 〔㉯-1〕

저녁 급식을 없앤다고 가정한 후의 예측을 적은 문장이니까 '저녁급식을 없애면 ~'으로 시작하는 것은 좋다고 보지만, 저녁급식을 없앤 '누구'가 나와 있지 않아서 내가 생각하기엔 가독성이 떨어지는 느낌을 받았고, 많은 사람들은 '저녁급식이 없어지는' 것이 싫어서 저녁급식을 없애는 '누구'에게 항의하는 것이니까 '저녁급식이 없어지면 ~'으로 바꾼 것이 더 적합하다고 생각한다. (원 문장: 저녁급식을 없애면 많은 사람들이 항의할지 모른다. / 다시 쓰기 결과: 저녁급식이 없어지면 많은 사람들은 항의할지도 모른다.) 〔㉮-A-135〕

숙련자의 분석인 첫 번째와 두 번째 사례에서는 행위주를 명시하지 않은 구조를 선택한 데에는 독자의 공감을 유도하거나 책임의 주체를 숨기려는 의도가 있다고 해석하였다. 그러나 세 번째 사례에서 학습자는 행위주의 생략을 가독성이라는 교정적 차원에서 제한적으로 이해하는 양상을 보였다.

교정적 차원의 접근 외에도 학습자가 원 문장의 구조가 유도하고 있는 선호된 읽기 방식을 인식하지 못하는 사례가 나타난다.

바꾼 문장은 원 문장보다 '문제'에 초점을 둔 것 같다. '문제' 중심으로

'해결될 수 있는 문제'라고 써서 수동의 의미를 주었고 가정형으로 바꾸었다. (원 문장: 학부모의 선택에 맡겨서 <u>더 잘 해결할 수 있는 문제</u>를 왜 국가가 일률적으로 규제하려는 것인지 납득하기 어렵다. / 다시 쓰기 결과: 학부모의 선택에 맡기면 <u>더 잘 해결될 수 있는 문제</u>를 왜 국가가 일률적으로 규제하려는 것인지 납득하기 어렵다.) 〔㉮-A-23〕

위의 사례에서 학습자는 초점의 문제를 고려하여 '더 잘 해결할 수 있는 문제'를 '더 잘 해결될 수 있는 문제'로 수정하였으나, 그 과정에서 원 문장의 능동 구문이 유도하는 선호된 읽기를 인지하지 못하고 있다. 후행절을 고려할 때 선행절의 능동 구문은 독자로 하여금 '국가'를 생략된 주어로 인식하게 하여 문제의 책임을 국가로 돌리는 역할을 한다.

## 3. 문법 문식 활동과 학생들의 문법 지식 재구조화

### 1) 학습자의 문장 구조 선택항 네트워크

문법 문식 활동은 학습자의 문법 지식을 재구성한다. 기존 교육 내용이 주로 구조적 유사성을 바탕으로 문법 지식을 범주화한 데 비해, 문법 문식 활동은 기능성을 중심으로 학습자의 문법 지식을 재배열하며 언어 형식이 가진 기능의 다양성과 다층성을 인식하게 한다. 이 책에서는 학습자들에게 부여한 문장 구조 차원의 문법 문식 활동 과제를 통해 학습자들이 가진 문장 구조 선택항 체계의 한계와 확장 가능성을 동시에 확인할 수 있었다. 학습자들이 구성한 선택항 체계에는 '학교 문법의 구획에 따른 범주'와 '모어 화자의 직관에 따른 범주'가 공존하기 때문이다.

이 절에서는 학습자의 문장 구조 선택항 네트워크를 구축한 과정과 분석 결과 산출된 주요 지표를 제시한다. 그다음 학습자의 문법 지식 재구성 양상을 '기능적 관련성에 근거한 재구성, 구조적 관련성에 근거한 재구성, 언어 단위 간 통섭적 재구성'으로 구분하여 논의한다.

학습자의 문장 구조 선택항 네트워크를 구축하기 위해 (1) 원 문장의 구조와 학습자가 다시 쓰기를 통해 선택한 문장 구조를 병치한 노드 목록(node list)을 작성하고, (2) 해당 노드 목록을 일원 행렬 자료(one-mode matrix)로 변환한 후, (3) 해당 행렬 자료를 대상으로 방향성이 있는 가중 네트워크를 구현하는 세 단계를 거쳤다.

노드 목록 작성은 관계 자료를 네트워크로 구현하기 위해 필요한 중간 과정(최수진, 2016: 47-48)으로, 이 책에서는 학습자의 다시 쓰기 결과 산출된 문장의 구조를 원 문장의 구조와 비교하여 달라진 부분을 노드로 삼아 목록화하였다. 목록 작성 시 원 문장의 구조를 좌측 열에 기재하고 학습자의 다시 쓰기 결과 달라진 문장 구조를 우측 열에 기재하였다.

또한 좌측 열에 기재된 문장 구조는 실현태로 보고, 우측 열에 기재된 문장 구조는 잠재태를 반영하고 있는 것으로 간주하였다. 물론, 학습자가 다시 쓰기를 통해 구성한 문장의 구조는 또 다른 실현태에 해당한다. 즉, 원 문장을 '실현태1'로 보았을 때 학습자가 다시 쓰기를 통해 구성한 문장은 '실현태2'가 된다. 그러나 다시 쓰기라는 수행 구조의 특성상 '실현태2'는 '실현태1'을 매개로 학습자가 계열화한 잠재태를 논리적으로 전제하기 때문에 학습자의 다시 쓰기 결과물은 잠재태를 반영하게 된다. 따라서 다시 쓰기 결과 산출된 문장의 구조는 또 다른 실현태이기는 하지만, 잠재태를 반영하고 있는 것으로 간주할 수 있다. 이러한 방식으로 총 460행으로 이루어진 노드 목록을 표 3-3과 같은 형식으로 작성하였다.

표 3-3. 노드 목록 예시

| 학습자 자료 번호 | 원 문장 | 학습자의 다시 쓰기 결과 |
|---|---|---|
| A2 | 문장 단위 | 인용절 |
| A2 | 종속절 | 명사절 |
| A2 | 주어 | 위치 이동 |
| A3 | 종속절 | 명사구 |
| A4 | 절 단위 | 문장 단위 |
| A4 | 관형절 | 인용절 |
| A4 | 부사절 | 인용절 |
| ⋮ | ⋮ | ⋮ |
| B226 | 주어 | 위치 이동 |
| B227 | 절 단위 | 위치 이동 |
| B227 | 절 단위 | 위치 이동 |
| B228 | 절 단위 | 문장 단위 |

그다음으로 해당 노드 목록을 UCINET 프로그램을 활용하여 정방형 일원 행렬에 사용되는 '노드 목록 형식1'로 변환하였다. 이 과정을 통해 학습자의 문장 구조 선택항을 의미하는 총 49개의 노드가 추출되었고, 49열과 49행으로 이루어진 표 3-4와 같은 형식의 일원 행렬이 도출되었다. 아래 행렬은 일부 노드만을 표시한 예시이기 때문에 각 칸의 수치가 드러나지 않으나, 실제 행렬의 각 칸에는 각 노드 간 연결 횟수가 표시된다.

표 3-4. 학습자의 문장 구조 선택항 행렬 형식

| | 1. 간접 인용절 | 2. 격조사 | 3. 관형어 | ... | 47. 행위주 세분화 | 48. 행위주 포함 | 49. 화제 |
|---|---|---|---|---|---|---|---|
| 1. 간접 인용절 | | | | | | | |
| 2. 격조사 | | | | | | | |
| 3. 관형어 | | | | | | | |
| ⋮ | | | | | | | |
| 47. 행위주 세분화 | | | | | | | |
| 48. 행위주 포함 | | | | | | | |
| 49. 화제 | | | | | | | |

학습자가 원 문장의 구조를 매개로 하여 새로운 문장 구조를 구성하였으므로 '원 문장의 구조'에서 '다시 쓰기 결과 산출된 문장의 구조'로 화살표가 향하도록 하고, 노드 간 연결 횟수가 반영되도록 하여 방향성이 있는 가중 네트워크를 구현하였다.

이와 같은 방법으로 구축된 네트워크를 대상으로 하여 지니 계수(Gini coefficient)를 산출하고 연결 정도 중심성, 연결 강도 중심성, 호혜성 분석을 실시하였다.

우선 네트워크가 특정 노드에 의해 지배되는 정도를 확인하기 위하여 지니 계수를 확인하였다. 통상 네트워크 집중도가 사용되지만 집중도 값은 이진 행렬에서만 가능하다는 제한이 있다. 계량 행렬을 이진 행렬로 변환하여 집중도 값을 산출할 수도 있으나 이렇게 할 경우 정보의 손실이 발생하므로 지니 계수를 사용하였다. 지니 계수는 가중 네트워크에도 적용이 가능하며 0부터 1까지의 값을 지니는데 0에 가까울수록 평등함을, 1에 가까울수록 불평등함을 의미한다(최수진, 2016: 68). 여기서 구축한 네트워크의 지니 계수는 0.98로 1에 가까워 특정한 일부 노드에 대한 집중도가 매우 높은 것으로 나타났다.

다음으로 연결 정도 중심성은 각 노드 간의 연결 정도를 나타내는 지표로서, 통상 연결 정도 중심성이 높다는 것은 노드 간 직접적인 관계를 많이 맺고 있음을 의미한다. 연결 정도 중심성을 산출하기 위해서는 이진형 자료를 사용해야 하는데 이 책에서 구축한 학습자의 문장 구조 선택항 행렬은 계량형 자료이기 때문에 UCINET 프로그램을 사용하여 이를 이진형 자료로 변환하여 사용하였다.

연결 강도 중심성은 노드 간 연결 횟수를 반영하여 연결 중심성을 산출하는 지표이다. 우리가 구축한 원 자료가 계량형이기 때문에 연결 정도 중심성과 연결 강도 중심성을 함께 살피면[19] 계량형 자료를 이진화함으로

---

19  이 책에서 논의의 대상으로 삼는 학습자의 문장 구조 선택항 체계 네트워크가 방향성이 있는 가중 네트워크이기에 연결 강도 중심성 결과 해석에 유의해야 한다. 곽기영(2014: 132-134)에 따르면 가중 네트워크에서 합산의 방식을 사용할 경우 연결 정도가 높게 나타나는 이유가 연결 관계의 다양성에서 비롯된 것인지, 아니면 특정 노드와 연결 횟수가 많아서인지 구분이 되

써 발생하는 정보 손실의 문제를 일정 부분 해소할 수 있다.

추출된 선택항을 대상으로 각 선택항 간의 연결 정도를 나타내는 연결 정도 중심성을 분석한 결과, 화살표의 방향이 안으로 향하는 '내향 연결 정도 중심성'이 높은 선택항은 '위치 이동, 관형사절, 삭제, 부사구, 서술어, 부사, 관형어, 명사절, 종속절, 인용절, 대상 상호 교체…' 순으로, 화살표 방향이 밖으로 향하는 '외향 연결 정도 중심성'이 높은 선택항은 '관형사절, 부사구, 절 단위, 부사절, 명사구, 명사절, 주어, 종속절, 관형어, 목적어, 서술어…' 순으로 나타났다. 전자는 계열화를 통해 잠재태로 구성되는 선택항을, 후자는 실현태 중 학습자가 주목한 문장 구조를 가리킨다.[20]

다음으로 연결 강도 중심성을 분석한 결과, 화살표의 방향이 안으로 향하는 '내향 연결 강도 중심성'이 높은 선택항은 '위치 이동, 대상 상호 교체, 문장 단위, 절 단위, 종속절, 피동 구문, 종속절, 분열문, 서술어, 삭제, 부사절…' 순으로, 화살표 방향이 밖으로 향하는 '외향 연결 강도 중심성'이 높은 선택항은 '주어, 주술 구조, 절 단위, 관형사절, 부사절, 문장

...............

지 않는다. 마찬가지로 연결 강도 중심성을 해석할 때에도 연결 관계의 다양성 측면과 특정 노드와의 연결 횟수 측면을 모두 고려해야 한다. 정성훈(2014)에서는 현대 한국어 부사의 네트워크를 분석하면서 연결 정도 중심성과 연결 강도 중심성을 모두 산출하여 비교하는 방식을 사용한 바 있는데, 이와 같이 연결 정도 중심성과 연결 강도 중심성을 종합적으로 고려하는 것도 이러한 문제를 해소하는 대안이 될 수 있다. 가중 네트워크에서 연결 정도와 연결 강도의 영향력을 상호 조율하여 통합적인 연결 중심성 값을 산출하는 방식이 제안되기도 했으나(Opsahl et al, 2010: 246-247), 이 방식은 연결 정도와 연결 강도의 영향력을 조율하는 α 값을 설정하는 또 다른 기준을 요구한다는 점에서 한계가 있다. 이 책에서는 이러한 점을 고려하여 연결 정도 중심성과 연결 강도 중심성을 모두 산출하여 비교하는 방식을 사용하였다.

20  연결 정도 중심성은 네트워크의 크기에 영향을 받기 때문에 이러한 문제를 해결하기 위해 '표준화 연결 정도 중심성'을 사용한다. '표준화 연결 정도 중심성'은 연결 정도 중심성 값을 가능한 연결 관계의 최댓값으로 나누어 산출한다(Wasserman & Faust, 1994; 곽기영, 2014: 186에서 재인용). 표준화 연결 정도 중심성은 네트워크 내에서 특정 노드와 직접적 연결 관계를 갖는 노드의 비율을 나타낸다. 표준화 연결 정도 중심성은 최솟값이 0이고 최댓값 1인데 이를 백분율로 나타낼 경우 0~100%의 값을 갖는다.

단위, 능동 구문, 부사구, 목적어, 비분열문, 관형사절+명사구, 부사, 명사구…' 순으로 나타났다.

한편, 내향 연결 정도 중심성이 높은 반면 외향 연결 정도 중심성이 0에 가까운 노드를 싱크(sink)라고 하고, 외향 연결 정도 중심성이 높은 반면 내향 연결 정도 중심성이 0에 가까운 노드를 소스(source)라고 한다(최수진, 2016: 58-60). 여기서 구축한 네트워크의 특성상 싱크는 잠재적 선택항으로 빈번히 구성되지만 실현태로서 주목받는 빈도는 낮은 선택항을 가리키고, 소스는 학습자가 빈번히 주목하는 문장 구조이기는 하지만 잠재태로 구성되는 빈도는 낮은 선택항을 가리킨다. '위치 이동, 대상 상호 교체'는 싱크에 해당하고, '주술 구조'는 소스에 해당한다.

싱크와 소스는 노드 간의 상호 연결성을 가리키는 '호혜성(reciprocity)'과도 관련된다. 호혜성 측정에는 '연결된 전체 노드 쌍 대비 상호 연결된 노드 쌍의 비율을 측정하는 방식'과 '방향성을 고려한 전체 연결선의 개수와 상호 연결 관계에 놓인 연결선의 개수 비율을 측정하는 방식'이 존재한다(곽기영, 2014: 147-148). 이 책에서는 후자의 방식을 사용하였는데, 이는 구축된 네트워크에 방향성이 있고 특정 선택항이 실현태로 구현되거나 잠재태로 상정되는 것 사이에 비대칭성이 있는지를 확인하기에 후자가 더 적합하기 때문이다.

분석 결과 전체 네트워크의 호혜성은 0.276으로 나타났다. 이는 우리가 구축한 학습자의 문장 구조 선택항 네트워크에서 각 선택항이 실현태로 나타나는 정도와 잠재태로 구성되는 정도에 차이가 있음을 시사한다. 예를 들어 피동 구문과 능동 구문의 경우 피동 구문으로 실현된 문장을 보고 능동 구문으로 바꾸어 쓴 경우도 있고, 능동 구문으로 실현된 문장을 보고 피동 구문으로 바꾸어 쓴 경우도 있기 때문에 두 선택항은 호혜성을 지닌다. 그러나 분열문과 비분열문의 경우 비분열문을 분열문으로 바꾸어 쓴 경우는 있으나 분열문을 비분열문으로 바꾸어 쓴 경우는 없어 이 경우에는 호혜성을 갖지 않는다.

이와 같은 분석 결과를 바탕으로 다음 절에서는 학습자의 문법 지식 재구성 양상을 '기능적 관련성에 근거한 재구성, 구조적 관련성에 근거한 재구성, 언어 단위 간 통섭적 재구성'의 세 측면에서 논의한다. 내향 연결 중심성 또는 외향 연결 중심성이 높은 문법 항목의 에고 네트워크를 일차적인 분석 대상으로 삼되, 필요에 따라 연결 중심성이 낮은 네트워크도 논의의 대상으로 삼는다. 내향 연결 중심성과 외향 연결 중심성 중에서는 내향 연결 중심성이 높은 항목을 먼저 분석한다. 이는 해당 항목이 학습자가 계열화 과정을 통해 잠재태로 구성한 선택항을 의미하기 때문이다. 외향 연결 중심성이 높은 항목은 실현태 중 학습자가 주목한 문장 구조를 가리키는 것으로, 문법 지식 재구성 논의에서 다소 부수적인 속성을 지니기 때문에 그다음으로 논의한다.

## 2) 학습자의 문법 지식 재구성 양상

### (1) 기능적 관련성에 근거한 재구성

기능적 관련성에 근거한 재구성은 '기능적 대립성에 근거한 재구성, 기능적 동위성에 근거한 재구성, 기능적 위상 변이에 따른 재구성'의 세 유형으로 나눌 수 있다. 기능적 대립성은 다시 '대칭적 대립, 비대칭적 대립'으로 구분되고, 기능적 위상 변이는 '위상 격상, 위상 격하'로 구분된다.

피동 구문과 능동 구문은 기능적 대립성에 근거한 재구성 유형에 해당한다. 피동 구문과 능동 구문의 연결 강도가 높게 나타난 것은 학교 문법의 구획에 따른 범주가 선택항 구성에 영향을 끼쳤기 때문으로 볼 수 있다.

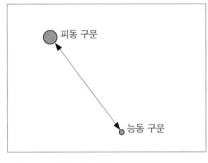 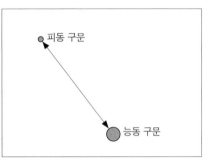

그림 3-13. 피동 구문 에고 네트워크    그림 3-14. 능동 구문 에고 네트워크

　피동 구문과 능동 구문은 네트워크상에서 화살표가 양방향으로 연결되어 있어 방향성 측면에서 대칭적 관계에 놓인다. 이는 실현태로 주어진 피동 구문에 주목하여 능동 구문을 잠재태로 상정하는 계열화 방식뿐 아니라, 능동 구문이 실현태로 주어진 문장에 주목하여 피동 구문을 잠재태로 상정하는 계열화 방식도 존재함을 의미한다. 능동 구문에서 피동 구문으로 전환되는 통사적 절차와 피동 구문이 갖는 동작성 약화를 주요 교육 내용으로 삼는 학교 문법의 관점에서 보면 피동 구문이 능동 구문의 변이형으로서 유표성을 띠고 능동 구문이 기본 구조로서 무표성을 띤다고 할 수 있다. 그러나 장르가 해석 조정의 기제로서 관여하게 되면 이러한 구도가 항상 유지되지는 않는다. 따라서 피동 구문과 능동 구문은 방향뿐 아니라 관계 차원에서도 대칭적 대립을 이룬다고 볼 수 있다.

　분열문과 비분열문 역시 기능적 대립성에 근거한 재구성 유형에 해당하지만 피동 구문, 능동 구문과 달리 방향과 관계의 측면에서 비대칭성을 띤다.

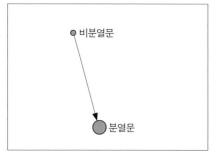

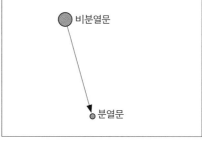

그림 3-15. 분열문 에고 네트워크      그림 3-16. 비분열문 에고 네트워크

분열문과 비분열문은 네트워크상에서 화살표가 후자에서 전자로만 향하고 있어 방향성 측면에서 비대칭적 관계에 놓인다. 이는 실현태로 주어진 비분열문에 주목하여 분열문을 잠재태로 상정하는 계열화 방식만이 존재함을 의미한다. 방향성뿐 아니라 관계의 측면에서도 분열문과 비분열문은 비대칭적 대립 구도에 놓인다. 비분열문은 적극적으로 규정되는 것이 아니고 분열문의 여집합으로서 소극적으로 규정되기 때문이다.

분열문은 그간 학교 문법에서 본격적으로 다루어지지 않았는데, 이는 분열문을 다룰 문법적 범주가 교육 내용에 명확히 제시되지 않았기 때문으로 보인다. 분열문은 초점 문제와 깊은 관련을 맺고 있는데 이와 같은 정보 구조의 문제를 본격적으로 다룰 수 있는 자리가 없었다. 그럼에도 불구하고 분열문은 학습자가 모어 화자로서 가진 언어적 직관에 따라 잠재적 선택항으로 빈번히 구성되는 양상이 나타났다. 따라서 기능적으로 비대칭적 대립 구도를 갖는 분열문과 비분열문을 상호 관련된 언어 형식으로 범주화한 것은 문법 문식 활동을 함으로써 학습자의 문법 지식이 재구성된 사례로 볼 수 있다.

관형사절 에고 네트워크에는 기능적 관련성의 하위 유형인 '기능적 동위성, 기능적 위상 변이'가 복합적으로 나타난다. 관형사절은 실현태로서 '종속절, 인용절, 서술절, 부사절, 삭제' 등과 선택항 체계를 이루고, 잠재태로서 '대등절, 부사절, 서술어'와 선택항 체계를 이룬다. 관형사절 선택항 체계는 학습자가 모어 화자로서 가진 직관을 이용하여 구성한 것으로, 문법 문식 활동을 통해 문법 지식 재구성이 가능함을 보여 준다.

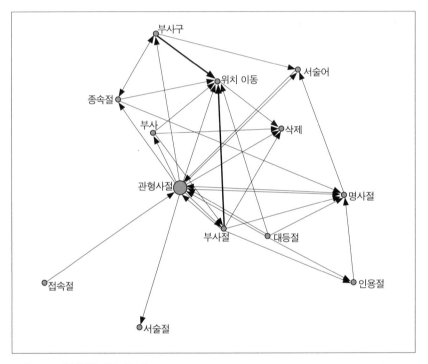

그림 3-17. 관형사절 에고 네트워크

　　관형사절과 명사절은 특정한 명제 내용을 기정사실화하여 제시하는 언어 형식이라는 점에서 기능적 동위성을 띤다. 또한 종속절과 대등절은 관형사절과 선택항 관계에 놓일 경우 전제화된 명제 내용을 상대적으로 명시화하여 드러낸다는 점에서 기능적 동위성을 띤다. 이러한 관련성은 학습자의 다시 쓰기 결과를 통해 구체적으로 확인할 수 있다.

- 원 문장: 그런데 급식비의 구조를 들여다보면 발상이 잘못됐다는 것을 알 수 있다.
- 다시 쓰기 결과: 발상부터가 잘못된 학교 급식비의 구조로 인해, 정작 돈은 다른 곳으로 새고 있었다. 〔㉮-B-117〕


- 원 문장: 초기 비용이 필요한 정부가 예산 부족에 대한 대안과 운영 효율화 등 두 마리 토끼를 잡겠다며 도입했다.
- 다시 쓰기 결과: 정부가 초기 비용이 필요해서 예산 부족에 대한 대안과 운영 효율화 등을 모두 마련하기 위해 도입했다. 〔㉮-B-62〕


- 원 문장: 남과 북은 올해 추석을 계기로 이산가족 상봉을 진행하고, 앞으로 계속하기로 했으며, 이를 위한 적십자실무접촉을 9월 초에 가지기로 했다.
- 다시 쓰기 결과: 올해 추석을 계기로 이산가족 상봉을 진행하고, 앞으로 계속하기로 한 남과 북은 이를 위한 적십자 실무접촉을 9월 초에 가지기로 했다. 〔㉮-A-45〕


첫 번째 사례는 것 명사절을 관형사절로 전환한 경우이고, 두 번째와 세 번째 사례는 각각 관형사절을 종속절로, 대등절을 관형사절로 전환한 경우이다. 물론 관형사절과 명사절의 기능이 모든 측면에서 동일하지 않고, 마찬가지로 대등절과 종속절의 기능 역시 모두 동일한 것은 아니다. 이 책에서 기능적 동위성이라는 용어를 사용한 것은 문장 구조 관련 선택 항이 특정 국면에서 기능적으로 동일한 위상을 지니는 현상을 드러내기 위함이다. 따라서 관형사절과 명사절의 경우 사태를 기정사실화하여 표현한다는 측면에서 기능적 동위성을 지니며, 대등절과 종속절은 관형사절의 교체 항으로서 명제 내용을 상대적으로 분명하게 드러낸다는 측면에서 기능적 동위성을 지닌다.

기존 학교 문법에서도 관형사절과 명사절을 내포절의 하위 유형으로, 대등절과 종속절을 접속절의 하위 유형으로 함께 다루어 왔다. 그러나 이 책에서는 이를 구조주의적 차원이 아니라 기능적 차원에서 재구성하였기 때문에 기존 논의와 성격을 달리한다.

관형사절은 부사절과도 선택항 체계를 구성한다. 관형사절 에고 네트워크를 보면 관형사절에서 부사절로 화살표가 향하고 있어, 관형사절을 매개로 부사절을 계열화한 사례가 있음을 확인할 수 있다.

- 원 문장: 남과 북은 <u>남북관계를 개선하기 위한</u> 당국회담을 서울 또는 평양에서 빠른 시일 내에 개최하며 앞으로 여러 분야의 대화와 협상을 진행해 나가기로 했다.
- 다시 쓰기 결과: 남과 북은 앞으로의 여러 분야에서의 대화와 협상 그리고 <u>남북관계를 개선하고 나라의 발전을 위해</u> 빠른 시일 내에 서울 또는 평양에서 당국회담을 개최할 예정이다. 〔㉮-B-175〕

위의 사례에서 학습자는 '남북관계를 개선하기 위한'이라는 관형사절을 '~을 위해'와 같은 부사절로 바꾸었다. 물론, 다시 쓰기 과정에서 '나라의 발전'이라는 내용을 추가하여 명제 내용 층위의 변화가 수반되었으나 문장 구조 차원에서는 관형사절과 부사절이 선택항 관계에 놓일 수 있음을 보여 주는 사례로 볼 수 있다. 학습자가 자신의 다시 쓰기 과정에 대해 설명한 내용을 보면 다시 쓰기 결과가 '목적과 이점을 강조'하는 효과가 있다고 인식하고 있는데, 이 부분은 관형사절과 부사절의 기능 차이와 관련되기 때문에 보다 상세히 논의할 필요가 있다.

관형사절은 문장 성분 차원에서는 관형어에 해당하는데, 관형어는 '다른 문장 성분보다 한 층위 아래의 문장 성분으로 분석되는 존재로 규정'(이선웅, 2012: 304)해야 한다. 관형어를 주어, 목적어, 서술어, 보어[21]와 다른 층위의 관계로 보아야 한다는 주장(이홍식, 2000: 23)이나 주어, 목적어, 보어, 일차 부사어 등 서술어와 일차적 관계를 맺는 성분과 서술어를 일차 성분으로, 관형어와 이차 부사어[22]를 이차 성분으로, 독립어를 삼차 성분으로 분류하는 관점(이정택, 2002)도 모두 같은 맥락에서 이해할 수 있다. 이와 같은 관형사절의 특수성을 고려할 때, 관형사절을 매개로 부사절을 계열화한 사례는 기능적 위상 변이 중 위상 격상에 해당한다고 볼 수 있다.[23]

'주어'에고 네트워크에서는 주어를 매개로 관형어를 계열화한 사례가 있어 기능적 위상 변이 중 위상 격하 유형을 확인할 수 있다.

................

21  이 책의 자료에는 관형어의 문제만 나타났으나, 보어 역시 다른 문장 성분과 위상을 달리한다는 논의(민현식, 1999: 223-233; 이관규, 2002: 142)가 있어 참고할 필요가 있다. 민현식(1999: 229)에서는 보어의 설정이 순수한 통사론적 논의에 근거한 것이 아니라 통사의미론적 논의에 근거한 것임을 지적하고, '형태의 뒷받침이 어렵고 의미론적 해석에 따른 가변성을 내포한 보어와 같은 범주'를 '상대범주'라고 명명하였다.

22  일차 부사어와 이차 부사어 모두 이정택(2002: 387)에서 사용된 용어이다. 그의 논의에 따르면 일차 부사어는 서술어 수식 기능을 하는 부사어이고, 이차 부사어는 그 외의 성분 수식 부사어이다.

23  관형사절을 매개로 부사절을 계열화한 사례를 기능적 위상 격상으로 볼 수 있는 근거는 사건 의미론 차원에서도 생각해 볼 수 있다. 임채훈(2012: 64-78)은 사건 의미론을 수용하여 모든 문장의 구성 성분에 사건 논항을 부여하고 이에 따라 동사뿐 아니라 부사 역시 사건 논항을 갖는다고 보며, 이것이 부사어의 기능을 동사(구) 수식으로 본 기존 연구의 관점과 변별됨을 밝히고 있다. 이러한 관점에 따르면 부사어의 기능을 통사 층위를 넘어 사건 의미 차원에서도 이해할 수 있다. 물론, 사건 의미론은 여전히 실현태로 존재하는 문장이 표상하는 사건에 국한된 설명이라는 점에서 한계를 지닌다.

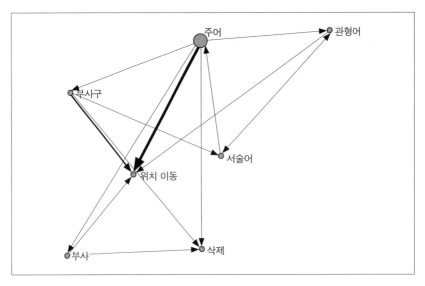

그림 3-18. 주어 에고 네트워크

- 원 문장: <u>위탁은</u> 그 기업이 아무리 '착한 기업'이라도 구조적 결함이 있는 것이다.
- 다시 쓰기 결과: <u>위탁의</u> 구조적 결함은 아무리 착한 기업이라도 나타날 수밖에 없다. 〔㉮-B-130〕

위 사례에서는 주어인 '위탁은'이 '위탁의'와 같이 관형어로 대체되었다. 관형어라는 문장 성분이 가진 특수성을 고려할 때 이와 같은 사례를 기능적 위상이 격하된 유형으로 분류할 수 있다. 그간 학교 문법에서는 주어는 주성분에, 관형어는 부속 성분에 귀속되어 상호 관련성을 포착할 수 없었다. 그러나 문법 문식성 관점에서는 주어와 관형어가 문장 성분 차원에서 계층적 관계를 맺는다는 점을 명시적으로 포착하고 이를 관계적으로 인식하게 한다는 점에서 기존 교육 내용과 변별된다. 이러한 관계 규정은 그간 학교 문법에서의 문장 성분 체계에 대한 국어학계의 비판적 논의

(임홍빈·장소원, 1995; 이홍식, 2000; 이선웅, 2012)를 발전적으로 수용했다는 측면에서도 의의를 찾을 수 있다.

(2) 구조적 관련성에 근거한 재구성

구조적 관련성에 근거한 재구성은 '구조 변이, 구조 내 부분 삭제, 구조 유지'의 세 유형으로 나눌 수 있고, 구조 변이는 다시 문장 성분으로서의 속성을 유지하면서 통사 구조상의 위치를 바꾸는 '위치 이동'과 문장 성분으로서의 속성이 바뀌는 '성분 전환'으로 구분된다. 구조적 관련성에 근거한 재구성은 주로 문장 구조의 표면적 현상에 국한된다는 점에서 학습자의 문법 지식 재구성이 제한적으로 이루어지고 있다는 한계를 보여 준다. 그러나 이와 동시에 구조적 관련성을 매개로 문법 지식을 보다 다층적으로 연계할 수 있는 가능성을 보여 준다는 점에서 주목할 필요가 있다.

우선 구조 변이의 한 유형인 위치 이동의 경우 내향 연결 정도 중심성이 높게 나타났는데, 이는 학습자들이 구성해 낸 잠재적 선택항이 통사 구조 내 위치 이동과 같은 표면적 층위에 집중되어 있음을 방증한다.[24]

...............

24  선택항 구성 차원에서 보면, 위치 이동 관련 선택항은 '이동 전 위치'와 '이동 후 위치'로 이루어진다고 하는 것이 엄밀한 기술일 것이다. 그러나 이와 같이 기술할 경우 위치 이동 네트워크의 각 노드가 '문두에서의 주어', '서술어 바로 앞에 위치한 주어'처럼 길어질 뿐 아니라 '위치 이동'이라는 에고 네트워크로 묶이지 않게 된다. 이러한 이유로 기술의 편의를 고려하여 '위치 이동'을 노드의 명칭으로 사용하였다.

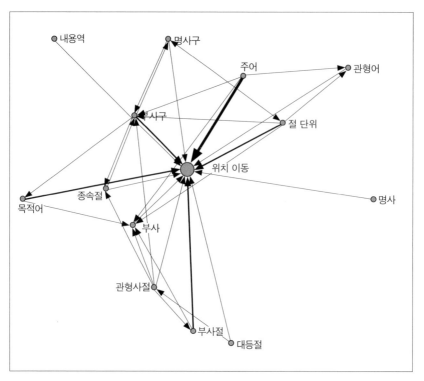

그림 3-19. 위치 이동 에고 네트워크

위치 이동 에고 네트워크를 살펴보면, '주어'의 위치를 이동한 사례가 가장 많고 그다음으로 '부사절, 목적어' 순으로 나타났다. 또한 '관형어, 명사(구), 종속절, 대등절' 등도 위치를 이동한 사례가 있어 위치 이동의 대상이 매우 다양함을 확인할 수 있다. 왕문용·민현식(1993: 205)에서는 어순을 '성분의 상대적 위치 관계'로 정의하고 국어 어순의 특징으로 고정어순과 자유어순이 있다고 보았다. 여기서 고정어순이란 '서술어가 문말에 오는 것, 관형어가 체언 앞에, 부사어가 용언 앞에 오는 것'을 가리키고, 자유어순이란 '주어, 목적어, 부사어가 이동이 자유로운 것'을 가리킨다. 이 책에서 확인된 위치 이동은 자유어순에 국한된다.

위치 이동 에고 네트워크는 학습자의 문법 지식 재구성과 관련하여 두 가지 시사점을 갖는다. 첫째는 위치 이동의 단위가 다양하다는 점이다. 그간 문법교육에서는 주로 체계문을 다루고, 어순 변이는 효과를 명확히 설명하기 어렵다는 점 때문에 잘 다루어지지 않았다. 또한 엄밀히 말해 어순 변이에는 통사 구조와 관련된 것과 관련되지 않은 것이 혼재되어 있어 범주의 일관성 유지 차원에서 다루기 어렵기도 하였다. 이와 같은 복합적인 이유로 인하여 어순 변이는 잘 다루어지지 않거나 다루어지더라도 일부 문장 성분에 국한되어 논의되었다. 그러나 그림 3-19에서 제시한 위치 이동 에고 네트워크는 위치 이동의 단위가 매우 다양할 수 있음을 보여주고 있다. 이는 이동의 관점에서 다양한 단위를 범주화하여 인식 가능하게 할 수 있음을 시사한다.

둘째는 위치 이동이 정보 구조 층위의 개념인 초점과 깊이 관련되어 있다는 점이다. 학습자들도 직관적 차원에서 위치 이동이 초점의 변화를 야기하여 강조점을 다르게 함을 인식하고 있었으나, 정보 구조 층위의 개념을 가지고 있지 않아 대체로 강조 효과와 같은 일상적 개념으로 초점의 문제를 언급하였다. 어순을 통사론적 개념으로 보고 목적어, 부사어 등의 어순 변화가 초점 변화를 야기함을 밝히고 있는 연구 성과(구본관 외, 2015: 215-218)를 참조한다면 초점을 기준으로 삼아 어순 변이를 재구성하는 방식도 가능할 것이다.

서술어 에고 네트워크는 구조 변이 중 성분 전환의 사례를 보여 준다는 점에서 주목할 수 있다.

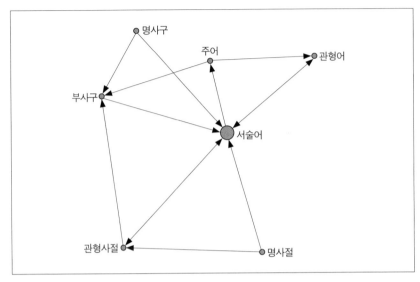

그림 3-20. 서술어 에고 네트워크

서술어와 관형어가 다시 쓰기를 통해 연결될 수 있는 것은 용언이 활용을 하기 때문이다. 다음은 '금지하면'이라는 서술어를 '금지된'이라는 관형어로 바꾼 사례이다.

- 원 문장: 초등학교 1, 2학년에서만 영어 교육을 <u>금지하면</u> 학교 밖에서 영어 교육을 시키게 된다.
- 다시 쓰기 결과: 영어 교육이 <u>금지된</u> 초등학교 1, 2학년은 학교 밖에서 영어 교육을 받게 된다. 〔㉮-A-26〕

실현태로 존재하는 문장 구조를 분석하는 차원에서만 보면, 서술어는 주성분이고 관형어는 부속 성분이라 상호 관련성이 잘 포착되지 않는다. 그러나 인식된 사태를 특정한 문장 구조로 표상하는 구성적 관점에서 보면, '금지하다'라는 동사를 서술어로 사용할 것인지 관형어로 사용할 것인지가 선택항 관계에 놓이게 된다. 학습자들이 다시 쓰기 과정에서 서술어를 관형어로 바꾼 것도 용언의 활용이라는 품사 층위의 인식이 작용한 것으로 볼 수 있다. 이와 유사한 사례를 주술 구조 에고 네트워크에서도 확인할 수 있다.

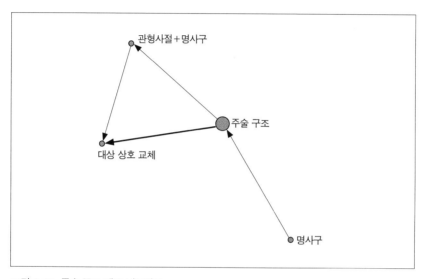

그림 3-21. 주술 구조 에고 네트워크

- 원 문장: 그런데 급식비의 구조를 들여다보면 <u>발상이 잘못됐다</u>는 것을 알 수 있다.
- 다시 쓰기 결과: 그런데 급식비의 구조를 들여다보면 <u>잘못된 발상이 있다</u>는 것을 알 수 있다. 〔㉮-B-136〕

위의 사례는 다시 쓰기 과정에서 주술 구조를 '관형사절+명사'로 교체하였음을 보여 주는데, 이는 서술어를 관형어로 교체하는 유형의 특수한 사례라고 할 수 있다. 이와 같은 사례는 서술어와 관형어를 주성분과 부속 성분이 아닌 새로운 관점에서 재구성할 수 있는 가능성을 보여 준다는 점, 동시에 품사 층위와 문장 성분 층위가 상호 연동하는 양상을 보여 준다는 점에서 그 의의를 찾을 수 있다.

삭제 에고 네트워크는 구조 내 부분 삭제 유형에 해당하는데, 학습자의 사례 분석 결과 부사, 부사구, 부사절, 관형사절 등을 삭제하는 하위 유형이 나타났다.

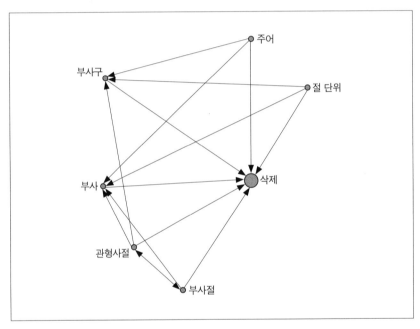

그림 3-22. 삭제 에고 네트워크

삭제 유형은 문법 지식을 새롭게 범주화하지는 않는다. 그러나 사태에 존재하는 구성 요소들 중 어떤 것을 언어로 표현하고 어떤 것을 언어로 표현하지 않을지의 문제와 관련된다는 점에서 주목할 만하다. 즉, 삭제 에고 네트워크의 경우 어떤 문장 성분이 삭제되었는지가 중요하다기보다

는 문장 구조를 구성할 때 사태와 언어 간의 접면을 고려해야 함을 보여
준다는 점에서 그 의의를 찾을 수 있다.

　　대상 상호 교체는 주술 구조에서 주어에 해당하는 내용과 서술어에
해당하는 내용을 상호 교체하거나 관형어와 명사구의 결합에서 관형어와
명사구에 해당하는 내용을 상호 교체하는 방식으로 구조 층위의 변화 없
이 내용만 변화시킨 구조 유지 유형에 해당한다.

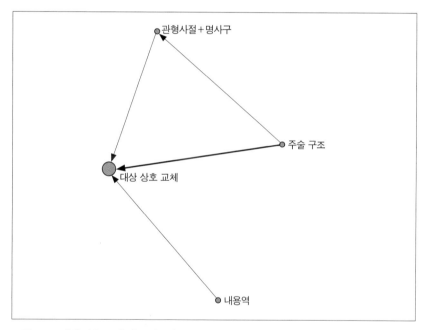

그림 3-23. 대상 상호 교체 에고 네트워크

- 원 문장: 전형적인 사례가 학교급식, 특히 저녁급식이라 할 수 있다.
- 다시 쓰기 결과: 학교급식, 특히 저녁급식이 전형적인 사례라고 할 수
  있다. 〔㉮-B-77〕

이 사례에서 학습자는 '주어+명사구+-이다' 형식을 띤 원 문장의 구조를 유지하면서 주어 자리에 있던 '전형적인 사례'를 '-이다' 앞의 명사구 자리로 옮기고, '-이다' 앞의 명사구 자리에 있던 '학교급식, 특히 저녁급식'을 주어 자리로 옮겼다. 대상 상호 교체는 정보 구조에 대한 학습자의 직관적 인식으로 인하여 나타난 현상이기 때문에, 문장 성분과 같은 통사 구조 개념과, 화제나 초점과 같은 정보 구조 개념을 상호 관련지어 범주화할 수 있는 계기를 제공한다.

(3) 언어 단위 간 통섭적 재구성

언어 단위 간 통섭적(通涉的) 재구성은 다른 언어 단위에 존재하는 문법 항목이 선택항 체계 내에 함께 존재하게 되는 방식을 가리킨다. 언어 단위 간 통섭적 재구성은 '층위 간 통섭, 층위 내 통섭'으로 대별할 수 있다. 전자는 다시 '통사 층위와 텍스트 층위의 통섭, 통사 층위와 형태 층위의 통섭'으로 구분되고 후자는 '절 단위와 구 단위의 통섭, 절 단위와 단어 단위의 통섭'으로 구분된다.

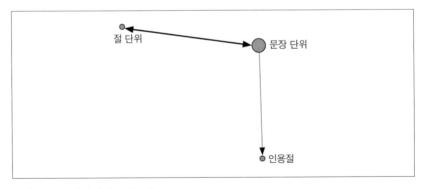

그림 3-24. 문장 단위 에고 네트워크

우선 문장 단위 에고 네트워크를 살펴보면 네트워크상에서 절 단위와 화살표가 양방향으로 연결되어 있어 방향성 측면에서 대칭적 관계에 놓인다. 이는 실현태로 주어진 문장 단위에 주목하여 절 단위를 잠재태로 상정하는 계열화 방식과 절 단위에 주목하여 문장 단위를 잠재태로 상정하는 계열화 방식이 모두 존재함을 의미한다. 절은 문장을 구성하는 단위이고 문장은 텍스트를 구성하는 단위이므로, 절 단위와 문장 단위가 선택항 체계의 구성 요소로 범주화되는 것은 층위 간 통섭 중 통사 층위와 텍스트 층위의 통섭에 해당한다. 문장 단위와 연결된 절 단위 선택항은 대체로 두 개 이상의 문장을 한 문장으로 바꾸는 과정에서 구성된다.

절 단위 에고 네트워크는 문장 단위뿐 아니라 부사, 부사구, 명사구와도 연결된 양상을 보이고 있어 언어 단위 간 통섭적 재구성의 다양한 양상을 보여 준다.

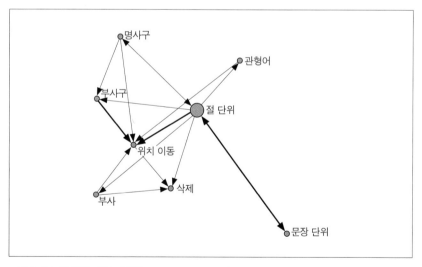

그림 3-25. 절 단위 에고 네트워크

절 단위가 부사구와 연결된 것은 층위 내 통섭 중 절 단위와 구 단위의 통섭에 해당하고, 절 단위가 부사와 연결된 것은 절 단위와 단어 단위의 통섭에 해당한다.

- 원 문장: 남과 북은 올해 추석을 계기로 이산가족 상봉을 진행하고, 앞으로 계속하기로 했으며, 이를 위한 적십자실무접촉을 9월 초에 가지기로 했다.
- 다시 쓰기 결과 1: 남과 북은 올해 추석을 시작으로 이산가족 상봉을 계속 진행하기로 했으며, 이를 위한 적십자실무자접촉을 9월 초에 가지기로 했다. 〔㉮-A-46〕
- 다시 쓰기 결과 2: 남과 북은 올해 추석을 계기로 앞으로 계속 이산가족 상봉을 진행하기로 했으며 이를 위한 적십자실무접촉을 9월 초에 가지기로 했다. 〔㉮-A-57〕

위의 사례를 보면 학습자들은 다시 쓰기 과정에서 '앞으로 계속하기로 했으며'와 같은 절 단위를 '계속, 앞으로 계속'과 같이 부사, 부사구로 바꾸었다.〔더 알아보기 3〕 이처럼 선택항 체계 구성을 매개로 절 단위와 구 단위, 단어 단위를 교체 가능한 쌍으로 범주화함으로써 언어 단위 간 통섭적 관계를 인식할 수 있다.

절 단위 에고 네트워크를 보면 명사구에서 절 단위로 화살표가 향하고 있어 실현태로 구현된 명사구를 매개로 절 단위를 계열화한 사례도 있음을 알 수 있는데, 이 역시 '절 단위와 구 단위의 통섭' 유형에 해당한다.

- 원 문장: 초등학교 1, 2학년 영어 과목 금지가 사교육 과열을 막을 수 있는 적절한 방법이라는 판단은 현실과 동떨어져 있다.

- 다시 쓰기 결과: <u>초등학교 1, 2학년 영어 과목을 금지한다면</u> 사교육 과열을 막을 수 있을 것이라는 생각은 현실적인 판단이 아니다. 〔㉮-B-84〕

부사구 에고 네트워크 역시 관형사절, 종속절, 어근 등 다양한 언어 단위와 연결된 양상을 보여 준다.

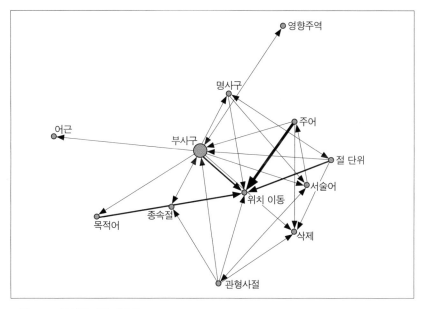

그림 3-26. 부사구 에고 네트워크

부사구와 연결된 여러 선택항 중 어근은 형태론 층위의 개념이라 언어 단위 간 통섭 문제와 관련하여 특히 주목할 만하다.

- 원 문장: 초등학교 1, 2학년에서만 영어 교육을 금지하면 <u>학교 밖에서</u> 영어 교육을 시키게 된다.

• 다시 쓰기 결과: 초등학교 1, 2학년만 공교육 영어 과목을 금지하면 사교육 영어를 시키게 된다. 〔㉮-A-100〕

위 사례에서 학습자는 '학교 밖에서'라는 부사구를 '사교육'의 어근인 '사(私)'로 치환하였다. 통사 층위의 단위인 부사구가 형태론적 단위인 어근과 선택항 체계 차원에서 함께 범주화되었으므로 이는 층위 간 통섭 중 통사 층위와 형태 층위의 통섭 유형에 해당한다. 언어 단위 중심의 정합성만을 기준으로 할 경우 이와 같은 범주화는 일종의 범주 착오로 오해될 수 있으나, 언어 주체의 선택항 구성이 범주 간 넘나듦을 허용한다는 관점에서 보면 기존 문법 지식을 재구성하여 학습자의 문법적 성장에 기여하는 것으로 볼 수 있다.

언어 단위 간 통섭적 재범주화는 문법 지식을 확장적으로 재구성한다. 주세형(2008: 307)에서는 '특정 지식구조에서 중핵을 이루고 있는 범주'를 '지식구조 수렴 범주'로, '설명 대상인 문법 지식구조와 관련이 있긴 하지만 동시에 또 다른 지식구조에서 중핵을 이루는 범주'를 '지식구조 확장 범주'로 설정한 바 있다. 언어 단위 간 통섭적 재구성의 사례는 대부분 특정한 범주 내에서 지식 체계를 구성하고 있는 문법 항목 간의 새로운 범주화에 해당하기 때문에 '지식구조 확장 범주'에 해당하며, 동시에 이 범위가 다층적으로 설정될 수 있음을 보여 준다.〔더 알아보기 4〕

# 4. 문법 문식성의 이론화

이 절에서는 이론화의 유형을 개념적 이론화와 관계적 이론화로 구분하여 문장 구조 차원의 문법 문식성 이론화의 결과를 제시한다.

## 1) 개념적 이론화: 문법 문식성의 속성 구조

문장 구조 차원의 문법 문식성을 이론화하려면 우선 근거이론에서 '이론화'가 의미하는 바가 무엇이고 이론화에 어떤 유형이 존재하는지를 밝힐 필요가 있다. 권향원(2016: 206)에 따르면 근거이론에서의 이론화는 기존 이론의 발전 수준에 따라 다음과 같이 몇 가지로 유형화된다.

표 3-5. 기존 이론의 발전 수준에 따른 이론화 유형(권향원, 2016: 206 참조)

| 기존 이론의 발전 수준 | | 이론화 유형 |
|---|---|---|
| 수준 | 상황 | |
| 낮음 | 특정 현상에 대한 이론들이 매우 희소하게 축적되어 있는 상황에서 연구자가 참조할 수 있는 이론적 앎 부재 | 발견의 맥락, 귀납적 탐색의 원리 지향 |
| 중간 | 기존 이론이 희소하지도 풍부하지도 않은 중간적 상황 | 발견된 개념들과 기존의 개념들을 균형 있게 상호 참조하여 이론을 개선하고 정련 |
| 높음 | 이론들이 매우 풍부하게 축적되어 있는 상황 | 현상으로부터 도출된 개념들이 이론의 틀에 얼마나 부합하는지를 설명적으로 살펴보는 것을 지향 |

문법 문식성은 앞서 연구사에서 밝혔듯 그간 문법교육에서 다양한 유관 개념들에 대한 논의가 이루어져 왔다는 점을 고려할 때 기존 이론이

희소하다고 보기는 어렵다. 그러나 문법 문식성을 이 책과 동일한 관점에서 개념화하여 구체적인 문법 항목에서의 작용 양상을 다룬 연구가 풍부하다고 보기도 어렵다. 기존 이론들의 개념역이 상이하고 토대로 삼고 있는 이론적 관점에도 차이가 있기 때문이다. 따라서 이 책에서는 현 상황을 '기존 이론이 희소하지도 풍부하지도 않은 중간적 상황(intermediate contingency)'으로 보고 '발견된 개념들과 기존의 개념들을 균형 있게 상호 참조하여 이론을 개선하고 정련'하는 이론화 유형을 활용하였다.

개념적 이론화는 이론의 속성 구조를 규명하는 작업을 의미한다. 문장 구조 차원의 문법 문식성의 속성은 그림 3-27과 같이 '대상, 단위, 단계'로 구성된다.

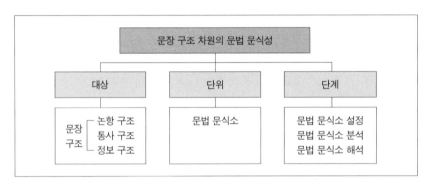

그림 3-27. 문장 구조 차원의 문법 문식성의 속성 구조

문법 문식성이 다층적 문법관을 전제하기 때문에 문법 문식성 관점에서 문장 구조는 논항 구조, 통사 구조, 정보 구조를 포괄하는 광의의 개념으로 규정된다. 문법 문식성은 '사회기호학적 문법관 차원에서 주목을 요하는 텍스트 내 문법적 장치'를 의미하는 문법 문식소를 단위로 삼는다. 마지막으로, 문법 문식성은 문법 문식소의 설정, 분석, 해석의 단계로 구성된다. 문장

구조 차원의 문법 문식 활동의 각 단계는 다음과 같은 속성들로 구성된다.

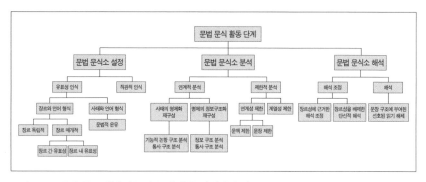

그림 3-28. 문장 구조 차원의 문법 문식 활동 단계의 속성

　문법 문식소의 설정 국면은 유표성 인식에 근거한 맥락화 단서 설정 유형과 직관적 인식에 의존한 문법 표지 설정 유형으로 대별된다. 전자는 다시 장르와 언어 형식 간 관계, 사태와 언어 형식 간 관계로 구분된다. 장르와 관련해서는 장르 독립적 유표성 인식과 장르 매개적 유표성 인식이 존재하고, 후자의 하위 유형으로 장르 간 유표성 인식과 장르 내 유표성 인식이 존재한다. 사태와 언어 형식의 경우 문법적 은유를 통한 사태와 언어 간의 불일치 인식이 유표성을 띤다.

　문법 문식소 분석 국면은 사태-잠재태-실현태의 연계적 분석 유형과 제한적 분석 유형으로 대별된다. 전자는 다시 사태의 명제화 과정 재구성과 명제의 정보구조화 과정 재구성으로 구분된다. 각각은 논항 구조 분석과 정보 구조 분석으로 실행되고, 통사 구조는 두 국면 모두에 관여한다. 한편, 제한적 분석은 연계성 제한 유형과 계열성 제한 유형으로 구분된다. 전자는 다시 문맥 제한적 분석과 문장 제한적 분석으로 나뉜다.

　문법 문식소 해석 국면은 장르성에 근거한 해석 조정 유형과 장르성을 배제한 단선적 해석 유형이 존재하고, 이데올로기 층위에서는 문장 구조에 부여된 선호된 읽기 해체 양상이 나타난다.

문법 문식 활동의 수행 주체를 숙련자와 학습자로 구분하여 단계별 속성 구조를 구축할 수도 있다. 단, 숙련자와 학습자가 이분적으로 구분되는 것이 아니라 경향성 차원에서 구분되는 것이라는 점, 동일한 하위 범주가 공존할지라도 그 의미를 변별적으로 해석해야 하는 사례가 존재한다는 점에 유의해야 한다. 숙련자의 문법 문식 활동의 구조는 그림 3-29와 같이 제시할 수 있다.

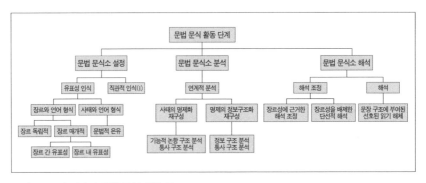

그림 3-29. 숙련자의 문법 문식 활동 구조

문법 문식소 설정 단계에서는 유표성 인식과 직관적 인식이 모두 나타나는데, 숙련자의 직관적 인식(I)은 자동화된 수준을 보여 준다. 이는 그림 3-30에서 볼 수 있듯 학습자의 직관적 인식(II)이 결핍의 속성을 띠는 것과 변별된다. 문법 문식소 분석 단계에서는 제한적 분석보다는 연계적 분석이 이루어지는 경향이 나타났다. 문법 문식소 해석 조정 단계에서는 장르성에 근거한 해석 조정과 장르성을 배제한 단선적 해석이 모두 나타나, 숙련자라 할지라도 장르성을 해석 조정 기제로 충분히 활용하지 못하는 경우가 존재함을 확인하였다. 이 문제는 추후 장르성에 근거한 해석 조정 기제에 관한 연구가 지속적으로 이어져야 함을 시사한다. 해석 단계에서는 분석 결과를 토대로 문장 구조에 부여된 선호된 읽기를 해체하는 양상이 확인되었다.

다음으로 학습자의 문법 문식 활동 구조는 그림 3-30과 같다.

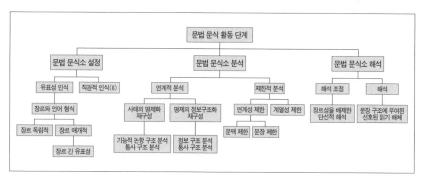

그림 3-30. 학습자의 문법 문식 활동 구조

학습자들은 문법 문식소 설정에 큰 어려움을 겪는 것으로 나타났고, 유표적 인식을 활용하는 경우도 있으나 대체로 직관적 인식을 많이 사용하는 것으로 나타났다. 문제는 학습자들의 직관적 인식(II)은 자동화된 수준을 보이는 숙련자의 인식과 달리 결핍의 속성을 지니고 있다는 점이다. 따라서 학습자들에게는 유표성 인식의 하위 유형 체계를 활용하여 어떤 언어 형식에 주목할 수 있는지를 지도할 필요가 있다. 유표성을 활용한 경우에도 대체로 장르 독립적인 경우가 많았으며, 장르 매개적 유표성의 경우 장르 내 유표성을 활용하는 사례는 나타나지 않았다.

문법 문식소 분석 단계에서는 제한적 분석 유형이 많이 나타났고, 연계적 분석도 나타났으나 숙련자의 수행과 비교했을 때 맹아적 수준을 보여 주는 정도였다. 문법 문식소 해석 단계에서는 주로 장르성을 배제한 단선적 해석이 많이 나타났고, 문장 구조에 부여된 선호된 읽기를 해체하는 양상은 부분적으로 나타났다.

## 2) 관계적 이론화: 문법 문식 활동의 두 방향

문법 문식 활동은 문법 지식의 기능성에 대한 앎을 맥락화할 뿐 아니라, 학습자의 문법 지식을 재구성한다. 여기에서는 이를 문법 문식성의 원심적 지향과 구심적 지향으로 구분하여 이론화한다.

### (1) 원심적 지향: 문법 지식의 기능성 맥락화

문법 문식 활동은 학습자로 하여금 문법 지식의 기능성을 맥락화하게 한다. 여기서 '맥락화'는 특정 문법 형식이 갖는 다양한 기능성 중 어떤 부분이 해당 텍스트에서 활성화되었는지에 대한 언어 주체의 판단을 의미한다. 신명선(2013ㄴ: 79-80)에서는 맥락을 외적으로 주어진 것이 아니라 개인이 인지적으로 구성해 낸 실체(김혜정, 2009, 2011)라고 볼 때, 학습자를 스스로 맥락을 구성하고 자신이 구성해 낸 맥락의 적절성과 타당성을 성찰하는 언어 주체로 세울 수 있다고 보았다.

이 책에서는 맥락을 주어진 것이 아니라 언어 주체가 구성하는 것으로 보는 관점을 보다 명료하게 드러내기 위해서 맥락화라는 용어를 사용한다. 따라서 문법 문식 활동을 통해 학습자는 문법 지식이 가진 다양한 층위의 기능들이 발현되는 맥락을 구분할 수 있게 된다. 예컨대, 학습자는 관형사절을 체언 수식이라는 통사적 기능 층위에서 이해해야 할 경우와 문맥에 따라 전제된 내용으로 이해해야 할 경우, 의도적인 전제화를 통해 독자의 수용성을 높이려는 이데올로기적 기능으로 이해해야 할 경우를 구분하여 인식할 수 있게 된다.

그간 문법 교육과정에서 사용되던 '국어 지식의 적용, 국어 구조의 활용'과 같은 용어는 개념역이 명료하지 않다는 문제가 있었다. '문법 지식의 기능성 맥락화'는 문법 문식성을 통해 학습자가 얻게 되는 능력을 명료하게 표상한다는 점에서 '적용'이나 '활용'보다 문법 문식성에 적합한 용어라 할 수 있다.

문법 문식 활동을 통해 문법 지식의 기능성을 맥락화하는 과정은 언어 형식의 기능을 맥락과 관련지어 확장적으로 이해하는 것이므로, 이 책에서는 이를 문법 문식 활동의 원심적 지향으로 명명한다.

### (2) 구심적 지향: 학습자의 문법 지식 재구성

문법 문식 활동은 학습자의 문법 지식을 재구성한다. 최근 문법교육에서는 학문 문법의 관점에서 이루어진 언어 단위별 구성에서 벗어나 학습자 중심의 문법 지식 구성을 촉진하는 방안에 대한 논의가 이루어지고 있다. 주세형(2006: 129-131)에서 고등학교 문법교과서의 대단원 구성 원리가 언제나 언어 단위 중심이었음을 지적한 것이나, 오현아(2016ㄱ, 2016ㄴ)에서 학문적 언어 단위 중심의 전형적 문법 교과서 단원 구분에서 벗어나 언어 사용자의 문법 이해를 촉진하는 방식으로 문법교육 내용을 재구조화하는 방안을 제안한 것 모두 이러한 논의의 일환으로 볼 수 있다.[25] 이러한 논의들은 주로 교재 층위에서 이루어지고 있으나 궁극적으로는 학습자의 문법 지식 재구성을 지향하는 것으로 교육 목표, 교육 내용, 교재, 교수·학습 방법 층위에서 모두 이루어질 수 있다.

문법 문식성은 학습자의 선택항 구성을 유도함으로써 문법 지식이 언

---

25  오현아(2017: 53-54)에서는 문법 개념들 간의 연계 가능성에 관한 그간의 논의를 종합하여 '유사성, 동일성', '차이성'을 연계의 원리로 제시하면서, "'관형사-관형어-관형절-관형사형 어미'가 '단어'와 '문장'이라는 언어 단위에 종속되어 분절적으로 다루어지고 있으나, '관형성'이라는 개념 아래 언어 단위 중심의 단원을 뛰어넘어 함께 다루어질 수 있다"고 보았다.

어 단위를 넘나들며 계열적 관계를 맺게 한다. 선택항 구성은 장르를 매개로 하는 경우도 있으나 장르 독립적으로 이루어지거나 언어와 사태 간의 관계를 중심으로 이루어지는 경우도 있다. 또한 논항 구조와 정보 구조, 통사 구조 차원에서 문장 구조와 관련된 문법 항목이 다양한 방식으로 결합한다. 문법 문식 활동은 학습자가 자신의 문법 지식을 지속적으로 재구성해 갈 수 있도록 한다. 교육을 통한 학습자의 성장을 '경험의 계속적인 재구성'으로 규정한 존 듀이(John Dewey)의 관점(엄태동, 2001: 65-66)에 따르면, 문법 문식 활동을 통한 학습자의 문법 지식 재구성은 그 자체로 학습자의 교육적 성장이라 할 수 있다.

이상에서 논의한 문법 문식성의 원심적 지향과 구심적 지향은 그림 3-31과 같이 도식화할 수 있다.

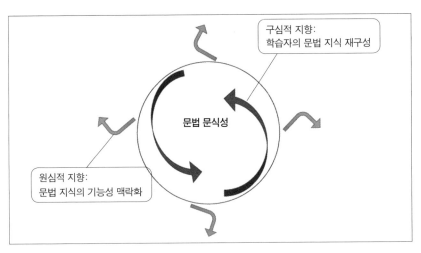

그림 3-31. 문법 문식성의 원심적 지향과 구심적 지향

## [1] 근거이론의 유형별 코딩 단계와 명칭

근거이론의 코딩 과정은 학자에 따라 다른 방식으로 명명되고 각 방식 간에는 차이가 존재한다. 버크스와 밀스(2011/공은숙·이정덕 역, 2015: 104)는 근거이론의 코딩 과정을 1차, 2차, 3차 코딩으로 구분하고 근거이론의 하위 유형에 따른 분류 방식을 다음과 같이 정리하였다.

근거이론 유형별 코딩 단계(Birks & Mills, 2011)

|  | 1차 코딩 | 2차 코딩 | 3차 코딩 |
| --- | --- | --- | --- |
| 글레이저와 스트라우스(1967) | 코딩과 사건의 비교 | 범주와 속성 통합 | 이론 구체화 |
| 글레이저(1978) | 개방 코딩 | 선택적 코딩 | 이론적 코딩 |
| 스트라우스와 코빈(1990, 1998) | 개방 코딩 | 축 코딩 | 선택적 코딩 |
| 차마즈(2014) | 초기 코딩 | 초점 코딩 | 이론적 코딩 |

차마즈는 "단순하고 유연한 지침을 선호하거나 모호성을 감내할 수 있는 사람이라면 축 코딩이 필요치 않을 것"이고 자신은 스트라우스와 코빈이 제시한 형식적 절차를 따라 축 코딩을 사용한 적이 없다고 하면서도 "범주가 보여 주는 경험을 알아 나가면서 범주의 하위 범주를 개발하고 그들 간의 연결을 보여 주곤 했다"는 점을 함께 언급한 바 있다(Chamarz, 2006/박현선 외 역, 2013: 134-135).

즉, 구성주의 근거이론에서 축 코딩이 필수적인 단계로 확립된 것은 아니지만, 범주 간 구분과 연결의 과정은 필요하다. 이 책에서는 축 코딩 단계를 설정하지 않되, 초점 코딩에서 이론적 코딩으로 나아가는 과정에서 범주의 구분과 연결을 보다 유연한 관점에서 수행하는 방식을 취하였다.

### [2] 자료를 강제하는 이론적 개념과 새로운 범주의 출현을 지원하는 이론적 개념 구분하기

켈르(2007: 206-210)에서는 근거이론의 초보 연구자들이 범주 생성 이전에 존재하는 이론적 지식을 활용하는 방법을 적절히 이해하지 못하고 있음을 지적하면서, 자료를 강제하는 이론적 개념과 새로운 범주의 출현을 지원하는 이론적 개념의 구분을 강조하였다. 그는 이론적 범주를 실증적 내용이 적은 이론적 개념(theoretical notion with low empirical content)과 실증적 내용이 많은 이론적 개념(theoretical notion with high empirical content)으로 구분하고, 전자가 다양한 경험적 현상을 설명할 수 있는 유연성이 높기 때문에 근거이론의 범주 생성과 발전에서 해석적 도구(heuristic device)로 사용될 수 있다고 보았다. 그는 블루머(Blumer, 1969)가 제안한 '민감한 개념'이 실증적 내용이 적은 이론적 개념이라고 보고 근거이론의 범주 생성과 발전에서 이를 활용할 수 있다고 보았다.

이 책에서는 기존 이론을 참고하여 유표성과 장르라는 이론적 개념을 문법 문식소 설정 국면의 초기 범주로 활용하여 이를 장르 간 유표성과 장르 내 유표성으로 발전시켰다. 나아가 장르만으로 포착되지 않는 자료를 설명하기 위하여 장르 독립적 유표성과 언어와 사태 간의 불일치를 추가하고 유표성으로 포착되지 않는 사례를 설명하기 위하여 직관적 인식 범주 또한 추가하였다.

## [3] 생성어휘부 이론의 유형 강제와 문장 구조 변환

절 단위가 단어 단위로 교체되는 현상은 문장 구조 변환 시 매우 광범위하게 이루어질 수 있다. 절 단위가 단어 단위로 교체될 때 술어와 논항 간의 표면적인 의미 불일치가 존재하더라도 생성어휘부 이론의 '유형 강제(type coercion)'(Pustejovsky, 1995)와 같은 기제를 통해 의미적 불일치를 극복할 수 있기 때문이다.

예컨대, 최경봉(2015: 26)에서 제시한 "나는 올해 여름방학에 소설을 시작하기로 했다."라는 문장을 "나는 올해 여름방학에 소설 쓰기를 시작하기로 했다."라는 문장과 관련지어 생각해 보자. '소설 쓰기'라는 명사절이 '소설'이라는 단어 단위로 치환되면서 '시작하다'라는 술어와 '소설'이라는 논항 간의 의미적 불일치가 발생할 수 있으나 이는 유형 강제 조건에 의해 해소된다. '소설'이라는 어휘의 속성구조(qualia structure)가 '구성역(constitutive)=이야기, 형상역(formal)=책, 기능역(telic)=읽다, 작인역(作因役, agentive)=쓰다'로 이루어져 있다고 할 때, 작인역의 의미 정보가 작용하면 '소설을 시작하기'가 '소설 쓰기를 시작하기'로 해석될 수 있기 때문이다(최경봉, 2015: 43-44).

유형 강제는 함수에 의해 기대되는 방식으로 논항의 유형을 전환하는 의미적 연산인데, 김윤신(2012: 97-98)에 따르면 상태 동사가 술어로 사용되는 경우에는 유형 강제를 이용한 설명이 가능하지만 동작 동사나 구체 명사가 나타난 경우에는 유형 강제뿐 아니라 은유와 환유 같은 인지적 추론 과정을 추가로 도입한 설명이 필요하다. 이 책에서는 절 단위와 단어 단위가 교체 가능한 쌍으로 범주화될 수 있음을 학습자 수행 자료를 통해 실증적으로 보여 주는 데 초점을 두었다. 향후 절 단위와 단어 단위 간 교체 양상과 조건에 대한 보다 상세한 논의가 이루어질 필요가 있다.

## [4] 언어 단위 간 통섭적 재구성 양상의 하나로서의 '일이관지'

왕문용·민현식(1993)은 기능성에 근거하여 언어 단위 간 통섭적 재구성을 보여 준 사례로 주목할 수 있다. 왕문용·민현식(1993: 209)에서는 명사형 어미와 보편성 의존명사를 '명사화소'라는 관점에서 범주화하고, 관형형 어미와 관형격 조사를 '관형화소'라는 관점에서 범주화하였다. 또한 부사형 어미=연결 어미와 부사격 조사를 '부사화소'라는 관점에서 범주화하였고, 서술형 어미=종결 어미와 '서술격 조사'를 '서술화소'라는 관점에서 범주화하였다. 이와 같은 범주화는 언어 단위를 문법 항목 분류의 단일한 기준으로 삼지 않고 기능성을 기준으로 삼음으로써 언어 단위를 넘나드는 문법 항목들을 하나의 범주로 묶을 수 있음을 보여 주었다는 점에서 주목할 필요가 있다.

한편, 하나의 개념이 다양한 언어 단위를 관통하는 속성을 지니고 있음을 지적한 논의에도 주목할 필요가 있다. 유현경 외(2011: 379)에서는 접속이 "문장의 확대뿐 아니라 다양한 언어 단위의 연결에 쓰이는 기능적 개념"이기 때문에, '접속'이라는 기제를 문장 확대 층위뿐 아니라 문장 확대가 아닌 층위로까지 확장하여 개념화해야 한다고 보았는데, 이는 '절 접속, 구 접속, 단어 접속'을 접속이라는 관점에서 일이관지(一以貫之)함으로써 언어 단위 간 통섭적 재구성의 또 다른 양상을 보여 준다.

최근 문법교육학에서는 언어 단위를 넘나드는 교육 내용 구성에 대해 많은 연구가 이루어지고 있다. 이에 대해서는 주세형(2008), 김은성(2012), 남가영(2012), 제민경(2012), 이관희(2015), 오현아(2012, 2013, 2016ㄱ, 2016ㄴ, 2017) 등의 논의를 참고할 수 있다.

## [1] 질적 자료 분석을 위한 도구의 사용은 항상 효과적인가

버크스와 밀스(2011/공은숙·이정덕 역, 2015: 112-113)는 고라의 사례를 제시하며 자료 분석 소프트웨어가 이미 확정된 코드를 다룰 때 유용한 도구이기는 하지만 근거이론에 입각한 자료 분석 초기에는 새로운 코드를 발전시키는 과정에서 창의성을 억압한다는 느낌을 줄 수도 있음을 지적하였다. 다음은 고라 사례의 일부이다.

나는 이번에는 면담 코드를 컴퓨터로 작성하지 않았다. 대신 각 녹취록의 종이 복사본에 작업을 했다. 줄 코딩을 하고 종이 여백에 현상과 주제에 대해 적어 넣었다. … 핵심 단어와 구는 다른 색깔의 포스트잇에 기록하여 A2 사이즈 플립 차트 시트에 끼워놓았다. … 세 장의 A2 용지가 범주와 코드를 포함한 포스트잇으로 덮이게 되었다. (하략)

이 사례에서 확인할 수 있듯이 질적 연구에서 자료 분석용 소프트웨어의 사용이 필수적인 것은 아니다. 자료 분석에서 중요한 것은 소프트웨어 사용 여부가 아니라 자신이 사용하는 질적 연구 방법을 충분히 이해했는가이다.

## [2] 이데올로기 차원의 해석은 항상 장르 층위를 경유하는가
### : 장르 층위의 해석 조정 기능에 대한 여러 생각들

문법 문식소의 설정 단계에서는 장르 독립적 유표성이 문법 문식소 설정 기제의 하나로서 장르 매개적 유표성과 동등한 위상을 지닌다. 그러나 체계기능언어학에서 맥락을 사용역-장르-이데올로기의 다층적 구조로 규정하고 있어, 이데올로기 층위의 해석은 장르 층위를 경유하여 이루어지게 된다. 따라서 문법 문식소 해석 국면에서는 장르성의 배제 유형을 단선적 해석으로 규정하였다.

언어 형식의 해석 문제는 이관희(2012ㄱ), 제민경(2015)에서 논의된 바 있다. 이관희(2012ㄱ: 204)는 텍스트 구조 파악에 따른 사실적 이해를 층위 1로, 장르 보편적 속성을 지닌 언어 형식을 대상으로 한 표현자의 의도 및 텍스트의 의미 파악을 층위 2로, 장르 특수적 속성을 지닌 언어 형식을 대상으로 한 표현자의 의도 및 텍스트의 의미 파악을 층위 3으로 구분하여 해석의 층위를 상정하였다. 제민경(2015: 216-217)은 활동의 내용을 중심으로 텍스트 표면에 존재하는 단어 층위의 구조적 기능 이해를 층위 1로, 장르성에 따른 문장 층위의 문법 요소의 구조적 기능 분석을 층위 2로, 장르성에 따라 텍스트 이면에 존재하는 덩어리 구성(chunk)의 구성적 기능 해석을 층위 3으로 상정하였다.

이 책에서는 텍스트의 표면과 이면, 명시성과 은폐성, 장르 보편성과 장르 특수성 등을 고려하여 언어 형식 해석의 층위를 구분한 기존 논의에 공감하면서도, 이데올로기를 장르의 상위 층위로 규정한 체계기능언어학의 이론적 틀을 고려할 때, 장르 층위는 해석 조정 역할을 담당하고 비판적 해석은 이데올로기 층위에서 이루어지는 것으로 이론적 틀을 설정하는 것이 적절하다는 관점을 취하였다. 그렇기에 이 책에서는 장르성을 배제한 해석 유형이 장르성에 근거한 해석 조정 유형과 별도의 해석 층위에 존재하는 것이 아니라 그것의 결핍형으로 존재하게 된다.

# 문법적 안목으로 세상 보기를
# 위한 마중물

들어가며

 Ⅳ장에서는 문법 문식성이 교육 내용으로서 어떤 성격을 갖는지 논의하고, 어떤 순서로 교육이 이루어져야 할지 설명한다.

 문법 문식성 교육은 명제적 지식을 단순 나열하여 암기하는 방식으로 이루어질 수 없다. 문법 문식성은 인식 활동의 일종으로 '활동'을 통해 이루어지는 수행적 지식의 속성을 지니고 있기 때문이다.

 문법 문식성을 어떤 순서로 가르쳐야 할지도 중요한 문제이다. Ⅳ장에서는 학습자의 문법 지식을 재구성하는 것을 목적으로 한 경우와 학습자의 문법 지식을 맥락화하는 것을 목적으로 한 경우를 나누어 구체적 사례와 함께 교육 순서를 제시한다.

 문법 문식성은 결국 문법적 안목으로 텍스트, 나아가 세상을 바라보는 활동이라고 할 수 있다. 따라서 문법 문식성 교육 내용은 문법적 안목으로 세상을 바라볼 수 있는 능력과 태도를 기르기 위한 마중물에 비유해 볼 수 있을 것이다.

# 1. 문법 문식성 교육 내용의 두 측면

교육 내용 선정은 교육을 통해 달성하고자 하는 목표와 교육 내용화되는 지식의 두 가지 측면을 고려하여 이루어진다. 즉, 교육 내용 선정은 이론적 층위에 존재하는 내용 중에서 교육 목표와 관련되는 몇 가지 항목들을 단순히 선택하는 것이 아니다. 선정 대상이 되는 지식이 어떤 속성을 지니고 있는지가 먼저 규명되어야 해당 지식의 성격에 부합하는 교육 내용화가 이루어질 수 있는 것이다. III장에서 문장 구조 차원의 문법 문식활동을 이론화하였음에도 불구하고, 교육 내용 선정을 위해 문법 문식 활동에서 요구되는 지식의 성격을 논의하는 작업이 별도로 필요한 것도 이때문이다.

유의미한 교육 내용을 선정하려면 문법 문식소의 설정, 분석, 해석의 세 국면으로 이루어지는 문법 문식 활동의 각 국면에서 요구되는 지식에는 어떤 것들이 있는지, 그리고 각각의 지식이 어떤 성격을 지니고 있는지가 우선 규명되어야 한다. 또한 이를 토대로 교육 내용을 선정하는 방식에 대한 논의도 필요하다.

문법 문식소 설정은 유표성에 대한 인식을 바탕으로 이루어진다. 이는 유표성 유형에 대한 지식과 이러한 지식에 기반한 판단으로 구성된다. 문법 문식소 설정을 단순히 유표성 유형 목록과 같은 명제적 지식으로 환원하지 않고 판단을 포함한 인식으로 보는 것은, 지식만으로는 실제 수행이 이루어질 수 없기 때문이다. 마이클 오크쇼트(Michael Oakeshott)는 지식을 기법적 지식과 실제적 지식으로 구분하였는데, 전자는 명제의 형태로 엄밀한 명문화가 가능한 지식인 데 반해 후자는 오직 사용되는 과정을 통하여 그 존재가 드러나는 지식을 가리킨다. 다시 말해 실제적 지식은 활동의 심층에서 원천으로 작용하는 지식으로, 구체적 활동에서 기법적 지식이 발휘되도록 하는 마음의 묵시적, 자연적 측면을 가리킨다(차미란, 2003: 145-146, 187).

그런데 오크쇼트(Oakeshott, 1962: 10-11)에서는 실제적 지식이란 그 것을 실행하고 있는 사람과의 계속적인 접촉을 통해서만 획득될 수 있으며, 따라서 실제적 지식을 얻는 유일한 방법은 도제 생활(apprenticeship to a master)이라고 보았다(장상호, 2000: 355; 차미란, 2003: 182). 엄밀한 의미의 도제 생활은 일반적인 학교 교육에서 온전히 실현하기 어렵기 때문에 이러한 오크쇼트의 주장은 도제 생활이라는 형식 그 자체를 강조했다기보다는 도제 생활에서 지식을 대하는 태도와 전수 방식의 본질적 측면을 강조한 것으로 해석하는 것이 온당하다. 장상호(2000: 356)에 따르면 도제의 개념은 근래 사회적 구성주의 시각에서도 활용되고 있는데, 이처럼 도제를 강조하게 된 배경에는 언어주의를 경계하려는 의도가 담겨 있다. 따라서 실제적 지식 교육의 본질은 도제 생활이라는 형식이 아니라 도제적 실천성의 원리, 즉 실제적 지식의 교수와 학습이 언어적인 것 이상의 실천을 요구하는 데(엄태동, 1998; 장상호, 1998; 김지현, 2000ㄱ: 158) 있다고 해석하는 것이 바람직하다.

이러한 점을 고려할 때 문법 문식소 설정에 관한 교육 내용은 유표성 유형 목록이라기보다는, 이를 바탕으로 설계된 수행 과제와 과제의 수행을 통해 문법 문식소 설정에 관여하는 실제적 지식을 익힐 수 있도록 하는 교육어의 결합으로 이루어진다. 교육어는 실제적 지식이 언어적 소통을 매개로 한 지식점유과정(appropriation)을 통해 전수될 수 있음을 전제로 하여 교육본위론적 관점에서 제안한 개념(장상호, 1997, 1998; 김지현, 2000ㄴ)으로, 최근 문법교육에서도 교육어에 대한 연구(박진, 2011; 심현아, 2013)가 이루어지고 있다.

문장 구조 차원의 문법 문식소 분석은 논항 구조, 통사 구조, 정보 구조의 선택항 체계를 계열화하는 능력을 요구한다. 이러한 능력은 문장 구조 차원의 선택항 체계 목록에 대한 지식과 실현태로 제시된 언어 형식을 매개로 어떠한 잠재적 선택항을 구성할지에 대한 지식이라는 두 요소로 구성된다. 전자는 일정한 방식으로 구조화된 목록이라는 점에서 기법적 지식에 해당하고, 후자는 명제적 지식으로 환원되기 어려운 수행적 성격을 지니고 있으므로 실제적 지식에 해당한다. 목록으로서의 문장 구조 선택항 체계는 그 자체로 수행적 성격을 띠는 것은 아니지만 문법 문식소 분석의 기반이 되는 기법적 지식으로 작용한다는 점에서 명시적인 교육 내용으로 제시해야 한다. 동시에 계열화 과정이라는 실제적 지식은 앞서 언급한 대로 체계적으로 설계된 수행 경험을 교육어와 함께 지속적으로 제공함으로써 학습자가 내면화할 수 있도록 해야 한다.[1]

문법 문식소 해석은 장르 층위에서의 해석 조정과 언어 형식에 대한 이데올로기 층위의 해석 부여라는 두 차원으로 구분된다. 장르 층위에서의 해석 조정은 특정한 논항 구조, 통사 구조, 정보 구조가 가진 의미기능의 발현 여부를 장르와의 관련성을 기준으로 판단한다는 점에서 절차적 지식의 속성을 지닌다.〔쟁점 탐구 1〕마르자노와 켄들(Marzano & Kendall, 2007/강현석 외 역, 2012: 64-65)은 신교육목표분류학의 정신적 절차 영역에

---

1 　문법 문식성의 관점에서 구조화된 선택항 체계는 학습자의 문법 지식 재구성을 촉진하는 성격을 지니고 있다. 이와 같은 선택항 구성은 구조주의 문법관에 입각한 문법 지식의 범주를 기능적 관점에서 재편한 것이기 때문이다. 문법 지식의 재구성은 구성주의의 지류인 인지유연화 이론에서 제안한 '교차조망(criss-crossed landscape)'(Spiro et al., 1987) 개념에 의해서도 지지된다. 교차조망은 학습자들이 지식 영역을 여러 방식으로 상호 교차하여 다양한 관점에서 지식을 보게 하고 지식의 다각적 상호연계성을 파악하게 하는 방식을 의미한다(Steffe & Gale, 1995/이명근 역, 2005: 131-132). 문법 문식성 교육에서는 구조주의 문법관에 의한 문법 지식 범주의 교육적 가치를 인정하면서 기능적 관점의 선택항 체계를 이차적 범주화인 '재범주화'로 설정하여, 교차조망적 재구성이 가능하도록 하였다.

관한 논의에서 앤더슨(Anderson, 1983)의 관점을 수용하여 절차적 지식이 '만약(if) ~, 그렇다면(then)'의 산출 구조로 되어 있다고 보았다. 예컨대, 만약 주어가 생략된 형태의 문장 구조를 해석할 때 해당 문장이 외교적 성격의 텍스트에 사용되었다면, '주체' 명시 문제가 중요하게 부각되어 '주어'의 제시/생략을 이데올로기적으로 해석하게 될 가능성이 높아진다.

신교육목표분류학의 논의에 따르면 이와 같은 절차적 지식을 획득하는 과정은 '인지적(cognitive) 단계, 연합적(associative) 단계, 자율적(autonomous) 단계'의 세 단계로 구분된다(Marzano & Kendall, 2007). 인지적 단계에서 학습자는 절차를 언어로 설명할 수 있으나 수행은 미숙하다. 연합적 단계에서는 언어적 시연 조정에 의해 초기 오류가 사라지고 수행이 부드럽게 이루어진다. 자율적 단계에서 절차는 자동적으로 이루어진다.

장르 층위에서의 해석 조정은 절차적 지식의 속성을 지니므로 해당 절차에 대한 언어적 설명만으로는 온전한 교육 내용으로 성립할 수 없다. 자율적 단계가 절차적 지식이 내면화된 상태라고 본다면, 인지적 단계는 절차적 지식을 언어적 차원에서 이해했을 뿐 수행 차원에서는 숙달하지 못한 상태라고 할 수 있다. 연합적 단계에서 비로소 언어적 조정에 의해 수행의 숙달이 이루어진다는 점을 고려하면 절차적 지식을 교육 내용으로 삼을 때에는 해당 절차에 대한 언어적 설명과 함께 수행 과제와 언어적 조정 경험도 제공해야 한다.

이상에서 논의한 내용을 바탕으로 문장 구조 차원의 문법 문식 활동의 국면별 지식이 갖는 성격을 정리하고, 이에 따른 교육 내용의 범주를 제시하면 표 4-1과 같다.

표 4-1. 문법 문식 활동 국면별 지식의 성격 및 교육 내용의 범주

| 문법 문식<br>활동의 국면 | 지식의 성격 | 교육 내용의 범주 |
|---|---|---|
| 문법 문식소<br>설정 | • 유표성 체계 – 기법적 지식<br>• 유표성 판단 – 실제적 지식 | • 유표성 체계에 기반을 둔 문법<br> 문식소 설정 과제<br>• 연계적 인식 및 언어적 중재 |
| 문법 문식소<br>분석 | • 문장 구조 선택항 체계 – 기법적 지식<br>• 계열화 방식 판단 – 실제적 지식 | • 논항 구조, 통사 구조, 정보 구조의<br> 선택항 체계 목록<br>• 계열적 인식 및 언어적 중재 |
| 문법 문식소<br>해석 | • 장르 층위의 해석 조정 및 이데올로기<br> 층위의 해석 – 절차적 지식 | • 해체적 인식 및 언어적 중재 |

　　문법 문식성 관점의 문장 구조 교육 내용은 각 국면별 지식의 성격을
고려하여 범주화된다. 설정 국면의 교육 내용은 유표성 체계 그 자체가 아
니라 이에 근거한 문법 문식소 설정 과제와 과제 수행 과정에서의 연계적
인식이 일차적 교육 내용이 된다. 이 과정에서 학습자가 문법 문식소 설정
을 위한 실제적 지식을 획득하도록 하기 위해 언어적 중재가 이루어진다.
분석 국면의 교육 내용은 논항 구조, 통사 구조, 정보 구조의 선택항 체계
목록과 이를 바탕으로 한 계열적 인식이 일차적 교육 내용이 된다. 여기에
더해 앞선 설정 국면과 마찬가지로 문법 문식소 분석 능력 함양을 위한
언어적 중재가 교육 내용으로 추가된다. 해석 국면의 교육 내용은 해체적
인식과 이에 대한 언어적 중재로 이루어진다.


## 1) 실천을 위한 수행적 지식: 문장 구조 선택항 체계의 사례

　　문장 구조의 선택항 체계는 구조화된 문법적 자원 목록으로, 그 자체
가 바로 교육 내용이 되는 것은 아니다. 하지만 문법 문식성 교육 내용 구

성을 위해서 반드시 필요하다. 체계기능언어학의 사회기호학적 담론 차원의 문법교육 논의를 중간 범위 이론으로 체계화하기 위해서는 문장 구조의 선택항 체계를 우선 규명해야 한다. 그래야 이를 기반으로 한 문법 문식소의 연계적 인식, 계열적 인식, 해체적 인식 활동이 교육 내용으로 구체화될 수 있다.

이 책에서는 문장 구조를 논항 구조, 정보 구조, 통사 구조를 포괄하는 다층적 개념으로 규정하고 있기 때문에 선택항 체계 역시 각 구조별로 나누어 살펴볼 수 있다.[2] 문장 구조의 선택항 체계는 이론적 논의와 숙련자의 선택항 체계를 참조점으로 삼지만 이것이 그대로 교육 내용이 되는 것은 아니다. 학습자의 선택항 체계에 대한 이해가 병행되어야 학습자를 숙련자의 선택항 체계로 이행시키기 위한 교육 내용 선정이 가능하기 때문이다. 민병곤(2001: 435-436)은 로버트 보그랑드(Robert Beaugrande)의 논의를 바탕으로 다음과 같이 복수의 선택항 체계를 설정하는 것이 가능함을 지적한 바 있다.

(a) 전체 언어에 의해서 제공된 선택항

(b) 선별된 담화 영역, 텍스트 유형, 또는 문체에 관련된 선택항

(c) 진행 중인 맥락과 상황에 관련된 선택항

(d) 텍스트를 생산하거나 수용하는 참여자들에 의해서 실제로 고려되는 선택항

(민병곤, 2001: 435-436)

...............

2   앞서 설명한 바와 같이 논항 구조는 의미 층위와 통사 층위의 접면에 위치하고, 정보 구조는 화용 층위에 존재하는 동시에 통사 층위와 접면을 이루고 있다. 이 책에서는 논항 구조, 정보 구조, 통사 구조를 구분하여 선택항 체계를 제시하였으나, 각 구조는 이처럼 상호 접면을 형성하고 있기 때문에 논항 구조의 선택항 체계와 정보 구조의 선택항 체계에는 접면 현상이 포함된다.

이 중 (a), (b), (c)는 이론적 논의와 숙련자의 문장 구조 선택항 구성을 통해 도출될 수 있지만, (d)는 숙련자뿐 아니라 학습자의 선택항을 함께 고려해야 확인할 수 있다. 이러한 점을 참고하여 이 장에서는 이론적 논의와 숙련자의 선택항 체계를 기반으로 정합적인 문장 구조 선택항 체계를 구축하되, 학습자의 선택항 구성 사례를 함께 고려하여 교육 내용을 선정한다.

문장 구조의 선택항 체계 목록을 기존 교과서의 그것과 비교하는 작업도 병행한다. 선택항 체계 및 문법 문식성에 대한 인식이 없더라도 피동이나 능동과 같은 문장 구조 선택항은 기존 교과서에 대체로 반영되어 있다. 이를 이 책에서 구축한 교육 내용으로서의 문장 구조 선택항 체계와 비교해 보면 어떤 내용이 추가되고 재구조화되었는지, 또 어떤 점에서 새로운 교육적 위상을 부여받았는지 등을 확인할 수 있다.

(1) 논항 구조 선택항 체계

① 역학 관계 중심의 선택항 체계

기존 교육에서 논항 구조는 주로 서술어의 자릿수를 논하는 국면에서 다루어져 왔다. 예컨대 『독서와 문법』 교과서 문장 성분 단원에 실린 다음과 같은 내용은 논항 구조가 서술어 자릿수 개념으로 제한되어 있음을 잘 보여 준다.

○ 서술어의 자릿수

서술어는 그 성격에 따라서 필요로 하는 문장 성분의 개수가 다르다.
이를 서술어의 자릿수라 한다.

- 한 자리 서술어: '예쁘다'와 같이 주어만을 요구하는 서술어.
  예) 그녀는 예쁘다.
- 두 자리 서술어: '보다', '같다', '아니다'와 같이 주어 이외에 목적
  어, 부사어, 보어 중에서 한 성분을 필수적으로 요구하는 서술어.
  예) 그는 연극을 보았다. 정직은 보배와 같다. 이것은 정답이 아니다.
- 세 자리 서술어: '빌리다'와 같이 주어, 목적어, 부사어의 세 가지
  성분을 요구하는 서술어.
  예) 영수가 주희에게 연필을 빌렸다.

(한철우 외, 2013: 125)

오현아(2016ㄴ)는 서술어의 자릿수 개념이 문법교육에서 '한 자리 서술어, 두 자리 서술어, 세 자리 서술어'로 서술어를 하위 구분하는 데에만 한정적으로 사용되고 있다는 점에 문제를 제기하고, 서술어의 자릿수를 중심으로 '자동사, 타동사, 필수적 부사어, 보어, 능격동사, 기본 문형, 서술어의 항가 변화, 능동과 피동, 주동과 사동' 등 관련 문법 개념들을 연관지어 제시할 수 있는 가능성을 제안한 바 있다. 논항 구조는 교과서에서 주로 서술어 자릿수 개념 차원에 한하여 다루어져 왔으나,『독서와 문법』교과서에서는 피동과 같은 문법 요소를 설명할 때 의미역 층위의 표현 효과가 다루어지기도 하였다.

○ 피동문의 특성

　피동문은 주어로 나타나는 피동작주에 초점이 가기 때문에 동작주의 동작성이 잘 드러나지 않는 의미 특성을 가진다. 예를 들어 '사람이 개에 물렸다.'라는 문장에서는 피동작주인 '사람'에 초점이 가게 되어 동작주인 '개'의 행위가 적극적으로 표현되지 않는 것이다.

(윤여탁 외, 2013: 134)

　피동문은 행동을 입는 대상 중심으로 상황을 표현해야 할 때 쓰인다. 그리고 피동문은 행동의 주체를 부각하지 않는 효과를 수반하므로, 행동의 주체가 모호하거나 주체를 드러내고 싶지 않을 때 쓰기도 한다.

(이도영 외, 2013: 143)

　위와 같은 사례는 피동문이 대상역 중심으로 문장을 구성한다는 점과 이에 따라 행위주를 드러내지 않거나 행위주의 동작성을 약화시켜 표현한다는 점을 설명하고 있어 의미역 구조와 의미기능을 활용한 것으로 볼 수 있다. 이러한 내용이 교과서에 반영된 것은 2009 개정 국어과 교육과정에서 피동과 같은 문법 요소의 의미기능을 교육 내용 요소로 포함하고 있기 때문이다.[3]

　이러한 사례는 피동을 다루는 자리에서 논항 구조를 활용하고 있다는 점에서 의의가 있으나, 논항 구조가 피동이라는 현상에 제한적으로 활용

--------

3　교과서는 '교육과정 상세화'라는 틀에 입각하여 이를 역추적하는 방식으로 분석되어야 한다(주세형, 2014ㄱ: 689-690). 교육과정을 판단 기준으로 하여 교과서를 분석하는 패러다임은 정혜승(2002ㄱ, 2002ㄴ)을 참고할 수 있다.

되고 있어 논항 구조 선택항 체계에 대한 조망적 관점을 제공하지는 못한다는 점에서 한계를 보인다. 학습자가 피동에서 드러나는 행위주의 행위성 약화와 같은 기능을 피동이라는 특정 현상에 국한하여 이해하는 것이 아니라, 보다 일반적인 차원에서 이해하여 다양한 문장 구조에 활용할 수 있도록 교육 내용을 선정할 필요가 있다. 또한 피동에서 대상역을 부여받은 대상이 주어가 되는 현상 역시 당연한 것으로 수용하지 않고, 문법 문식성의 선택항 체계에 근거하여 이러한 현상이 유표적인 현상이고 이에 따라 문법 문식소로 설정되어 특별한 주목을 받게 된다는 점을 이해하도록 교육 내용을 설계해야 한다. 이러한 점을 고려하여 문법 문식성 교육을 위한 논항 구조 선택항 체계를 표 4-2와 같이 제시할 수 있다.

표 4-2. 역학 관계 중심의 논항 구조 선택항 체계

| 기제 | | 선택항 체계 | |
| --- | --- | --- | --- |
| | | 사태 충위-논항 구조 접면 | 논항 구조-통사 구조 접면 |
| 포함/배제 | | ┌ 참여자 포함: 논항으로 실현<br>└ 참여자 배제: 논항으로 미실현 | ┌ 논항 실현: 통사 지위 부여<br>└ 논항 미실현: 통사 지위 미부여 |
| 배제 | 정도성 | | ┌ 통사 구조상 완전히 배제<br>└ 생략 또는 잠재논항(반논항) |
| 포함 | 역할<br>할당 | ┌ 능동적 역할: 행위주역<br>└ 수동적 역할: 대상역 | ┌ 무표적 실현: 행위주역 → 주어<br>  예) 능동, 타동<br>└ 유표적 실현: 대상역 → 주어<br>  예) 피동, 자동 |
| | 표상<br>방식 | ┌ 인간화: 행위주역, 수혜주역<br>└ 비인간화: 도구역 | |

이 절에서는 의미역을 역학 관계 차원과 공간 차원으로 구분한 박진호(1994: 87-88)를 참고하여 우선 역학 관계 중심의 논항 구조 선택항 체계를 설계하였다. 또한 논항 구조는 통사 구조 뿐 아니라 사태 차원과도 접

면을 형성하고 있기 때문에 사태 층위-논항 구조 접면, 논항 구조-통사 구조 접면의 두 측면을 모두 포괄한 선택항 체계를 제시하여 논항 구조가 통사 구조 및 사태 차원과 형성하고 있는 접면에서 발생하는 현상을 종합적으로 고려할 수 있도록 하였다.

논항 구조 선택항 체계는 포함/배제에 의해 일차로 구분되고, 배제의 경우 정도성에 의해, 포함의 경우 역할 할당과 표상 방식[더 알아보기 1]에 의해 이차로 구분된다. 표 4-2의 선택항 체계 중 사태 층위-논항 구조 선택항은 기존에 교육 내용으로 다뤄지지 않았던 항목이 문법 문식성 교육 차원에서 새롭게 추가된 내용이다. 논항 구조에 대한 논의가 주로 통사 구조와의 관련성 속에서 논의되었기 때문에 사태 층위와 관련한 논의는 교육 내용에서 소외되어 왔다. 그러나 맥락을 언어 외적 산물이 아니라 언어의 상위 층위로 규정하고 맥락이 언어화되는 기제를 다루는 체계기능언어학의 사회기호학을 이론적 배경으로 삼는 문법 문식성 교육에서는 논항 구조와 사태 층위와의 접면이 중요하게 부각된다.

사태 층위-논항 구조 선택항 체계를 통해 학습자는 다음과 같은 활동을 수행할 수 있다.

- 실제 사태에서의 참여자가 논항으로 실현되어 언어 표현에 포함되었는가?
- 실제 사태에서의 참여자가 능동적 역할을 부여받았는가, 수동적 역할을 부여받았는가?
- 실제 사태에서의 참여자가 인간으로 표상되었는가 아니면 다른 방식으로 표상되었는가?

논항 구조-통사 구조 선택항 체계에는 새롭게 추가되는 항목과 기존 교육 내용이 재구조화되는 항목이 공존한다. 예컨대 논항이 통사적으로 미실현되었을 때 통사 구조상 완전히 배제된 경우와 해당 논항이 실현될 자리는 있지만 생략되거나 잠재논항으로 존재하는 경우를 선택항으로 구축한 것은 새로운 교육 내용에 해당한다.

잠재논항 혹은 반논항 개념은 국어학적으로는 꾸준히 논의되었으나 학교 문법에서는 활용되지 않았다. 여기에는 논항의 하위분류가 고등학교 수준을 넘어선 개념이라는 암묵적 판단이 존재했을 것이다. 그러나 국어학적으로 규정하기 어려운 개념이라 할지라도 문법교육적 차원에서는 교육 내용으로서 가치를 지닐 수 있다. 잠재논항은 앞서 논의한 대로 논항과 부가어를 이분법적으로 구분하는 데 문제를 제기하고, 항가 의존성(이병규, 1994, 1998), 논항성, 논항적 가치(이선웅, 2005: 42-43, 2012: 225)라는 정도성 개념을 도입하여 설정된 개념이다. 문법 문식성은 체계문이 아닌 쓰임문을 다루기 때문에 논항을 정도성의 문제로 보는 관점이 필요하다. 또한 잠재논항 개념을 도입하면 특정 참여자 논항이 통사적으로 실현되지 않은 문장을 매개로 잠재논항이 통사적으로 실현된 문장을 잠재적 선택항으로 계열화할 수 있다. 이러한 이유로 문장 구조 차원의 문법 문식성 교육에서 잠재논항을 교육 내용에 포함하는 것이 필요하다.

생략 현상은 기존 교육에서도 다루어지긴 했지만, 논항 구조-통사 구조 선택항 체계에 포함되어 문법 문식성 교육 차원에서 새로운 문법교육적 위상이 부여되었다. 생략은 통상 맥락에 의해 복원 가능할 때 문장 성분이 통사적으로 실현되지 않을 수 있음을 설명하는 수준에서 다루어져 왔다. 이러한 설명은 현상 그 자체에 대한 기술적 진술이 될 수는 있지만, 해당 현상을 학습자가 문법적으로 유의미하게 활용할 수 있도록 하는 방식은 아니었다. 그러나 문법 문식성 관점에서는 생략이 장르 층위의 해석 조정을 거쳐 유표성을 띤 것으로 판단되면 이데올로기 층위의 해석으로 이어질 수도 있기 때문에, 통사적 실현과 선택항을 이룬다는 점에서 유의미한 교육 내용이 된다.

한편, 능동과 피동, 타동과 자동을 무표적 실현과 유표적 실현으로 재정렬하여 선택항 체계를 구축한 것은 기존 교육 내용을 재구조화한 사례이다. 기존 교육 내용에서는 피동을 의미역 층위에서 설명하며 표현 효과를 논의하였다. 그러나 이에 대한 조망적 관점이 제공되지 않았고, 왜 피동 표현이라는 문법적 장치에 주목해야 하는지에 대한 이론적 기반이 정립되어 있지 않았다. 타동과 자동의 경우 동사의 하위 유형으로 언급되었을 뿐 의미역 차원에서 타동과 자동이 선택항 체계를 이룬다는 점은 논의되지 못하였다.

앞의 표 4-2에서 제시한 바와 같이 '행위자는 통사 구조의 주어로 연결된다.', '대상은 통사 구조의 목적어로 연결된다.'라는 연결 이론의 대응 규칙(양정석, 2002: 314)을 적용하여 행위주역이 주어로 실현되는 능동과 타동을 무표적으로 처리하고 대상역이 주어로 실현되는 피동과 자동[4]을 유표적으로 처리하면, 후자가 유표성 원리에 의해 문법 문식소로 주목을 받게 된다. 이러한 방식의 선택항 체계 구축은 피동, 자동과 같은 문법적 장치에 주목하여 이를 분석하고 해석하는 활동이 필요한 근거를 이론적 차원에서 제공해 준다. 또한 피동에 국한되어 적용되었던 논항 구조 층위의 분석을 관련 통사 구조까지 확대하여 적용할 수 있도록 한다는 점에서 기존 교육 내용과 변별된다.

이에 더하여 능동과 피동, 자동과 타동으로 짝지어진 교육 내용에 다음과 같이 능동과 타동, 피동과 자동이라는 새로운 조합을 추가하여 문법

---

4  물론 모든 자동문의 주어가 대상역인 것은 아니다. 여기서는 대상역이 주어로 실현되는 자동문을 유표적으로 처리하고 있다.

개념 간 연결 관계를 다각화했다는 점에서도 문법교육적 의의를 찾을 수
있다.

표 4-3. 문법 개념 간 연결 관계의 다각화

| 기존 교육 내용 | 이 책에서 제안한 교육 내용 |
|---|---|
| ┌ 능동     ┌ 자동<br>└ 피동     └ 타동<br><br>※능동과 피동, 자동과 타동의 쌍이 별도로<br>존재함. | ┌ 능동 ╳ 자동 ┐<br>└ 피동 ╳ 타동 ┘<br><br>※능동과 피동, 자동과 타동의 선택항 체계를<br>유지하는 동시에 무표적 실현이라는 관점에서<br>능동과 타동을, 유표적 실현이라는 관점에서<br>피동과 자동을 관련지어 이해하게 됨. |

교육 내용을 위와 같이 구성하면 무표적 실현이라는 관점에서 능동과
타동을, 유표적 실현이라는 관점에서 피동과 자동을 관련지어 이해하게
되므로 학습자는 기존에 가지고 있던 문법 지식을 재구조화하게 된다.

교육 내용 선정을 위해서는 학습자의 선택항 체계도 함께 고려할 필
요가 있다. 이 책에서는 학습자의 역학 관계 중심 논항 구조 선택항 체계
로 '기본적 구성, 유의 관계 활용 시도, 수행과 인식 괴리, 복합적 구성' 등
의 유형이 확인되었다.

표 4-4. 학습자의 역학 관계 중심 논항 구조 선택항 체계 유형

| 유형 | 사례 |
|---|---|
| 기본적 구성 | • 능동과 피동 선택항 체계 구성 〔㉮-A-20〕 |
| 유의 관계 활용 시도 | • 체계기능적 방법을 사용하지 않고 유의 관계를 통한 선택항 구성 시도로<br>어려움을 겪음 〔㉮-A-132〕 |
| 수행과 인식 괴리 | • 다시 쓰기를 통해 행위주를 배제하면서도 이를 인식하지 못하고 학습자<br>수준을 고려한 어휘 교체로만 인식함 〔㉮-A-10〕 |
| 복합적 구성 | • 기능어와 기능어가 아니라 기능어와 내용어가 선택항 체계를 이룸<br>〔㉮-B-122〕 |

능동과 피동을 선택항으로 하는 체계를 구성한 기본적 구성 유형도 있지만, 아래와 같이 체계기능적 방법을 사용하지 못하고 다시 쓰기 과정에서 유의 관계를 활용하여 대체 가능한 어휘를 찾으려 시도한 사례도 있다. 이러한 사례를 고려하면 논항 구조 선택항 체계를 교육할 때 우선 선택항 체계에 대한 개념 자체를 중요한 교육 내용으로 다루어야 함을 알 수 있다.

기사에서 다룬 단어와 비슷한 것을 생각해 내는 게 어려웠고 생각해 낸 단어를 썼을 때 어울리는 또 다른 단어를 생각해서 문장을 짜 맞추는 점에서 문장 구조와 어휘가 많이 어렵다는 것을 느꼈다. 또한 문장을 만들어가면서 적당한 길이도 생각해야 하는 것에서 문장 구조에 대한 이해가 더 멀게 느껴졌다. 〔㉮-A-132〕

수행과 인식의 괴리를 보이는 아래와 같은 유형도 마찬가지로 논항 구조 선택항 체계에 대한 개념 이해가 필요함을 시사한다.

원 글에서는 '저녁 급식을 없애면 많은 사람들이 항의할지 모른다.'라고 서술된다. 글쓴이의 의도는 독자의 연령층을 고려한 어휘와 표현의 사용이라고 생각한다. 분명 글쓴이는 예상 독자를 고등학생, 혹은 그 이상으로 고려했을 것이다. 그러나 고등학생의 수준을 고려한다면 이보다 더 수준 높은 어휘를 사용해도 무리가 없을 것으로 생각한다. 예를 들어 저녁 급식은 현재 시행되고 있는 '제도'의 일종으로서, 제도와 관련되어 쓰이는 어휘인 '폐지'를 사용하고, '항의'보다는 조금 더 상위 수준의 어휘인 '비판'이라는 용어를 활용하는 편이 더 적절하다. (원 문장: 저녁급식을 없애면 많은 사람들이 항의할지 모른다. / 다시 쓰기 결과: 저녁 급식 제도의 폐

지가 이루어질 시, 분명 이에 대한 비판은 불가피한 사항이다.) 〔㉮-A-10〕

　　위의 사례에서 학습자는 다시 쓰기 과정에서 '많은 사람들이 항의할
지 모른다'라는 절을 '이에 대한 비판'으로 바꾸어 행위주를 논항에서 배
제하였음에도 불구하고 이를 인식하지 못하고 있다. 이는 개념 인식의 필
요성을 보여 주는 사례로, 결과적으로 역학 관계 중심의 논항 구조 선택
항 체계라는 개념이 일차적인 교육 내용으로 선정되어야 함을 시사한다.
　　그러나 복합적 구성의 경우 상황이 다르다. 기능어와 내용어를 선택
항으로 구성했다는 사실은 얼핏 범주 착오처럼 보이지만, 어휘문법적 층
위를 설정하고 있는 체계기능언어학적 관점에서는 타당성을 인정받을 수
있기 때문에 앞의 유형과는 별도의 심도 있는 고찰이 요구된다.[5]

　　'강제나 다름없는'보다 '강제적으로 시행되는'이 더 현실을 부각시켜 주
는 것 같다. '강제적', 그리고 '시행되는'은 둘 다 누군가로부터 '당한다'
라는 의미를 갖고 있다고도 볼 수 있기 때문에 두 번 강조하는 게 더 효
과적일 수 있다 생각한다. (원 문장: 그러나 말만 자율이지 강제나 다름없는
야간자율학습도 함께 없애야 한다. / 다시 쓰기 결과: 그러나 말만 자율일 채
강제적으로 시행되는 야간자율학습 또한 폐지돼야 할 필요가 있다.) 〔㉮-B-
122〕

.................

5　주세형·조진수(2014: 214)에서는 단어를 내용어(content word)와 기능어(function word)로
분류하는 형태론적 방식(Aronoff & Fudeman, 2005/김경란 역, 2005: 57-58)에 따르면 '문법적
장치'는 기능어에 가깝지만, 체계기능언어학(Halliday & Matthiessen, 2004: 43)에서는 '문법'과
'어휘'를 연속체로 보는 어휘문법(lexicogrammar)의 관점을 취하고 있어 기존의 형태론적 관점에
서는 기능어로 포착되지 않았던 언어 단위도 유의미한 '언어적 장치'로 주목할 수 있다고 보았다.

이 사례에서 학습자는 '강제나 다름없는'이라는 표현을 '강제적으로 시행되는'으로 바꾸었다. 이는 명제적 의미의 동일성을 유지하면서 능동을 피동으로 바꾼 것이 아니라 피동 접사 선택과 함께 내용어에 해당하는 어휘도 바꾸고 있다는 점에서 기존 유형과 변별된다. 문법 항목의 전형적 기능 교육을 위해 쓰임문이 아닌 체계문을 활용할 경우에는 이와 같이 다른 범주가 선택항 관계에 놓이는 상황을 교육 내용에서 의도적으로 배제할 수도 있다. 그러나 문법 문식성은 기본적으로 쓰임문을 대상으로 하기 때문에 교육 내용 선정 시 이와 같은 비전형적 선택항 체계에 대한 고려가 함께 이루어져야 한다.

이상의 논의를 종합할 때, 역학 관계 중심의 논항 구조 선택항 체계의 교육 내용은 논항 구조 선택항 체계의 개념과 표 4-4에서 제시한 선택항 체계의 각 항목을 포함한다. 이때 선택항이 모두 기능어로 구성된 경우 외에 기능어와 내용어가 선택항 체계를 이룬 항목도 교육 내용에 포함되는데, 위계를 고려한 제시 순서에 대해서는 교육 내용 조직에서 논의한다.

② 환경 정보 중심의 선택항 체계

이 책에서는 앞서 언급한 대로 의미역을 '역학 관계 차원'과 '공간 차원'으로 구분한 박진호(1994: 87-88)와, 사태를 절로 표상할 때 과정과 참여자뿐 아니라 환경도 구성 요소로 결합된다는 체계기능언어학의 논의를 모두 고려하여 환경 정보 중심의 논항 구조 선택항 체계도 별도의 교육 내용으로 다룬다. 환경 정보 중심의 논항 구조 선택항 체계는 장소역, 출발점역, 도착점역 등 주로 공간과 관련되기는 하지만, 이 책에서는 이를 역학 관계를 둘러싼 포괄적 개념으로 보아 영향주역(effector)(홍재성 외, 2002)도 포함시키고 있기 때문에 공간이 아닌 환경이라는 용어를 선택하였다.

환경 정보 관련 논항은 대체로 통사적 실현 시 부사격을 부여받기 때문에 그간 문장 구조 논의에서 중요하게 다루어지지 못하였다. 다음 사례는 학교 문법에서 부사어를 어떻게 다루고 있는지를 보여 준다.

---

○ 부사절을 안은 문장

부사절은 부사형 어미 '-게, -도록, -아/-어, -아서/-어서' 또는 부사 파생접미사 '-이' 등에 의해서 만들어지며, 문장 속에서 부사어의 기능을 한다. 다음 예에서 '얼굴이 예쁘게, 눈이 시리도록, 길을 물어, 비가 와서, 소리도 없이'는 부사어의 기능을 하는 부사절이다.

(박영목 외, 2013: 100)

○ 필수적 부사어

서술어의 특성에 따라 부사어가 문장에서 필수적으로 요구되는 성분이 되는 경우가 있는데, 이러한 부사어를 필수적 부사어라고 한다.

예) 영이는 <u>엄마와</u> 닮았다. / 나는 <u>너와</u> 다르다.

영수는 <u>학교로</u> 향했다. / 아버지는 그 아이를 <u>양자로</u> 삼으셨다.

(한철우 외, 2013: 126)

---

학교 문법에서는 환경 정보 관련 논항이 사태 층위 및 통사 층위와 형성하고 있는 접면보다는 해당 논항이 통사적으로 실현된 결과에 주목하여 부사어, 부사절을 설명하는 데 주력해 왔다. 이 과정에서 문장 성분 차원에서 부속 성분에 속하는 부사어 중 필수성을 띠는 소위 '필수적 부사어'가 존재함을 교육 내용으로 다루었으나 이를 논항 실현의 의미기능과 연결 짓지는 못하였다.

환경 정보 관련 논항이 주로 부사격으로 실현되기는 하지만 부사격으로 실현된 모든 성분이 환경 정보 관련 논항인 것은 아니다. 논항 또는 반논항이 아니라 부가어로 처리하는 것이 타당한 부사어도 존재하기 때문이다. 따라서 환경 정보 관련 논항의 문제를 다룰 때에는 의미역이 부가된 대상이라면 논항뿐 아니라 부가어도 함께 다루어 줄 필요가 있다. 생성 문법에서는 의미역을 논항에만 부여하지만 한국어에서는 의미역을 논항 이외의 명사구에도 상정하는 것이 문법 기술에 이점(구본관 외, 2015: 249-250)을 지니기 때문이다.

이러한 점을 고려하여 문법 문식성 교육을 위한 환경 정보 관련 논항 구조 선택항 체계를 표 4-5와 같이 제시할 수 있다.

표 4-5. 환경 정보 중심의 논항 구조 선택항 체계

| 기제 | | 선택항 체계 | |
|---|---|---|---|
| | | 사태 층위-논항 구조 접면 | 논항 구조-통사 구조 접면 |
| 포함/배제 | | ┌ 환경 정보 포함<br>└ 환경 정보 미포함 | ┌ 논항 실현: 통사 지위 부여<br>└ 논항 미실현: 통사 지위 미부여 |
| 배제 | 정도성 | – | ┌ 통사 구조상 완전히 배제<br>└ 생략 또는 잠재논항(반논항) |

이처럼 환경 정보의 의미적, 통사적 실현은 포함/배제, 배제의 정도성이라는 두 측면에서 체계화할 수 있다. 그런데 실제 학습자의 문법 문식 활동 양상을 보면 환경 정보의 실현 문제는 복합적 성격을 띠고 있음을 확인할 수 있다. 다음은 장소역이 부여된 '학교 밖'을 '사교육 기관'으로 바꾸어 다시 쓰기를 한 사례이다.

원 문장의 '학교 밖에서'를 '사교육을 받는다'라고 바꾸어서 읽음과 동시에 이해할 수 있게 되었다. 원 문장을 쓴 글쓴이는 사교육으로밖에 영어

교육을 받을 수 없다는 점을 강조하려는 의도를 가지고 있었을 것이다. 왜냐하면 '학교 내'에서 교육을 받는 것은 공교육으로 영어 교육을 받을 수 있다는 것을 의미하는 반면, '학교 밖'에서 영어 교육을 시키는 것은 곧 사교육으로 영어 교육을 시킬 것이라는 뜻을 내포하고 있어서 읽는 사람이 '학교 밖에서 교육을 시킨다'는 것이 어떤 의미인지 다시 생각해 볼 수 있게 한다. (원 문장: 초등학교 1, 2학년에서만 영어 교육을 금지하면 학교 밖에서 영어 교육을 시키게 된다. / 다시 쓰기 결과: 초등학교 1, 2학년 에서 영어 과목 개설을 금지하면 학생들이 사교육 기관에서 영어 교육을 받을 것이다.) 〔㉮-A-28〕

위 학습자는 영어 교육을 시키는 장소에 해당하는 환경 정보가 원 문장에서와 마찬가지로 통사적으로 실현되어야 한다고 보고 있다는 점에서, 선택항 체계에서 '환경 정보 포함, 통사 지위 부여'를 선택하는 기존 구조를 유지하고 있다. 그러나 장소역을 '학교 밖'에서 '사교육 기관'으로 교체하여, 환경 정보의 표상 방식을 바꾸었다. 실제 차원에서는 동일한 대상을 가리키지만, 전자는 여집합을 활용한 비대칭적 표상을 통해 해당 장소가 학교가 아니라는 점을 강조하고 후자는 해당 장소를 직접적으로 드러낸다. 위 학습자는 '학교 밖'이라는 표상이 간접성을 띤다는 점만을 인식하고 있으나 이러한 표상의 보다 중요한 효과는 학교 내에서 이루어지지 않는다는 것을 드러낸다는 점이다.

이와 같은 환경 정보의 표상 문제는 어휘의 선택과 표상 차원에 관한 것이기에 문장 구조와 직접 관련되지는 않는다. 하지만 문법 문식성이라는 관점에서 보면 복합적으로 나타나는 현상이다. 문장 구조 차원의 문법 문식성의 선택항 체계가 확립되고 나면 환경 정보와 관련하여 다른 문법 범주에 존재하는 선택항 체계에 대한 규명도 함께 이루어져야 할 것이다.

③ 논항 교체

지금까지 역학 관계 중심의 논항 구조 선택항 체계와 환경 정보 중심의 논항 구조 선택항 체계를 구분하여 살펴보았으나, 두 유형의 논항 구조가 함께 선택항 체계를 구성하기도 한다. 이를 명시적으로 보여 주는 사례가 논항 교체이다. 논항 교체는 '똑같은 술어가 둘 이상의 통사 구문에 쓰이면서 서로 다른 논항 구조를 갖는 현상'(남승호, 2007: 48)으로, '표면적으로는 격틀의 전환이지만 내면적으로는 의미역의 변화와 밀접한 관계'(안명철, 2013: 76)를 맺고 있다. 두 논항이 상호 교체된다는 것은 곧 두 논항이 선택항 관계에 놓임을 의미하기 때문에, 논항 교체는 문법 문식성의 관점에서 주목의 대상이 된다.

논항 교체 현상은 기존 교과서에서도 활용된 바 있으나 주로 격 교체 여부라는 표면적 측면에서 다루어져 왔다. 다음은 기존 문법 교과서에서 '에/에게'와 '을/를'의 교체 현상을 목적격 조사의 격 처리 차원에서 다룬 사례이다.

---

1. 다음 예로 문장 성분에 대하여 모둠별로 탐구해 보자.

> (가) 나는 학교에 갔다.
>    나는 학교를 갔다.
> (나) 지애는 선물을 기연이에게 주었다.
>    지애는 선물을 기연이를 주었다.

• 위의 밑줄 친 부분의 문장 성분은 무엇인지 이야기하여 보자.
• (가), (나)의 문장에서 각각 '을/를'이 어떤 의미를 전달하고 있는지 비교하여 보자.

(서울대학교 국어교육연구소, 2002ㄱ: 153)

---

[교사용 지도서 설명 내용]

• 활동 풀이: 목적어와 목적격 조사 '을/를'의 특성 알기

목적격 조사 '을/를'이 붙으면 무조건 목적어로 보는 학교 문법의 입장에 따를 때, 밑줄 친 '학교를, 기연이를'은 목적어이고, '학교에, 기연이에게'는 부사어이다. 그리고 이때 '을/를'은 보조사적 성격을 띠는 목적격 조사라고 말할 수 있다.

그러나 '학교를' 같은 표현에서 '을/를'을 목적격 조사로 보기는 좀 어렵다고 주장하는 학자들도 있다. '학교를'이 의미적으로나 기능적으로 부사어 '학교에'와 다를 바 없으며, '기연이를' 같은 경우도 필수적 부사어로 보아야만 세 자리 서술어인 '주다'를 만족시킬 수 있기 때문이다. 그래야 '을/를'을 목적격 조사 '을/를'과 강조 의미를 나타내는 보조사 '을/를'로 나누어 파악하여야 일관성 있게 설명할 수 있다고 주장한다. 하지만 학교 문법에서는 앞서 설명한 바와 같이 '을/를'을 목적격 조사로 보되, 이 중 '학교를, 기연이를'의 '를'은 목적격 조사의 보조사적 용법 정도로 간주하고 있다.

(서울대학교 국어교육연구소, 2002ㄴ: 191-192)

위의 학습 활동은 '을/를'이라는 언어 형식의 격 처리 문제에 초점을 두고 있다. 물론, 하나의 언어 형식을 하나의 격 기능을 하는 것으로 처리하는 방안과 두 개 이상의 격 기능을 하는 것으로 처리하는 방안 중 어떤 것이 더 타당한 문법 기술 방식인지는 학습자의 문법적 사고를 촉진할 수 있는 중요한 탐구 주제에 해당한다. 이 책에서 기존 교육 방식의 교육적 의의를 인정하면서, 더 다양한 예문을 활용하여 이 문제를 논항 교체와도 관련지어 활용하는 방안을 제안한다. 문장 구조를 다층적 관점에서 접근

하는 이 책의 관점에 따르면 격 교체 층위와 논항 교체 층위를 함께 다루는 방식이 요구되기 때문이다.

논항 교체에 다양한 유형이 존재하기 때문에 문법 문식성 관점에서 논항 교체를 다룰 경우 어떤 유형을 어떤 방식으로 다룰 것인지의 문제가 대두된다. 이 책에서는 처소역과 대상역의 교체와 같이 역학 관계 중심의 논항과 환경 정보 중심의 논항이 상호 교체되는 유형에 특히 주목한다. 이러한 논항 교체 유형은 논항 분류의 상위 기준인 역학 관계와 환경 정보 논항이 함께 선택항을 구성하는 경우에 해당하므로 층위를 넘나드는 사고를 중시하는 문법 문식성 교육 논의에서 다루기에 적합한 사례이기 때문이다. 논항 교체는 연구자에 따라 여러 방식으로 나뉘는데, 역학 관계 중심의 논항과 환경 정보 중심의 논항의 상호 교체에 초점을 두면 특히 내부 논항 교체에 주목할 수 있다.[6] 남승호(2007: 52-53)에 따르면 내부 논항 교체는 주어로 표현되는 외부 논항은 교체하지 않고 목적어 논항만이 대격과 사격으로 교체되는 유형이다. 다음은 내부 논항 교체의 사례이다.

　가. 근이가 담벼락에 구멍을 뚫었다.
　가′. 근이가 담벼락을 뚫었다.
　나. 진이가 디스켓에서 비밀문서 파일들을 모두 지웠다.
　나′. 진이가 디스켓을 완전히 지웠다.

................

6　남승호(2007: 52-63)에서는 논항 교체 유형으로 내부 논항 교체 외에 외부 논항 교체, 의미역 교체, 논항 목록 유지를 추가로 들었다. 그의 논의에 따르면 외부 논항 교체는 주어 논항이 교체에 참여하는 유형으로 '진이가 보자기를 상에 덮었다.', '보자기가 상을 덮었다.'와 같이 [행동주+도구+착점]의 3항 구문이 [도구+착점]의 2항 구문으로 교체된 현상을 예로 들 수 있다. 의미역 교체는 '연이가 {미국에/미국을} 건너갔다.'에서 '미국에'를 '미국을'로 바꾸면 중의성을 띠어 [행동주+착점] 구문이 [행동주+경로] 구문으로도 해석될 수 있는 현상을 예로 들 수 있다. 논항 목록 유지는 '진이는 재빠르게 유니폼을 입었다.', '진이는 경기 내내 유니폼을 입었다.'와 같이 [행동주+대상]의 논항 목록을 유지하면서도 미묘한 의미 차이를 보이는 현상을 예로 들 수 있다.

다. 진이가 하얀 페인트를 벽에 칠했다.

다′. 진이가 벽을 하얀 페인트로 칠했다.

(남승호, 2007: 54-57)

남승호(2007: 54-57)의 논의에 따르면 '담벼락'은 '가'에서 착점으로서 처소역이었으나 '가′'에서는 대상역으로 교체된다. '나~나′'에서는 '디스켓'이, '다~다′'에서는 '벽'이 유사한 변화를 겪는다. 문법 문식소의 설정, 분석, 해석을 기제로 하는 문법 문식 활동에서 논항 교체를 다루기 위해서는 논항 교체 현상이 유표성을 띠어 문법 문식소로서 주목의 대상이 될 수 있어야 한다. 이런 관점에서 내부 논항 교체의 경우 "국어의 논항 교체 현상의 본질은 단순한 통사론적 구문 교체 현상이 아니라 무표적, 원형적 구문의 처소공간인 도달점이나 출발점이 특정한 의미론적 조건에 의해 [대상]으로 전경화되어 주어나 목적어로 실현되게 되는 유표적 구문을 생성하는 의미론적 과정"이라고 한 안명철(2013: 96)의 주장에 주목할 필요가 있다. 이러한 논의에 따르면 '담벼락, 디스켓, 벽'이 처소역이 아니라 대상역을 취하고 있는 '가′, 나′, 다′'는 유표성을 띠어 의식적인 주목의 대상이 될 가능성이 높아지기 때문이다.

'가~다′'를 살펴보면 위와 같은 유형의 논항 교체가 대체로 사태 층위에 존재하는 특정 개체를 의미 층위에 포함할 것인지 아니면 배제할 것인지의 문제와 관련되어 있음을 알 수 있다. '다~다′'를 제외한 나머지 예문의 경우, '구멍, 비밀문서 파일들'이라는 개체가 논항 교체에 따라 배제되었다. 이는 처소역에서 대상역으로 논항이 교체되는 과정에서 수반된 현상으로, 사태 층위와 논항 구조 층위의 접면과 관련된 문제이다.

'가~다′'는 논항 교체를 설명하기 위해 구성된 체계문이고 탈맥락적으로 제시되었기 때문에 논항 교체의 표현 효과를 판단하기 어렵다. 그러나 처소역에서 대상역으로의 논항 교체와 특정 개체의 논항 실현 배제는 맥락에 따라 의도적인 선택으로 해석될 수도 있다. 예컨대, '나~나''의 경우 '디스켓에서'가 '디스켓을'로 교체되면서 '비밀문서 파일들'이 배제되었다. 만약 이러한 문장이 '정보의 공개성'에 굉장히 민감한 장르의 텍스트에 사용되었다면 '비밀문서 파일들'을 배제하고 '디스켓'을 전경화의 대상으로 삼은 방식은 이데올로기 층위의 해석 대상이 될 가능성이 높아진다.

물론 이러한 해석이 가능한지 여부는 장르의 해석 조정 기제에 의해 결정된다. 따라서 문법 문식 활동의 속성을 고려하면 문장을 전체 텍스트와 함께 제시해야 하고, 장르의 해석 조정을 경유하여 이데올로기 층위에서 해석이 가능한 사례를 선별하여 제시할 필요가 있다.

### (2) 정보 구조 선택항 체계

#### ① 관계적 정보 구조 중심의 선택항 체계

관계적 정보 구조에 해당하는 화제와 초점은 최근 교육과정에서 문장에 담긴 표현 의도를 내용 요소로 다룸에 따라 교육 내용에 포함되었다. 그러나 교육 내용 구성 시 정보 구조와 통사 구조 간의 접면 작용을 고려하지 못했기 때문에 그간 문법교육에서 충분히 다루어지지 못했다. 보조사 '은/는'이 가진 화제 표지로서의 성격과 대조 초점의 기능이 부분적으로 다루어지기도 하였으나 보조사는 통사적 핵이 아니라(최동주, 1997) 정보 구조 차원에서 기능하는 요소(박철우, 2015)라는 점 때문에 이를 정보 구조와 통사 구조 간의 접면 현상으로 보기는 어렵다. 정보 구조의 문제가 통사 구조를 다루는 단원과 관련을 맺지 못하고 품사 단원의 보조사 관련 부분에서 제한적으로 다루어진 것도 이러한 접면 현상을 교육 내용으로 체계화하는 방안에 대한 논의가 부족했기 때문이다.

따라서 관계적 정보 구조 중심의 선택항 체계 구성 시 정보 구조 층위의 선택항이 통사 구조 층위에서 어떤 선택항으로 치환되는지를 중점적으로 다룰 필요가 있다. 이러한 관점에서 선택항 체계가 교육 내용으로 선정되어야 정보 구조를 해석적 자원으로, 통사 구조를 해석 대상으로 삼아 정보 구조적 관점에서 통사 구조를 해석하는 활동이 가능해진다.

여기에 더하여 문법 문식소로 설정될 수 있는 선택항 체계가 무엇인지 고려할 필요가 있다. 문법 문식성 교육은 사회기호학적 관점에서 유표적 주목을 받을 수 있는 문법 문식소를 분석과 해석 대상으로 삼기 때문에, 단순히 텍스트에 사용된 모든 문장을 화제와 초점이라는 관점에서 분석할 것을 요구하지 않는다. 따라서 문법 문식성 관점에서 교육 내용으로 선정되어야 하는 화제와 초점의 선택항 체계는 모든 화제 및 초점에 관한 것이 아니라 유표적 주목을 받는 화제와 초점에 관한 것이어야 한다. 정리하면, 문법 문식성 교육을 위한 관계적 정보 구조 선택항 체계를 표 4-6과 같이 제시할 수 있다.

표 4-6. 관계적 정보 구조 중심의 선택항 체계

| 구분 | 기제 | 선택항 체계 | |
| --- | --- | --- | --- |
| | | 정보 구조 | 통사 구조 |
| 화제 | 의도적 전제화 | ┌ 관계적 구정보<br>└ 관계적 신정보 | ┌ 관형사절<br>└ 종속절, 대등절 |
| 초점 | 초점 유형 | ┌ 사태를 하나의 정보로<br>　전달(제언문:문장 초점)<br>└ 사태를 두 종류의 정보로 나누어<br>　전달(정언문:서술어 초점, 논항 초점)<br><br>〈정언문〉<br>┌ 화제-평언 구조<br>　(서술어 초점)〔무표〕<br>└ 초점-전제 구조<br>　(논항 초점)〔유표〕 | ┌ 분열문<br>└ 비분열문<br><br>┌ 기본 어순<br>└ 어순 변이 |

화제의 경우 특정 대상이나 명제 내용을 의도적으로 관계적 구정보로 표상하는 의도적 전제화가 정보 구조 차원의 교육 내용이 된다. 통사 구조 층위에서는 관형사절이 관계적 구정보를 실현하는 문법적 장치로서 종속절, 대등절과 선택항 체계를 이룬다. 이와 같은 선택항 체계는 정보 구조 층위의 기능을 중심으로 통사 구조를 재정렬하였다는 점에서 기존 교육 내용과 변별된다. 다음 표에서 이를 확인할 수 있다.

표 4-7. 정보 구조를 중심으로 한 통사 구조 재정렬

| 기존 교육 내용 | | 이 책에서 제안한 교육 내용 | |
|---|---|---|---|
| 〈내포절〉 | 〈접속절〉 | 〈정보 구조〉 | 〈통사 구조〉 |
| ┌ 명사절<br>└ 관형사절<br>⋮ | ┌ 종속절<br>└ 대등절 | 관계적 주어짐성 | ┌ 관형사절<br>└ 종속절, 대등절[7] |

기존 교육 내용에서는 관형사절을 내포절(안긴문장)의 하위 유형으로 다루고 대등절과 종속절을 접속절(이어진문장)의 하위 유형으로 다루었으나, 표 4-7과 같이 정보 구조를 중심으로 통사 구조 선택항 체계를 재정렬하면 관형사절이 관계적 주어짐성 차원에서 종속절, 대등절과 선택항 관계에 놓이게 된다.[8]

..................

7  이 책에서 대등절과 종속절은 화제와 관련하여 관형사절과 선택항 관계에 놓이지만, 대등절과 종속절이 정보 구조 층위에서 상호 선택항 관계에 놓이지는 않는다. 물론, 대등절과 종속절을 구분하기 위한 근거로 종속절은 초점화의 대상이 되지만 대등절은 초점화의 대상이 되지 못한다는 점이 지적된 바 있다(박소영, 2002; 임동훈, 2009: 95). 그러나 이는 분류를 위한 이론적 근거일 뿐 상호 선택항 관계에 놓이는지 여부와는 무관하다. 따라서 대등절과 종속절은 정보 구조 층위에서는 상호 선택항 관계에 놓이지 않는다. 단, 통사 구조 층위에서는 상호 선택항 관계에 놓인다.
8  물론 이와 같은 교육 내용은 통사 구조 중심의 복문 유형 학습을 전제한다. 문법 문식성 교육은 논항 구조, 통사 구조, 정보 구조를 복합적으로 고려한 다층적 교육 내용 설계를 지향하기 때

초점의 경우 이분적(binary) 정보를 반영하는 정언문과 비이분적 (non-binary) 정보를 반영하는 제언문을 구분(Lambrecht, 1994)할 필요가 있다. 전영철(2013ㄴ: 118-119)은 "어떤 사건을 접했을 때 사건 전체를 분리되지 않는 하나의 정보로 간주하여 표현할 수도 있고, 그 사건을 구성하는 요소들 중 하나를 부각시켜 이를 중심으로 사건을 표현"할 수도 있음을 지적하고, '개가 뛰고 있어요.'는 제언문으로 '개는 뛰고 있어요.'는 정언문으로 구분한 바 있다.[9] 제언문은 화제 요소가 없이 문장 자체가 신정보로 구성되기 때문에 문장 초점 유형에 해당한다.[쟁점 탐구 2] 따라서 정보 구조의 선택항은 일차적으로 제언문에 해당하는 문장 초점과 정언문에 해당하는 서술어 초점, 논항 초점으로 구분된다.[10]

정언문은 다시 서술어 초점과 논항 초점으로 구분되는데, 전자에 해당하는 화제-평언 구조가 무표적이고 후자에 해당하는 초점-전제 구조가 유표적이라고 알려져 있다. 따라서 통사 구조 층위에서는 분열문 구성을 통해 논항에 초점을 부여한 유형과 어순 변이를 통해 특정 논항에 초점을 부여한 유형에 주목할 필요가 있다.

교육 내용 선정을 위해서는 학습자의 선택항 체계도 함께 고려해야 한다. 정보 구조와 관련된 학습자의 다시 쓰기 결과를 살펴보면, 수행 차원에서는 정보 구조의 차이가 있는 문장을 구성하였으나 이것이 정보 구조 차원의 문제인지를 명시적으로 인식하지 못하는 경우가 많았다.

.................

문에 현재 이루어지고 있는 통사 구조 층위의 교육 내용을 배제하는 것은 아니다.

9  '개가'의 '가'는 확인 초점과 구분되는 정보 초점 표지이다. 이 외에도 '불이다'와 같은 'X-이다' 구문이 제언문에 해당한다(임동훈, 2005; 장영준, 2008).

10  '제언문'과 '정언문'이라는 학술 용어가 그대로 교육 내용에 반영되는 것은 아니다. 문법교육에서의 용어 사용은 교육 내용 선정과 구분되는 문제이기 때문에 별도로 논의될 필요가 있다.

㉠이 단어 형식으로 간단하게 핵심 내용을 펼쳤다면, 바꾼 문장은 그것을 풀어 써 보았다. 이러한 표현 효과의 차이로 글쓴이의 의도를 알 수 있었다. (원 문장: ㉠ 나쁜 투표, 착한 거부 / 다시 쓰기 결과: 투표가 나빠서 착하게 거부한다.) 〔㉮-B-178〕

위의 학습자는 수행 차원에서 관형어 '나쁜'을 서술어 '나빠서'로 바꾸었으나, 이에 따른 문장 구조 차이가 정보 구조 차원에서 어떠한 변화를 야기하는지는 인식하지 못하고 있다. 표현 효과의 차이가 존재한다는 것 자체는 직관적으로 인식하고 있으나, 그 효과를 정보 구조 층위에서 명시적으로 인식하지는 못하였다. 따라서 학습자들이 문장 구조의 기능을 명시적으로 인식할 수 있게 하기 위해서는 정보 구조-통사 구조 선택항 체계를 교육 내용으로 활용할 필요가 있다.

② 지시적 정보 구조와 연계된 선택항 체계

지시적 정보 구조는 이론적 층위에서는 관계적 정보 구조와 구분되지만, 교육 내용 층위에서는 두 정보 구조를 연동할 필요가 있다. 지시적 정보 구조는 심적 표상 차원의 개념이고 관계적 정보 구조는 언어 표현 차원의 개념인데, 전자가 후자로 단순 반영되는 것이 아니라 후자를 통해 전자가 규정되는 관계를 맺고 있기 때문이다. 즉, 명제의 정보구조화 과정 재구성을 수행 구조로 가지고 있는 문법 문식성 관점에서는 심적 표상이 언어 층위의 관계적 정보 구조로 단순히 반영된다고 보지 않는다. 언어 표현 차원의 관계적 정보 구조가 어떻게 설정되어 있느냐에 따라 심적 표상 차원의 지시적 정보 구조가 달라질 수 있다고 보는 것이다. 따라서 앞서 관계적 정보 구조와 관련하여 선정한 교육 내용은 표현 효과 층위에서 지시적 정보 구조와 연동될 수밖에 없다.

지시적 정보 구조는 이와 같이 관계적 정보 구조와 구분되지만 교육 내용 층위에서 연동된 층위로 존재한다. 그러나 이와는 별도로 지시적 정보 구조를 관계적 정보 구조와 연동할 때 유표성이 발생하는 지점은 추가적인 교육 내용으로 선정된다. 지시적 정보 구조와 관계적 정보 구조 연동 시 유표성이 발생하는 경우는 특정적인 비한정 표현이 화제로 사용된 경우와 지시적 구정보가 관계적 신정보인 초점으로 사용된 경우이다.

표 4-8. 지시적 정보 구조와 관계적 정보 구조의 유표적 연결

| 구분 | 기제 | 지시적 정보 구조 | 관계적 정보 구조 |
|------|------|------------------|------------------|
| 화제 | 불일치 | 특정적 비한정 표현 | 화제 |
| 초점 | | 지시적 구정보 | 초점 |

### (3) 통사 구조 선택항 체계

문장 구조 차원의 문법 문식성 교육에서 통사 구조는 주로 논항 구조, 정보 구조와 관련을 맺으며 교육 내용으로 구현된다. 다만, 통사 구조 단독으로 선택항 체계를 이루는 경우도 있어 이에 대한 교육 내용 선정도 필요하다. 통사 구조 관련 선택항 체계는 다음과 같다.

표 4-9. 통사 구조 선택항 체계

| 기제 | 선택항 체계 |
|------|-------------|
| 장르 내 유표성 | ┌ 대등 접속<br>└ 종속 접속 |
| 대화성 | ┌ 인용절의 빈번한 사용<br>└ 인용절 자제 |

| | |
|---|---|
| 통사적 표상 수준 | ┌ 문장 수준 표상<br>└ 절 수준 표상 |
| | ┌ 절 수준 표상<br>└ 어휘 수준 표상 |

통사 구조가 단독으로 선택항 체계를 이루는 기제는 장르 내 유표성, 대화성, 통사적 표상 수준으로 구분된다. 장르 내 유표성 차원에서는 대등 접속과 종속 접속이 선택항 체계를 이룬다. 종속 접속은 인과 관계 등을 설명할 수 있는 문법적 자원인데 비해 대등 접속은 사태를 나열하여 현상을 주어진 지평으로 수용하도록 유도하는 기능이 있어, 심도 있는 분석이 요구되는 장르에 종속 접속이 제한되면 장르 내 유표성이 발생한다.

대화성 차원에서는 인용절의 빈번한 사용이 인용절을 자제하는 것과 선택항 체계를 이룬다. 인용절의 기능은 특히 기사문과 관련하여 문법교육의 교육 내용으로도 다루어져 왔는데, 인용절이 텍스트의 대화성을 높여 결과적으로 독자의 수용성을 높이는 문장 구조 차원의 선택항이라는 점도 함께 다루어질 필요가 있다.

통사적 표상 수준 차원에서는 해당 명제 내용을 사고의 완결된 단위이자 자립성을 갖춘 정보 단위인 문장 수준으로 표상할지, 절 수준으로 표상할지가 선택항 관계에 놓인다. 또한 절 수준으로 표상할지, 어휘 수준으로 표상할지 역시 선택항 관계에 놓인다. 절 수준이 아니라 어휘 수준 표상을 선택할 경우 단순히 통사 구조에 변화가 생길 뿐 아니라 참여자가 은폐되는 이데올로기적 효과로 이어질 수 있다.

## 2) 교육 내용으로서의 '인식 활동': 문법 문식 활동의 인식 유형

### (1) 문법 문식소 설정을 위한 연계적 인식

문장 구조 차원의 문법 문식소 설정을 위해서는 연계적 인식이 필요하다. 연계적 인식은 연계되는 대상에 따라 장르와 문장 구조 간 연계, 사태와 문장 구조 간 연계로 구분되는데, 장르 및 사태와 문장 구조를 연계하기 위해서는 다층적인 문장 구조 개념이 요구되기 때문에 문장 구조 내 층위 간 연계가 선결 과제로 요구된다.

장르와 문장 구조 간 연계는 일차적으로는 장르 매개적 인식을 가리키지만 장르 독립적 유표성을 바탕으로 한 문법 문식소 설정 유형도 짝을 이루어 존재하기 때문에 함께 논의한다. 장르 매개적 및 장르 독립적 문법 문식소 설정에 해당하는 교육 내용은 다음과 같다.

〈'장르 매개적 문법 문식소 설정' 교육 내용〉
• 텍스트의 장르 및 장르적 자질 인식하기
• 장르 자질로 인해 '민감도'가 높아지는 문장 구조 차원의 문제 인식하기
• 민감도가 높은 항목을 대상으로 장르 자질에 부합하거나 상치되는 문장 구조를 문법 문식소로 설정하기

〈'장르 독립적 문법 문식소 설정' 교육 내용〉
• 유표적/무표적 문장 구조 목록 학습
• 유표적 문장 구조를 문법 문식소로 설정하기

사태와 문장 구조 간 연계는 사태와 언어 형식 간의 불일치를 인식하

여 이에 해당하는 문장 구조를 문법 문식소로 설정하는 방식을 가리킨다. 사태와 문장 구조 간 연계는 장르 인식을 경유하여 이루어지는 경우가 많다. 동적 사태를 명사적으로 표상하는 방식이 과학, 역사 등의 교과 텍스트에서는 추상화, 전문화 기능(Martin, 2013)을 하는 반면, 정치적 문제를 다루는 신문 기사에서는 탈타동화를 통한 이데올로기적 기능을 할 수 있기 때문이다.

〈'사태와 문장 구조 간 연계' 교육 내용〉
• 텍스트의 장르 인식
• 사태와 언어 형식이 불일치한 문장 구조 파악
• 장르성과 관련하여 사태와 언어 형식의 불일치가 유의미한 문장 구조를 문법 문식소로 설정하기

문장 구조 내 층위 간 연계는 문법 문식소 설정을 위한 논리적 가정으로 요구되는 인식 유형으로, 다음과 같이 연계 방식의 하위 유형을 교육 내용으로 제시할 수 있다.

〈'문장 구조 내 층위 간 연계' 교육 내용〉
• 논항 구조와 통사 구조 연계하기
• 통사 구조와 정보 구조 연계하기

(2) 문법 문식소 분석을 위한 계열적 인식

문장 구조 차원의 문법 문식소 분석을 위해서는 선택항을 계열화하는 계열적 인식이 필요하다. 이를 위해서는 우선 문장을 통해 전달되는 내

용과 문장 구조라는 언어 형식의 기능을 구분하여 인식할 수 있어야 한다. 문장 구조 차원의 다시 쓰기 과제 수행에서 내용과 언어 형식을 구분하여 인식하는 것이 어려웠다는 아래 학습자의 고백이 이러한 교육 내용의 필요성을 방증한다.

> 글쓴이가 글을 잘 써서 찾기 힘들었고, 문장 구조를 보다가 내용면에 빠져드는 게 힘들었다. 〔㉮-A-11〕

또한 계열적 인식과 관련된 교육 내용은 '계열화'라는 인식 활동 그 자체의 필요성과 계열화를 어떻게 할 것인가 하는 전략의 두 차원으로 구분된다. 따라서 문법 문식소 분석을 위한 계열적 인식 관련 교육 내용을 다음과 같이 체계화할 수 있다.

〈'문법 문식소 분석을 위한 계열적 인식' 교육 내용 체계〉
• 분석의 전제로 요구되는 내용: 내용과 언어 형식의 구분
• 교육 내용: 계열화의 필요성 인식하기, 계열화 전략

계열화라는 인식 활동을 본격적인 교육 내용으로 구체화하기 위해서는 특히 계열화 전략을 유형별로 체계화할 필요가 있다. 다음 사례에 나타나는 바와 같이 학습자들은 실현된 문장 구조를 매개로 잠재적 문장 구조를 계열화해 내는 과정에서 어려움을 겪고 있기 때문이다.

> 문장 구조를 바꾸는 방법은 생각보다 다양해서 문장의 변이성에 신기함을 느꼈다. 하지만 계속 원 문장과 다른 구조로 바꾸려다 보니까 억지스럽게 바뀌는 것 같았다.(말이 되긴 해도) 〔㉮-A-5〕

문법 문식 활동에서 문법 문식소로 포착된 문장 구조가 유표성을 띤다는 점을 고려할 때, 계열화는 유표성을 띤 실현태를 매개로 무표성을 띤 잠재태를 찾아내는 과정으로 볼 수 있다. 이러한 점을 고려하여 앞서 논의해 온 선택항 체계를 다음과 같은 계열화 전략으로 재구성할 수 있다.

표 4-10. 문법 문식소 분석을 위한 계열화 전략

| 계열화 유형 | 사례 |
|---|---|
| 변이형 → 기본형 | • 어순 변이형에서 기본 어순 계열화<br>• 분열문에서 비분열문 계열화 |
| 특수형 → 보편형 | • 대상역 논항이 주어로 실현된 구조에서 행위주 논항이 주어로 실현된 구조를 계열화 |
| 불일치 → 일치 | • 전제화의 기능을 가진 관형사절 등에서 단언의 기능을 가진 종속절 등을 계열화 |
| 배제 ⇆ 포함 | • 역학 관계 또는 환경 관련 논항이 배제된 구조에서 포함된 구조를 계열화. 또는 반대 방향의 계열화 |
| 정도성: 완전 배제 ⇆ 일정 수준 배제 | • 특정 논항이 통사 구조상 완전히 배제된 구조에서 생략 또는 잠재 논항 수준으로 구현된 구조를 계열화 |

문장 구조 차원의 계열화는 표 4-10과 같이 변이형에서 기본형 계열화, 특수형에서 보편형 계열화, 불일치 구조에서 일치 구조 계열화, 배제 구조에서 포함 구조 계열화, 완전 배제에서 일정 수준 배제 계열화로 유형화할 수 있다.

(3) 문법 문식소 해석을 위한 해체적 인식

문장 구조 차원의 문법 문식소 해석을 위해서는 문장 구조에 부여된 선호된 읽기를 해체하는 과정이 필요하다. 그리고 이를 위해서는 우선 문장 구조라는 언어 형식이 사회적 현상을 재구성하여 표상한다는 점을 이해해야 한다. 이는 문장 구조 차원의 다시 쓰기 과제 수행에서 문장 구조를 비판적 인식의 대상으로 보기 어려웠다는 아래 학습자의 이야기에서도 확인할 수 있다.

> 문장 구조를 사용한 의도를 비판적으로 보는 시각은 어떤 것인가 설명하는 것이 어렵다. 개인이 자유로 쓴 문장 구조가 비판되는 대상인가?[더 알아보기 2] [㉮-B-31]

해체적 인식을 위해서는 어떠한 문장 구조가 선호된 읽기를 유도하는지를 표상 방식과 정체성 부여 측면에서 이해해야 하고, 이와 같은 이데올로기적 해석 부여가 적절한지를 장르 층위에서 조정하는 방법도 이해해야 한다. 따라서 문법 문식소 해석을 위한 해체적 인식 관련 교육 내용을 다음과 같이 체계화할 수 있다.

〈'문법 문식소 해석을 위한 해체적 인식' 교육 내용 체계〉
- 해석의 전제로 요구되는 내용: 문장 구조가 사회적 현상을 재구성하여 표상한다는 사실 이해
- 교육 내용: 선호된 읽기를 유도하는 문장 구조 유형 이해하기
  장르의 해석 조정 방식 이해하기

## 2. 문법 문식성 교육은 어떤 순서로 이루어져야 할까

교육 내용의 조직은 문법 지식과 학습자 두 측면을 모두 고려하여 이루어진다. 교육 대상이 되는 문법 지식의 속성에 따라 교육 내용은 특정한 방식으로 범주화되고, 교육 내용의 조직은 이러한 범주적 구획에 일차적인 기반을 두고 이루어진다.[11] 즉, 문법 지식의 속성에 따른 범주화의 틀 내에서 학습자 경험의 확장적 재구성을 위해 교육 내용의 위계적 배열이 이루어지는 것이다. 이 과정에서 작용하는 위계성은 문법 지식 고유의 것이라기보다는 학습자의 학습 과정을 고려한 것이어야 한다. 문법 지식 체계의 구축에 관여하는 위계성이 학습자의 학습 위계와 반드시 동일한 것은 아니기 때문이다.

문법 문식성 관점의 문장 구조 지식은 문장 구조의 선택항 체계라는 관계망 목록(repertoire)과 문법 문식소의 설정, 분석, 해석이라는 문법 문식 활동을 속성으로 갖는다. 이 두 속성을 고려할 때 문법 문식성 관점의 문장 구조 교육 내용은 '문장 구조 선택항 체계의 확장'과 '문법 문식 활동 능력의 함양'이라는 두 축을 기반으로 하여 조직된다. 문법 문식 활동은 일반적으로 문법 문식소의 설정, 분석, 해석의 순서로 이루어지지만, 문법 문식소 설정의 경우 분석과 해석의 경험이 누적되어야 하기 때문에

.................

11 문법교육 내용의 조직은 국어학 지식의 조직 원리를 그대로 따르거나, 교과 지식의 특수성이 고려되지 않은 교육학 일반의 내용 조직 원리를 그대로 따르지 않는다. 교과 교육 내용의 조직이 교과 고유의 속성에 기반을 두고 이루어져야 하는 것은 리 슐만(Lee Shulman)이 교수적 내용 지식(Pedagogical Content Knowledge: PCK) 개념을 정립하는 과정에서 교과 지식에 대한 이해에 천착하여 교사를 '이해하는 자(those who understand)'로 재개념화한 것(Shulman, 1986)과도 상통한다.

학습 위계상 상위에 존재한다. 따라서 이 점을 고려하여 교육 내용의 조직 차원에서는 문법 문식소의 분석, 해석, 설정이라는 순서로 제시한다. 문장 구조 선택항 체계의 확장은 동일 언어 단위 내의 유사 문법 범주 및 상이 문법 범주 구성과 언어 단위 간 교섭적 구성으로 구분된다. 또한 이러한 두 축을 기반으로 한 교육 내용 조직의 구도를 도식화하면 그림 4-1과 같다.

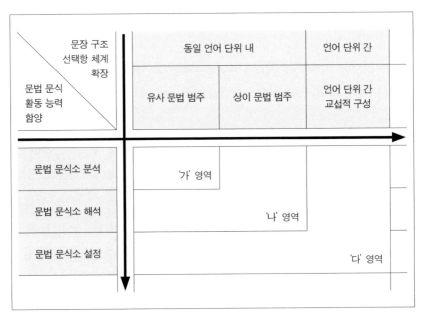

그림 4-1. 문법 문식성 관점의 문장 구조 교육 내용 조직의 구도

문법 문식 활동 국면과 문장 구조 선택항 체계를 교육 내용 조직의 두 축으로 삼았기 때문에, 동일 언어 단위 내에서 유사 문법 범주로 구성된 선택항 체계를 활용하여 문법 문식소를 분석해 보는 것('가' 영역)이 위계상 첫 단계의 교육 내용이 된다. 위계상 다음 단계의 교육 내용은 동일 언

어 단위 내 유사 문법 범주뿐 아니라 상이 문법 범주까지 포함하여 문법 문식소를 분석하고 해석해 보는 것('나' 영역)이 된다. 이처럼 위계상 상위 단계의 교육 내용은 하위 단계의 교육 내용을 횡적, 종적 차원에서 확장한다.

즉, '나' 영역은 선택항 체계 차원에서는 '가' 영역에서 다루었던 유사 문법 범주도 소재에 포함하되 이전 단계에서는 다루지 않았던 문법 문식소 해석 활동을 포함한다. 또한 '나' 영역에서 문법 문식소 분석을 할 경우에는 '가' 영역에서 다루지 않았던 상이 문법 범주도 다루게 된다. 이와 같은 연계적 확장을 통해 이전 단계에서는 횡적, 종적 차원에서 모두 다루지 않았던 상이 문법 범주로 구성된 선택항 체계를 활용한 문법 문식소 해석 활동을 하게 되는 것이다. 이러한 조직 원리에 따라 위계상 마지막 단계의 교육 내용은 언어 단위 간 교섭적 구성까지 포함하여 문법 문식소를 분석하고 해석하며 설정해 보는 것('다' 영역)이 된다.

문법 문식 활동은 그 자체로 완결성을 갖춘 수행 경험이다. 따라서 교육적 목적으로 특정 국면에 초점을 두어 다룰 때에는 해당 부분을 제외한 다른 국면과 관련하여 학습자에게 제공되는 정보의 양과 교사의 안내 정도를 고려하여 위계적 설계를 해야 한다. 즉, 문법 문식소 분석 국면을 다룰 경우 문법 문식소의 해석 및 설정과 관련된 정보를 어느 정도 제공할지에 대한 고려가 필요하다.

이와 관련하여 표 4-11을 참고할 수 있다. 이 표는 학생들에게 제공되는 정보의 양과 교사의 안내 정도에 따라 탐구를 네 가지 수준으로 구분한 연구 결과(Banchi & Bell, 2008: 26-27)이다. 이와 같은 단계는 탐구를 대상으로 한 것이기 때문에 문법 문식성 교육 내용 조직을 논의하는 이 책과 그 대상이 동일하지는 않지만, '학습자의 자기 주도성 정도'와 '교사나 자료를 통한 안내 정도'는 다른 연구에서도 성취 기준을 수준별로 구분하는 데 활용되어 왔기 때문에(Olson & Loucks-Horsley, 2000: 29) 교육 내용 조직에 참고할 수 있다.

표 4-11. 탐구의 네 가지 수준과 학습자에게 제공되는 정보(Banchi & Bell, 2008: 27)

| 수준 | 명칭 | 질문 | 과정 | 해결책 |
|---|---|---|---|---|
| 1 | 확인 탐구 (confirmation inquiry) | 제공 | 제공 | 제공 |
| 2 | 구조화된 탐구 (structured inquiry) | 제공 | 제공 | 제공하지 않음 |
| 3 | 안내된 탐구 (guided inquiry) | 제공 | 제공하지 않음 | 제공하지 않음 |
| 4 | 열린 탐구 (open inquiry) | 제공하지 않음 | 제공하지 않음 | 제공하지 않음 |

표 4-11은 탐구의 국면에 해당하는 탐구 질문과 탐구 과정, 탐구 문제 해결책과 관련된 정보를 모두 제공하는 '확인 탐구' 단계를 시작으로, 각 국면의 정보 제공을 순차적으로 제한하며 활동의 수준을 높인 '구조화된 탐구', '안내된 탐구' 단계를 거쳐 학습자가 스스로 탐구 질문까지 찾게 하는 '열린 탐구' 단계에 이르는 위계화를 보여 주고 있다. 문법 문식 활동 역시 문법 문식소의 설정, 분석, 해석의 국면으로 이루어져 있다는 점에서 이러한 단계를 활용할 수 있는데, 문법 문식 활동의 속성상 이러한 위계화는 맥락화 정도의 차이로도 이해될 수 있다. 문법 문식 활동의 수준과 맥락화 정도를 표로 제시하면 표 4-12와 같다.

표 4-12. 문법 문식 활동의 수준과 맥락화 정도

| 수준 | 문법 문식 활동의 성격 | 문법 문식소 설정 결과 | 문법 문식소 해석 과정 | 문법 문식소 분석 방법 | 맥락화 정도 |
|---|---|---|---|---|---|
| 1 | 확인 활동 | 제공 | 제공 | 제공 | 매우 낮음 |
| 2 | 문법 문식소 분석 중심의 구조화된 활동 | 제공 | 제공 | 제공하지 않음 | ↕ |
| 3 | 문법 문식소가 제시된 분석-해석 중심의 안내된 활동 | 제공 | 제공하지 않음 | 제공하지 않음 | |
| 4 | 문법 문식소 설정을 포함한 열린 활동 | 제공하지 않음 | 제공하지 않음 | 제공하지 않음 | 매우 높음 |

표 4-12를 구체적으로 살펴보면, 문법 문식소 설정 결과와 문법 문식소 해석 과정, 문법 문식소 분석 방법을 학습자에게 모두 제시하는 '확인 활동'(1수준)이 위계상 가장 낮은 단계가 된다. 이 단계는 문법 문식 활동의 전 과정이 모두 제시되기 때문에 맥락화 정도가 가장 낮고, 학습자는 문법 문식 활동이 어떤 과정을 통해 이루어지는지를 확인할 수 있다. 다음은 문법 문식소 설정 결과와 해석 과정은 제시하되 문법 문식소 분석 방법은 제시하지 않는 '문법 문식소 분석 중심의 구조화된 활동'(2수준)이다. 이 단계에서 학습자는 제시된 문법 문식소 해석 과정을 참고하며 분석을 수행한다. 다음 단계는 문법 문식소의 설정 결과만 제시하고 분석과 해석 활동은 학습자가 하도록 하는 '문법 문식소가 제시된 해석-분석 중심의 안내된 활동'(3수준)이다. 그리고 마지막 단계는 문법 문식소의 설정, 해석, 분석 관련 정보가 모두 제시되지 않아 학습자가 전 단계를 주도적으로 수행해야 하는 '문법 문식소 설정을 포함한 열린 활동'(4수준)이다.

## 1) 문법 지식의 재구성을 위한 교육 순서

### (1) 동일 언어 단위 내 선택항 조직

#### ① 유사 문법 범주 구성

유사 문법 범주 구성은 동일한 언어 단위 내에서 범주적 유사성이 큰 문법 항목을 선택항으로 설정하는 방식이다. 논항 구조-통사 구조 선택항 체계 중에는 '자동-타동, 피동-능동', 정보 구조-통사 구조 선택항 체계 중에는 '분열문-비분열문, 어순 변이-기본 어순', 통사 구조 선택항 체계 중에는 '대등절-종속절, 인용절 사용 정도'가 여기에 해당한다.

유사 문법 범주 구성은 언어 단위의 동일성, 범주의 유사성이라는 측면에서는 구조주의적 문법관에 바탕을 둔 문법 지식 제시 방식과 공통점이 있다. 그러나 범주 구성 요소가 병렬적으로 나열된 것이 아니라 기능을 기준으로 선택항 관계에 놓이는 문법 항목이 체계를 이루고 있다는 점에서 기존 방식과 구분된다. 그럼에도 유사 문법 범주 구성은 구조주의적 문법관에 바탕을 둔 문법 지식 제시 방식과 공통점을 갖기 때문에 '구조에 대한 학습'과 '구조에 바탕을 둔 기능 학습'을 매개하는 역할을 할 수 있다.

표 4-13. 유사 문법 범주 중심의 선택항 구성

| 범주 | 선택항 체계 |
| --- | --- |
| 논항 구조-통사 구조 접면 | 자동 구문-타동 구문, 피동 구문-능동 구문 |
| 정보 구조-통사 구조 접면 | 분열문-비분열문, 어순 변이-기본 어순 |
| 통사 구조 | 대등절-종속절, 인용절 사용 정도 |

② 상이한 문법 범주 구성

상이한 문법 범주 구성은 동일한 언어 단위 내에서 범주적 차이가 상대적으로 큰 문법 항목을 선택항으로 설정하는 방식이다. 논항 구조-통사 구조 선택항 체계 중에는 '통사 구조상 완전히 배제-생략 또는 잠재논항', 정보 구조-통사 구조 선택항 체계 중에는 '관형사절-종속절, 대등절'이 여기에 해당한다.

상이한 문법 범주 구성은 구조주의적 문법관에서 보았을 때 동일하지 않은 범주를 대응 쌍으로 설정하고 있어 표면적으로는 범주 착오인 것으로 오인될 수 있다. 그러나 달리 보면 별도의 범주로 인식되던 대상들을 기능적 차원에서 연결 짓고 있기 때문에 새로운 범주를 형성하여 학습자의 문법 지식을 재구성하는 조직 방식으로 볼 수 있다. 상이한 문법 범주 구성은 동일 언어 단위 내에 있는 다양한 범주 간의 연결성을 강화하여 학습자의 문법 지식 개념망을 더욱 조밀한 구조로 재구성한다.

표 4-14. 상이한 문법 범주 중심의 선택항 구성

| 범주 | 선택항 체계 |
| --- | --- |
| 논항 구조-통사 구조 접면 | 통사 구조상 완전히 배제-생략 또는 잠재논항 |
| 정보 구조-통사 구조 접면 | 관형사절-종속절, 대등절 |

(2) 언어 단위 간 교섭적 선택항 조직

언어 단위 간 교섭적 구성은 상이한 언어 단위에 존재하는 문법 항목을 선택항으로 설정하는 방식을 뜻한다. 통사 구조 선택항 체계 중 '문장 수준 표상-절 수준 표상, 절 수준 표상-어휘 수준 표상'이 여기에 해당한다.

언어 단위 간 교섭적 구성은 범주를 넘나든다는 점에서는 상이한 문법 범주 구성과 유사하지만 언어 단위라는 층위까지도 넘나든다는 점에서 가장 확장된 수준의 선택항 조직이라고 할 수 있다. 학습자의 문법 지식 구성은 언어 단위를 기본으로 이루어지지만, 언어 단위 간 상호 교섭적 선택항 조직을 통해 언어 단위 간 층위를 넘나드는 관계망도 확장적으로 구성할 수 있게 되기 때문이다.[더 알아보기 3]

표 4-15. 언어 단위 간 교섭적 선택항 조직

| 범주 | 선택항 체계 |
|------|------------|
| 통사 구조 | 문장 수준 표상–절 수준 표상<br>절 수준 표상–어휘 수준 표상 |

## 2) 문법 지식의 맥락화를 위한 교육 순서

### (1) 문법 문식소 분석 중심의 구조화된 활동

이 활동은 문법 문식소 설정 결과와 해석 과정은 제시하되 문법 문식소 분석 방법은 제시하지 않는 단계로, 학습자는 설정된 문법 문식소를 대상으로 분석을 수행한다. 이때 문법 문식 활동의 소재가 되는 문장 구조 선택항 체계 역시 단계적으로 제시되어야 한다. 따라서 이 단계에서는 문장 구조 선택항 체계 역시 동일 언어 단위 내에 존재하는 유사 문법 범주와 상이 문법 범주를 순차적으로 활용한다. 이상의 내용을 정리하면 그림 4-2와 같다.

| 단계 | 내용 |
|---|---|
| 문법 문식소 분석 | 〈문법 문식 활동〉<br>• 문법 문식소 설정과 해석 결과는 주어짐<br>• 문법 문식소 분석 활동이 주를 이룸<br>• 계열화 전략 활용하여 선택항 체계 구성하기<br><br>〈문장 구조 선택항 체계〉<br>• 동일 언어 단위 내 유사 문법 범주<br>• 동일 언어 단위 내 상이 문법 범주 |

그림 4-2. 문법 문식소 분석 중심의 구조화된 활동 단계

다음은 사설을 활용하여 '문법 문식소 분석 중심의 구조화된 활동'을 학습 활동 수준으로 구체화한 사례이다.

■ 다음 글을 읽고 주어진 활동을 해 보자.

> (공공기관과 지방 공기업에서 시행하게 된 블라인드 채용이 도입 취지와 달리 부작용을 가져올 가능성이 있다는 점을 지적하고, 관련 정책을 보다 정교하게 설계해야 한다는 내용을 담은 사설)

**활동 1)** 다음은 어떤 학생이 위 글에 사용된 문장 구조 중 관형사절에 주목하여 해석한 내용이다. 이와 같은 해석에 도달하기 위해 일부 관형사절을 다른 구조로 표현해 보는 활동을 해 보자.

학생의 해석 내용: 이 글을 읽다 보니 '정부가 강하게 밀어붙이고 있는', '블라인드 채용이 가져올'과 같은 관형사절에 주목하게 되었어. 모든 관형사절이 다 그런 건

아니지만, 어떤 관형사절들은 객관적 사실인지 여부가 분명하지 않은 내용까지 이미 보편적으로 수용되고 있는 것처럼 느끼게 하는 효과가 있는 것 같아. 사설이 사회적 현상에 대한 해당 기관의 입장을 드러내는 장르이고 그 입장을 많은 사람들이 받아들이게 하기 위해 이런 객관화 전략을 사용하는 것 같아. 관형사절이 아니라 다른 문장 구조로 표현했다면 '정부가 강하게 밀어붙이고 있는', '블라인드 채용이 가져올 (여러 가지 부작용)'이 담고 있는 내용에 대해 사실 여부를 문제 삼아 따질 것 같은데 관형사절로 표현되어 있으니 이미 이러한 내용이 사실로 전제된 것 같아 따질 생각을 하기 쉽지 않은 것 같아.

| 원 문장: 관형사절 | 다른 문장 구조로 표현해 보기 |
|---|---|
| 정부가 강하게 밀어붙이고 있는<br>(블라인드 채용) | |
| 블라인드 채용이 가져올<br>(여러 가지 부작용) | |

예시 답안: 정부는 블라인드 채용을 강하게 밀어붙이고 있는데 / 블라인드 채용은 여러 가지 부작용을 가져올 수 있으므로

**활동 2)** 신문에 실린 사설이나 칼럼을 더 찾아보고, 관형사절에 주목하여 다른 문장 구조로 바꾸어 보는 활동을 해 보자.

(2) 문법 문식소가 제시된 분석-해석 중심의 안내된 활동

이 활동은 문법 문식소의 설정 결과만 제시하고 분석과 해석 활동은 학습자가 하도록 하는 단계이다. 이 단계에서도 문법 문식 활동의 소재가 되는 문장 구조 선택항 체계가 단계적으로 제시되어야 한다. 따라서 이 단계에서는 유사 문법 범주, 상이 문법 범주, 언어 단위 간 교섭적 범주를 순차적으로 활용한다. 이상의 내용을 정리하면 그림 4-3과 같다.

| 단계 | 내용 |
|---|---|
| 문법 문식소 분석<br><br>↓<br><br>문법 문식소 해석 | 〈문법 문식 활동〉<br>• 문법 문식소 분석 활동<br>  - 연계적 분석<br>• 문법 문식소 해석 활동<br>  - 장르성에 근거한 해석 조정<br>  - 문장 구조에 부여된 선호된 읽기 해체<br>〈문장 구조 선택항 체계〉<br>• 동일 언어 단위 내 유사 문법 범주<br>• 동일 언어 단위 내 상이 문법 범주<br>• 언어 단위 간 교섭적 구성 |

그림 4-3. 문법 문식소가 제시된 분석-해석 중심의 안내된 활동 단계

다음은 앞서 제시된 사설을 활용하여 '문법 문식소가 제시된 분석-해석 중심의 안내된 활동'을 학습 활동 수준으로 구체화한 사례이다.

■ 다음은 어떤 학생이 위 글에 사용된 문장 구조 중 관형사절에 주목한 과정을 담은 내용이다. 이를 참조하여 주어진 활동을 해 보자.

학생이 주목한 부분: 이 글을 읽다 보니 '정부가 강하게 밀어붙이고 있는', '블라인드 채용이 가져올'과 같은 관형사절에 주목하게 되었어. 사설과 같이 주장을 내세우는 장르에서 관형사절을 사용하는 것이 특정한 효과를 가져올 수 있겠다는 생각이 들었기 때문이야.

**활동 1)** 밑줄 친 부분을 다른 구조의 문장으로 표현해 보자.

| 원 문장: 관형사절 | 다른 문장 구조로 표현해 보기 |
|---|---|
| 정부가 강하게 밀어붙이고 있는<br>(블라인드 채용) | |
| 블라인드 채용이 가져올<br>(여러 가지 부작용) | |

**활동 2)** '사설'의 장르적 특성이 무엇인지 생각해 보고, 이를 바탕으로 밑줄 친 부분을 관형사절로 표현하는 것이 어떤 효과를 갖는지 토의해 보자.

### (3) 문법 문식소 설정을 포함한 열린 활동

이 활동은 문법 문식소의 설정, 분석, 해석 관련 정보가 모두 제시되지 않아 학습자가 전 단계를 주도적으로 수행해야 하는 단계이다. 이 활동은 위계상 가장 상위 수준에 위치하며, 활동 측면에서는 문법 문식소의 설정, 분석, 해석이 순차적으로 이루어져야 한다. 문법 문식 활동의 소재가 되는 문장 구조 측면에서는 유사 문법 범주, 상이 문법 범주, 언어 단위 간 교섭적 범주를 순차적으로 활용한다. 이상의 내용을 정리하면 그림 4-4와 같다.

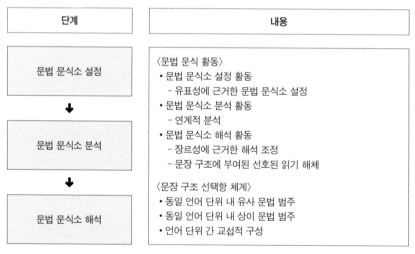

그림 4-4. 문법 문식소 설정을 포함한 열린 활동 단계

다음은 앞서 제시하였던 사설(297쪽)을 활용하여 '문법 문식소 설정을 포함한 열린 활동'을 학습 활동 수준으로 구체화한 사례이다.

---

**활동 1)** 본문의 설명을 참고하여 위 글을 읽고 문장 구조 차원에서 주목할 필요가 있는 부분을 찾아 밑줄을 그어 보자.
*교과서 본문에 문법 문식소 설정 유형에 대한 설명 제시*

**활동 2)** 밑줄 친 부분을 다른 구조로 바꾸어 보고, 위 글의 장르적 특성을 고려하여 각 문장 구조에 따른 효과의 차이가 무엇일지 생각해 보자.

**활동 3)** 위의 두 활동 결과를 바탕으로 위와 같은 구조의 문장을 읽을 때 어떠한 점에 유의해야 할지 이야기해 보자.

---

## [1] 명사의 위계와 유표성

교육 내용으로서의 선택항 체계에는 제시하지 않았으나 언어유형론적 관점에서 보면 '무생물(inanimate)' 자질을 가진 명사류가 통사적 층위에서 타동사의 주어(A)로 실현되면 유표성을 띨 가능성이 높아진다. 딕슨(Dixon, 2010: 138-139)에서는 목적어(O)보다는 타동사의 주어(A)로 실현될 가능성이 높은 명사의 위계(nominal hierarchy)가 존재한다고 보았다. 또한 주격-대격 언어에서 위계상 높은 위치에 있는 명사가 목적어로 실현되면 유표적 표지가 부여되고, 반대로 능격-절대격 언어에서 위계상 낮은 위치에 있는 명사가 타동사의 주어로 실현되면 유표적 표지가 부여되는 경향이 있다고 설명한 바 있다. 따라서 '인간화/비인간화'는 의미역 차원에서 선택항 체계를 구성하기도 하지만 통사 구조 층위까지 함께 고려하면 비인간화되어 '무생물(inanimate)' 자질을 가진 명사가 타동사의 주어가 되면 유표성을 띠게 됨을 알 수 있다.

그러나 이 문제는 명사의 위계 문제, 언어유형론적 차원의 격 정렬형 문제 등에 대한 이해를 전제하기 때문에 학습 위계를 고려하여 교육 내용으로서의 선택항 체계에는 넣지 않았다. 참고로 딕슨(2010: 138)에 제시된 명사의 위계는 다음과 같다.

| 1인칭<br>대명사 | 2인칭<br>대명사 | 3인칭<br>대명사,<br>지시사 | 고유 명사 | 보통 명사 | | |
|---|---|---|---|---|---|---|
| | | | | 인간<br>(human) | 생물<br>(animate) | 무생물<br>(inanimate) |

명사의 위계(Dixon, 2010: 138)

## [2] 체계기능언어학에서 장르 개념의 발달사
### : 기능적 주체에서 장르로

언어 형식은 표면적 현상 층위에서만 보면 한 개인에 의해 선택되는 것이지만, 그 이면에 장르에 대한 인식이 작용하고 있다고 볼 필요가 있다. 장르와 개인의 문제는 체계기능언어학의 발달사를 살펴봄으로써 보다 명료하게 이해할 수 있다. 개념사적 관점에서 보았을 때 체계기능언어학의 장르 개념은 사용역의 주체(tenor) 개념과 무관하지 않기 때문이다. 마틴(2014b: 12-13)의 증언에 따르면, 초기에는 사용역 분석 시 마이클 그레고리(Michael Gregory)의 제안에 따라 장(field), 양식(mode), 개인적 주체(personal tenor), 기능적 주체(functional tenor)의 네 가지 요소를 사용했다. 그러나 주체의 이원화가 비정합적이라는 지적이 제기되자 '기능적 주체'를 '텍스트의 스키마 구조'로 재개념화하고 사용역의 심층 요소로 규정하였으며, 최종적으로 이를 '장르'로 명명하게 되었다.

현재 '장르'로 명명되는 개념이 초기에는 사용역의 구성 요소로서 일종의 '주체'로 명명되었으며, 개인적 주체와는 구분되었다는 점은 장르와 개인적 주체가 동일 층위에 존재하는 것이 아니라 상이한 층위에 존재하기 때문에 동시에 발현되는 것이 가능함을 시사한다.


## [3] 조망적 유사성

'상이한 문법 범주 구성'과 '언어 단위 간 교섭적 선택항 조직'은 문법 지식이 다양한 방식으로 범주화될 수 있음을 드러내어, 문법 지식 간의 조망적 유사성(respective similarity)을 높인다. 여기서 조망적 유사성이란

'철수와 영희는 둘 다 이기적이라는 점에서 닮았다.'와 같이 특정한 조망에서의 유사성을 의미하는 개념으로, 미분화된 유사성을 나타내는 총체적 유사성과 구분된다(신현정, 2000: 106).

신현정(2000: 138-139)에 따르면 임상심리학 전문가에게 정신병리 증상들을 범주별로 나누는 과제를 주었을 때 전문가는 일반인에 비해 특정 증상들이 여러 범주에서 공통적으로 나타난다는 사실을 알고 있기 때문에 증상을 피상적 수준에서 인식하고 있는 비전문가보다 덜 차별적으로 범주화하는 경향이 있었다. 어떠한 조망을 갖느냐에 따라 특정 증상이 다양한 방식으로 범주화될 수 있는 것이다.

이러한 점을 고려할 때 기존의 문법 범주를 넘나들며 선택항을 구성하는 활동은 학습자에게 다양한 방식의 조망적 유사성을 인식하게 하여 문법 개념 간 연결 관계를 조밀하게 하는 데 기여할 수 있다.

## [1] 절차적 지식과 방법적 지식은 같은가 다른가

그간 많은 연구에서 '절차적 지식'을 길버트 라일(Gilbert Ryle)의 '방법적 지식', 마이클 폴라니(Michael Polanyi)의 '당사자적 지식, 암묵적 지식', 오크쇼트의 '실제적 지식'과 혼용하여 사용해 왔다. 그러나 절차적 지식의 개념이 이원적 속성을 띠고 있어 이 책에서는 절차적 지식을 다른 용어들과 구분하여 사용한다.

앤더슨 외(Anderson et al., 2001/강현석 외 역, 2005: 59-62)에서는 '절차적 지식'을 '(1) 교과의 특수한 기능과 알고리즘에 대한 지식, (2) 교과의 특수한 기법과 방법에 대한 지식, (3) 적절한 절차의 사용 시점을 결정하기 위한 준거에 대한 지식'의 세 유형으로 구분한 바 있다. (2), (3)은 암묵적 속성을 지니고 있어 명제적 지식과 병렬적으로 존재하는 것이 아니라 그 이면에 존재하는 실제적 지식(차미란, 2003: 161), 암묵적 지식, 당사자적 지식, 방법적 지식과 유사한 의미로 볼 수 있으나, (1)은 '만약(if)~, 그렇다면(then)'과 같이 알고리즘 형식으로 이루어진 지식이기 때문에 서술적 속성을 지닌 명제적 지식과 지식의 형식 층위에서도 구분된다.

이러한 이유로 이 책에서는 절차적 지식이라는 용어를 (1)의 의미로만 사용한다.

### [2] 화제가 없는 문장도 존재하는가: 무대 화제 설정 문제

제언문은 통상 화제 요소가 없는 것으로 간주되지만, 무대 화제(stage topic) 개념을 설정하여 제언문에도 화제가 존재하는 것으로 보는 입장도 있다. 이러한 입장에서는 "무슨 일이 일어났어?(What happened?)"라는 물음의 대답으로 발화된 "존이 그릇을 씻었어!(John washed the dishes!)"라는 문장이 문장 초점이지만 특정한 시간과 공간이 암묵적인 화제로 작용한다고 보고, 이를 무대 화제로 명명한다(Erteschik-Shir, 2007: 16-17). 그러나 모든 문장에 무대 화제가 존재하는지 아니면 특정 문장에만 존재하는지의 문제가 불분명하고, 무대 화제를 가정해야 하는 조건 또한 명확하지 않기 때문에 이 책에서는 무대 화제의 개념을 사용하지 않는다.

V

# 맺음말

들어가며

Ⅴ장에서는 문법 문식성에 관한 지금까지의 논의를 정리하고, 향후 어떠한 탐색이 이루어져야 하는지 제언한다. 문법 문식성은 이제 겨우 출발점에서 한 발자국을 떼었을 뿐이다. 앞으로 문법 문식성이 진정 의미 있는 교육 내용이 될 수 있도록 하기 위해서는 문법교육과 국어교육을 고민하는 사람들 간의 지속적인 소통이 이루어져야 할 것이다.

지금까지 문법교육의 관점에서 문법 문식성을 개념화하고 문법 문식성의 작동 기제를 문장 구조 차원에서 구체화하여 문법 문식성 관점의 문장 구조 교육 내용을 선정하고 조직하였다. 문법 문식성은 '체계기능언어학의 사회기호학적 문법관을 바탕으로 텍스트에 사용되었거나 사용될 특정한 문법적 장치 중 어떤 것에 주목할지를 결정하고 이를 구조, 기능, 장르, 이데올로기 층위에 걸쳐 분석 및 해석하는 활동'을 의미한다.

　여기서 사회기호학이란 체계기능언어학에서 옐름슬레우의 기호학적 관점을 수용하여 구축된 개념으로, 사회적 맥락을 언어를 둘러싼 언어 외적 산물로 규정하지 않고 의미의 상위 층위로 규정하는 이론이다. 사회기호학에서는 맥락이 언어의 내용 형식으로서 내포 기호학 체계를 이루고, 언어는 맥락의 표현 형식으로서 외시 기호학 체계를 이룬다. 문법 문식성은 문법교육 외부에서 탈맥락적으로 주입된 개념이 아니라 문법교육 연구사에서 지속적으로 논의되어 온 개념들을 사회기호학적 관점에서 새롭게 정립한 것이다. 이 책에서는 문법교육의 장에서 문법 문식성이라는 개념을 정립함으로써 문법교육이 제공하는 교육적 경험이 문법 탐구라는 단일한 구조로 환원되지 않고 '문법 탐구 경험'과 '문법 문식 경험'이라는 두 축으로 구성될 수 있도록 하였다.

　이러한 관점을 바탕으로 II장에서는 문법 문식성의 개념과 구성 요소를 고찰하고, 문장 구조의 정의와 작동 기제를 이론적 차원에서 검토하였다. 문법 문식성의 개념을 정의하기 위해 우선 '사회기호학적 문법관 차원에서 주목을 요하는 텍스트 내 문법적 장치'를 문법 문식소로 명명하고 문법 문식성의 작동 기제를 '문법 문식소의 설정, 분석, 해석'으로 규정하였다. 문법 문식소 개념을 도입함으로써 언어 사용과 구성의 원리로서의 문법은 모든 언어활동의 기저에 작용하지만 문법을 매개로 한 언어에 대한 메타적 인식은 특정한 언어활동의 국면에 작용한다는 점을 분명히 하여 문법의 기능성에 대한 해묵은 오해를 극복하였다. 또한 문법 문식소 설정이라는 국면에 착안하여 그 기제를 규명함으로써 문법의 기능성에 주목하는 논의가 국어교육의 장에서 어떤 방식으로 정립되어야 하는지를 보여 주었다.

문법 문식성의 개념을 정립하는 과정에서 문법 문식성이 터한 장르 개념의 이론적 위상과 문법 문식성 기제 내에서의 위상을 함께 논의한 부분에도 주목할 필요가 있다. 이 책에서는 체계기능언어학 계열의 장르 연구가 장르 개념화 방식에 따라 두 가지로 대별된다는 점을 확인하고, 이 중 장르 관계를 바탕으로 장르를 '장르 체계의 한 선택항'으로 보는 관점을 수용하였다(Martin & Rose, 2008; Martin, 2014a, 2014b, 2015). 문법 문식성에서 장르는 설정된 문법 문식소를 어떤 방식으로 해석할지 조정하는 역할을 하는데, 장르를 장르 체계의 선택항으로 보는 관점을 취하여 장르를 장르성 자질의 집합으로 간주함으로써 장르 층위의 해석 조정 작업을 용이하게 하였다.

문법 문식성 관점을 수용함에 따라 문장 구조는 통사 구조로 한정되지 않고 논항 구조, 정보 구조를 포괄하는 개념으로 재규정되었다. 문장 구조 차원의 문법 문식 활동은 문장 구조 차원의 문법 문식소 설정 단계에서 시작하여 기능적 논항 구조 및 통사 구조 분석을 통한 사태의 명제화 과정 재구성과 정보 구조 및 통사 구조 분석을 통한 명제의 정보구조화 과정 재구성 단계를 거치는 것으로 확인되었다. 이어 장르의 해석 조정 단계를 거쳐 이데올로기 층위에서 사태의 명제화를 사회적 사태의 표상 방식과 연결 짓고 명제의 정보구조화를 사회적 정체성 부여와 연결 짓는 차원으로 이어짐을 확인하였다.

Ⅲ장에서는 구성주의 근거이론 연구를 통해 숙련자와 학습자가 문법 문식소의 설정, 분석, 해석 국면에서 수행하는 문장 구조 차원의 문법 문식 활동 양상과 문법 문식 활동을 통한 학습자의 문법 지식 재구성 양상을 확인하였다.

우선 문법 문식소의 설정 국면은 유표성에 근거한 맥락화 단서 설정 유형과 직관에 의존한 문법 표지 설정 유형으로 대별하였고, 전자의 하위 유형으로 장르 독립적 유표성 인식, 장르 매개적 유표성 인식, 문법적 은유를 통한 사태와 언어 간의 불일치 인식이 존재함을 확인하였다. 문법 문식소 분석 국면은 사태-잠재태-실현태의 연계적 분석 유형과 제한적 분석 유형으로 대별하였다. 전자의 하위 유형에는 '논항 구조의 가능태 계열화를 통한 사태 재구성, 논항 구조 선택항의 선택과 배제 과정 인식'으로 이루어진 사태의 명제화 과정 재구성과, '정보 구조에 따른 통사 구조 가능태 계열화, 정보 지위 및 현저성 부여 과정 인식'으로 이루어진 명제의 정보구조화 과정 재구성이 존재함을 확인하였다. 그리고 후자의 하위 유형에는 '문맥 제한적 분석, 문장 제한적 분석'으로 이루어진 연계성 제한 유형과 계열성 제한 유형이 존재함을 확인하였다. 문법 문식소 해석 국면에서는 장르성에 근거한 해석 조정 유형과 장르성을 배제한 단선적 해석 유형을 확인하였고, 이데올로기 층위에서는 문장 구조에 부여된 선호된 읽기 해체 양상을 확인하였다. 문법 문식 활동을 통한 문법 지식의 재구성의 경우 기능적 관련성에 근거한 재구성, 구조적 관련성에 근거한 재구성, 언어 단위 간 통섭적 재구성 양상을 보였다.

숙련자와 비교했을 때 학습자는 문법 문식소 설정 시 유표성을 거의 활용하지 못하였고, 문법 문식소 분석 국면에서는 사태, 잠재태, 실현태를 연계하지 못하고 문맥 또는 문장에 제한된 분석을 하는 경향을 보였다. 문법 문식소 해석 국면에서는 장르성을 배제한 단선적 해석이 많이 나타났고, 문장의 내용이 아닌 구조에 주목하여 문장 구조에 부여된 선호된 읽기를 해체하는 데 어려움을 겪는 것으로 나타났다.

이를 토대로 문장 구조 차원의 문법 문식 활동 과정을 개념적 차원과 관계적 차원에서 이론화하였다. 개념적 차원에서는 문법 문식성의 속성 구조를 밝혔고, 관계적 차원에서는 문법 지식의 기능성을 맥락화하는 원심적 지향과 문법 지식이 재구성되는 구심적 지향이 존재함을 규명하였다.

이상의 논의를 바탕으로 IV장에서는 문법 문식성 관점의 문장 구조 교육 내용을 선정하고 조직하였다. 교육 내용의 범주는 문법 문식 활동의 국면별로 요구되는 지식의 속성에 근거하였다. 문법 문식소 설정 국면에서는 기법적 지식인 유표성 체계와 실제적 지식인 유표성 판단이, 문법 문식소 분석 국면에서는 기법적 지식인 문장 구조 선택항 체계와 실제적 지식인 계열화 방식 판단이, 문법 문식소 해석 국면에서는 절차적 지식인 장르 층위의 해석 조정 및 이데올로기 층위의 해석이 요구된다. 이와 같은 지식의 속성에 근거하여 기법적 지식의 기반이 되는 문장 구조 선택항 체계와 실제적 지식에 해당하는 인지 과정 유형을 교육 내용으로 제시하였다. 문장 구조의 선택항 체계의 경우 숙련자의 선택항 체계뿐 아니라 학습자의 선택항 체계도 함께 고려하여 논항 구조, 정보 구조, 통사 구조 차원에서 교육 내용으로서의 선택항 체계를 구체화하였다. 인지 과정의 경우 문법 문식소의 설정, 분석, 해석에 관여하는 인식 유형을 연계적 인식, 계열적 인식, 해체적 인식으로 체계화하여 교육 내용으로 상세화하였다.

교육 내용의 조직은 문장 구조 선택항 체계의 확장과 문법 문식 활용 능력의 함양이라는 두 축을 기반으로 이루어졌다. 문장 구조 선택항 체계의 확장은 동일 언어 단위 내의 유사 문법 범주 및 상이 문법 범주 구성과 언어 단위 간 교섭적 구성으로 구분된다. 문법 문식 수행 능력 함양의 경우 학습자에게 제공되는 정보의 양과 교사의 안내 정도를 고려하여 '확인 활동, 문법 문식소 분석 중심의 구조화된 활동, 문법 문식소가 제시된 분석-해석 중심의 안내된 활동, 문법 문식소 설정을 포함한 열린 활동'으로 위계화하였다.

이 책의 논의는 문장 구조를 대상으로 문법 문식 활동의 작용 기제를 규명하고 이를 바탕으로 교육 내용을 설계하여 문법 문식성 교육의 한 국면을 체계화하였다는 점에서 연구사적 의의를 지닌다. 문법 문식 활동이 문법 탐구 활동과 함께 문법교육 내용의 한 축으로서 자리매김하기 위해서는 추후 다음과 같은 후속 연구가 요구된다.

첫째, 문장 구조 이외의 다양한 문법 범주에 대한 문법 문식성 교육 연구가 이루어져야 한다. 각 문법 범주별 문법 문식 활동 기제의 공통점과 차이점을 규명하여 문법 문식 활동의 전체 구조가 파악되어야 체계적인 문법 문식성 교육이 이루어질 수 있다. 한국어의 유형론적 특징을 고려한다면 특히 조사와 어미에 우선적으로 주목하는 것도 가능할 것이다.

둘째, 문법 문식 활동의 전모를 규명하기 위해 다각도의 연구가 이어져야 한다. 이 책에서는 '문장 다시 쓰기'라는 방법을 활용하여 문장 구조 차원의 문법 문식 활동 양상을 규명하였으나 이는 전체 모습의 한 양상일 뿐 문장 구조 차원에서 이루어지는 문법 문식 활동의 전체 모습을 모두 포괄한다고 보기 어렵다. 이는 도출된 이론을 절대적인 것으로 보지 않고 특정 맥락에서 구성된 것임을 분명히 드러내는 구성주의 근거이론의 특성과도 관련된다. 앞으로 다양한 맥락에 놓인 연구자들이 해당 맥락에서 고안해 낸 방법을 활용하여 문법 문식 활동의 양상을 다각도로 포착하고, 이러한 결과들이 상호 조정되는 과정을 거쳐 종합된다면 실제를 보다 핍진하게 드러내는 이론을 정립할 수 있을 것이다.

셋째, 문법 문식 활동 관련 요인 간의 영향 관계에 대한 양적, 질적 연구가 수행되어야 한다. 우리는 기존 이론의 발전 수준이 중간적 상황이라는 전제하에 문법 문식성이라는 개념을 제안하고 구성주의 근거이론을 통해 문장 구조 차원의 작동 기제를 규명하였다. 향후 문법 문식성 관련 연구가 축적되면 다양한 현상들에 대한 양적, 질적 연구를 통해 이론적 틀이 현상을 잘 설명하고 있는지 검증되어야 할 것이다.

이와 같은 일련의 연구가 이루어질 때 문법 문식 경험은 문법교육이 제공하는 고유의 교육적 경험으로 확고히 자리매김할 수 있을 것이다.

**부록 1. 학습자용 활동 과제**

* 학습 과제지별로 밑줄을 달리 설정하여 두 부분에 밑줄을 표시함. 위의 텍스트에는 밑줄을 쳤던 모든 문장에 밑줄 표시를 하였음.

1-1. ㉠을 다른 문장 구조로 바꾸어 보자.

1-2. 원 문장과 바꾼 문장의 표현 효과상의 차이에 대해 나름대로 설명해 보자. 이를 바탕으로 원래의 문장 구조에 담긴 글쓴이의 의도를 해석해 보고 왜 그렇게 생각할 수 있는지 설명해 보자. (비판적 해석도 가능함, 생각 과정을 최대한 구체적으로 상세히 쓸 것)

2-1. ㉡을 다른 문장 구조로 바꾸어 보자.

2-2. 원 문장과 바꾼 문장의 표현 효과상의 차이에 대해 나름대로 설명해 보자. 이를 바탕으로 원래의 문장 구조에 담긴 글쓴이의 의도를 해석해 보고 왜 그렇게 생각할 수 있는지 설명해 보자. (비판적 해석도 가능함, 생각 과정을 최대한 구체적으로 상세히 쓸 것)

3-1. 1번과 2번의 문장을 제외하고 위 글에서 문장 구조에 주목해 볼 필요가 있는 문장을 써 보자.

3-2. 왜 해당 문장의 구조에 주목했는지 설명해 보자. (교체 가능한 문장 구조 예를 들며 설명 가능, 생각 과정을 최대한 구체적으로 상세히 쓸 것)

4. 이 활동을 하면서 어떤 지점에서 어려움을 느꼈는지 써 보자. (생각 과정을 최대한 구체적으로 상세히 쓸 것)

**부록 2. 숙련자용 심층 면담 질문**

○ 학습자에게 제공한 것과 동일 텍스트를 제시한 경우
1. 이 글에서 특히 문장 구조에 주목하게 되는 경우가 있나요? 있다면 어떤 경우인지 말씀해 주시기 바랍니다.
2. 문장 구조 차원에서 주목한 문장을 대상으로 하여, 해당 문장의 구조에 담긴 의도와 표현 효과를 분석하고 해석한 후, 그 과정과 결과에 대해 상세히 말씀해 주시기 바랍니다.


○ 별도의 텍스트를 제공하지 않고 자유롭게 텍스트를 활용할 수 있게 한 경우
1. 글을 읽거나 쓸 때 특히 문장 구조에 주목하게 되는 경우가 있나요? 있다면 어떤 경우인지 말씀해 주시기 바랍니다.
2. 문장 구조를 선택하거나 바꾸는 과정에서 주로 어떤 점을 고려하시나요?
3. 문장 구조를 선택할 때 어떤 점에서 어려움을 느끼는지 말씀해 주세요.

## 참고문헌

고영근(2001), 『역대한국문법의 통합적 연구』, 서울대학교출판부.

고영근(2004), 「국어 문법 교육의 방향 탐색」, 『우리말연구』 15, 우리말연구회, pp. 23-51.

고영근(2013), 「민족어의 논항 구조와 그 유형론적 접근: 언어 유형론 노트 (3)」, 『형태론』 15(2), pp. 242-259.

고영근·구본관(2008), 『우리말 문법론』, 집문당.

고춘화(2013), 「언어관의 변화와 문법 교육의 정체성」, 『새국어교육』 95, 한국국어교육학회, pp. 495-520.

교육과학기술부(2012), 국어과 교육과정(교육과학기술부 고시 제2012-14호).

교육부(2015), 국어과 교육과정(교육부 고시 제2015-74호).

곽기영(2014), 『소셜 네트워크 분석』, 청람.

구본관(2009), 「패러다임의 변화와 문법 교육의 방향」, 『어문학』 103, 한국어문학회, pp. 1-40.

구본관(2015), 「문법과 문학 영역의 통합」, 『국어교육』 148, 한국어교육학회, pp. 75-122.

구본관(2016), 「법 연구의 변화와 문법 교육의 변화: 탈문법학 시대의 문법 교육의 새로운 지향」, 『국어교육연구』 37, 서울대학교 국어교육연구소, pp. 197-254.

구본관·박재연·이선웅·이진호·황선엽(2015), 『한국어 문법 총론』 I, 집문당.

구본관·신명선(2011), 「원리 중심의 문법 교육에 대한 연구」, 『국어교육연구』 27, 서울대학교 국어교육연구소, pp. 261-297.

권재일(1995), 「국어학적 관점에서 본 언어 지식의 영역 지도의 내용」, 『국어교육연구』 2, 서울대학교 국어교육연구소, pp. 159-175.

권향원(2016), 「근거이론의 수행방법에 대한 이해: 실천적 가이드라인과 이론적 쟁점을 중심으로」, 『한국정책과학학회보』 20(2), 한국정책과학학회, pp. 181-216.

권향원·최도림(2011), 「근거이론적 방법의 이론화 논리에 대한 이해: 한국행정학의 비맥락성과 방법론적 편향성 문제를 중심으로」, 『한국행정학보』 45(1), 한국행정학회, pp. 275-302.

김광해(1992), 「문법과 탐구학습」, 『선청어문』 20(1), 서울대학교 국어교육과, pp. 81-101.

김광해(1995), 「언어 지식 영역의 교수 학습 방법」, 『국어교육연구』 2, 서울대학교 국어교육연구소, pp. 209-254.

김광해(1997), 『국어지식 교육론』, 서울대학교출판부.

김미경(2002), 「한국어 문어체 담화와 대화체 담화의 선호논항구조 비교」, 『언어』 27(3), 한국언어학회, pp. 315-343.

김병건(2016), 「신문 보도문 직접 인용의 비판적 담화 분석」, 『인문과학연구』 48, 강원대학교 인문과학연구소, pp. 115-139.

김봉순(2002), 『국어교육과 텍스트구조』, 서울대학교출판부.

김윤신(2012), 「국어의 상적 의미 구문에 대한 의미 해석: 유형 강제와 인지적 추론」, 『한국어 의미학』 39, 한국어의미학회, pp. 77-99.

김은성(2005), 「비판적 언어인식에 대한 연구」, 『국어교육연구』 15, 서울대학교 국어교육연구소, pp. 323-355.

김은성(2008ㄱ), 「국어 변이어의 교육 내용 연구」, 『국어교육』 126, 한국어교육학회, pp. 221-255.

김은성(2008ㄴ), 「국어 문법교육에서 "텍스트" 처리의 문제」, 『국어교육학연구』 33, 국어교육학회, pp. 333-365.

김은성(2012), 「문법교육 내용의 표상체로서의 담화: 문법교육 내용화 방안의 모색을 위한 시론」, 『문법 교육』 16, 한국문법교육학회, pp. 83-110.

김은성(2013), 「비판적 언어인식과 국어교육」, 『국어교육학연구』 46, 국어교육학회, pp. 139-181.

김정남(2008), 「텍스트 유형과 담화 표지의 상관관계: 유학생의 한국어 쓰기 교육에서의 활용을 위하여」, 『텍스트언어학』 24, 한국텍스트언어학회, pp. 1-26.

김지현(2000ㄱ), 「비고츠키의 지식점유과정과 언어매개기능에 관한 교육학적 고찰」, 서울대학교 박사학위논문.

김지현(2000ㄴ), 「교육어의 개념에 비추어 본 비고츠키의 '고등정신기능의 점유를 위한 언어'」, 『교육원리연구』 5(1), 한국교육원리학회, pp. 1-48.

김치수·김성도·박인철·박일우(2016), 『현대기호학의 발전』, 서울대학교출판문화원.

김형민(2016), 「프라그 언어학파의 유표성이론」, 『독일어문학』 72, 한국독일어문학회, pp. 27-58.

김혜정(2009), 「읽기의 맥락과 맥락 읽기」, 『독서연구』 21, 한국독서학회, pp. 33-79.

김혜정(2011), 「국어과 교육내용으로서 맥락의 교육적 실행 연구」, 『한말연구』 28, 한말연구학회, pp. 61-87.

김호정·김은성·남가영·박재현(2012), 「한국어 교사의 등급별 문법 용어 사용 실태」, 『국어교육』 139, 한국어교육학회, pp. 589-616.

나일주·이지현(2009), 「한국 현직교사들의 ICT 리터러시 구성요인 및 구조 연구:

일반적 인지능력과 기술능력의 관계를 중심으로」,『교육정보미디어연구』15(4), 한국교육정보미디어학회, pp. 21-45.

남가영(2007ㄱ),「문법교육의 '지식의 구조' 체계화 방향」,『국어교육』123, 한국어교육학회, pp. 341-374.

남가영(2007ㄴ),「문법교육론 자리매김의 두 방향: 문법교육 담론의 생산적 읽기를 바탕으로」,『국어교육연구』19, 서울대학교 국어교육연구소, pp. 469-506.

남가영(2008),「문법 탐구 경험의 교육 내용 연구」, 서울대학교 박사학위논문.

남가영(2009),「문법 지식의 응용화 방향: 신문텍스트에 나타난 '-(다)는 것이다' 구문의 의미기능을 중심으로」,『형태론』11(2), 형태론학회, pp. 313-334.

남가영(2011),「초등학교 문법 문식성 연구의 과제와 방향」,『한국초등국어교육』46, 한국초등국어교육학회, pp. 99-132.

남가영(2012),「문법교육과 교과서」,『한국어학』57, 한국어학회, pp. 1-34.

남기심·고영근(1993),『표준국어문법론』(개정판), 탑출판사.

남기심·고영근(2011),『표준국어문법론』(제3판), 탑출판사.

남길임(2006),「말뭉치 기반 국어 분열문 연구」,『형태론』8(2), 형태론학회, pp. 339-360.

남승호(2007),『한국어 술어의 사건 구조와 논항 구조』, 서울대학교출판부.

류남혁(2000),「현대국어 문장의 정보구조 연구」, 서울대학교 석사학위논문.

민병곤(2001),「Robert de Beaugrande, New Foundations for a Science of Text and Discourse」, 고영근·박여성·이성만·장경희·신지연·박소영·이카라시 고이치 외(2001),『한국 텍스트과학의 제과제』, 역락.

민병곤(2013),「고도 전문화 시대의 언어 인식과 교육적 대응」,『국어교육학연구』46, 국어교육학회, pp. 77-109.

민현식(1999),『국어 문법 연구』, 역락.

민현식(2002),「'부사성'의 문법적 의미」,『한국어의미학』10, 한국어의미학회, pp. 227-250.

민현식(2005),「문법 교육의 표준화와 다양화의 과제」,『국어교육연구』16, 서울대학교 국어교육연구소, pp. 125-191.

민현식(2008),「국어학의 성과와 미래 국어교육에의 적용」,『국어교육』126, 한국어교육학회, pp. 185-220.

민현식(2009),「국어 능력 실태와 문법 교육의 문제점」,『국어교육연구』44, 국어교육학회, pp. 1-56.

민현식(2010),「통합적 문법 교육의 의의와 방향」,『문법 교육』12(1), 한국문법교육학회,

pp. 1-37.

민현식·엄훈·주세형·신명선·김은성·박재현·강보선 외(2016), 『문법 교육의 이론과 응용 1: 국어 문법 교육론』, 태학사.

박성석(2017), 「대화에서의 귀추적 사고와 대화 성찰의 필요성」, 『한국화법학회 제35회 전국학술대회 발표자료집』.

박성철(2003), 「이른바 "외교수사"의 화용론」, 『독일어문학』 22, 한국독일어문학회, pp. 359-389.

박소영(2002), 「한국어 부사절과 접속문 체계 다시 보기」, 『언어학』 34, 한국언어학회, pp. 49-73.

박영목·천경록·이은경·박의용·이현진(2013), 『독서와 문법』, 천재교육.

박재연(2006), 『한국어 양태 어미 연구』, 태학사.

박종훈(2008), 「텍스트의 기능적 분석과 그 국어교육적 의미: 동성(transitivity)을 중심으로」, 『국어교육학연구』 33, 국어교육학회, pp. 427-448.

박진(2011), 「'문법' 영역의 교육어 사용 양상 분석: 교과서와 교사의 수업 중 화법을 중심으로」, 서강대학교 석사학위논문.

박진호(1994), 「통사적 결합 관계와 논항구조」, 서울대학교 석사학위논문.

박진호(2015), 「보조사의 역사적 연구」, 『국어학』 73, 국어학회, pp. 375-435.

박진희·주세형(2020), 「'건의하는 글'에 나타난 필자와 독자의 의사소통 방식 연구: 필자의 스탠스 조정과 평가어 선택의 양상을 중심으로」, 『청람어문교육』 77, 청람어문교육학회, pp. 187-231.

박철우(2015), 「보조사의 기능과 정보구조」, 『국어학』 73, 국어학회, pp. 269-307.

서덕희(2003), 「"교실붕괴" 기사에 대한 비판적 담론 분석: 조선일보를 중심으로」, 『교육인류학연구』 6(2), 한국교육인류학회, pp. 55-89.

서울대학교 국어교육연구소(2002ㄱ), 『문법』, 교육과학기술부.

서울대학교 국어교육연구소(2002ㄴ), 『교사용 지도서 문법』, 교육과학기술부.

소지영(2018), 「문법적 은유로서 서술성 명사의 텍스트 응집 기능에 대한 연구」, 『새국어교육』 115, 한국국어교육학회, pp. 277-307.

소지영(2020), 「학문 문식성 신장을 위한 기능적 메타언어 관점의 문법교육 연구」, 서울대학교 박사학위논문.

소지영·주세형(2017), 「과학 교과서의 '문법적 은유'를 중심으로 본 국어과의 도구 교과적 본질 탐색」, 『국어교육연구』 39, 서울대학교 국어교육연구소, pp. 119-158.

소지영·주세형(2018), 「초등학교 중학교 역사 교과서의 언어적 특성 연구: 국어과의 도구 교과적 본질을 중심으로」, 『한국초등국어교육』 65, 한국초등국어교육학회, pp. 77-108.

소지영·성경희·주세형(2018), 「중학교급 학습자 서술형 답안의 언어적 특성 연구: 사회과 학업성취도평가 서술형 문항을 중심으로」, 『국어교육』 161, 한국어교육학회, pp. 159-187.

손혜옥·김민국(2013), 「구어 문어 통합 문법 기술을 위한 구어 단위 설정」, 배진영·손혜옥·김민국 편(2013), 『말뭉치 기반 구어 문어 통합 문법 기술의 탐색』, 박이정.

시정곤·고광주·유혜원·김미령(2000), 『논항구조란 무엇인가』, 월인.

신명선(2002), 「사회적 실천 행위로서의 읽기 방법의 설계에 대한 시고」, 『국어교육학연구』 14, 국어교육학회, pp. 235-264.

신명선(2006ㄱ), 「통합적 문법교육에 관한 담론 분석」, 『한국어학』 31, 한국어학회, pp. 245-278.

신명선(2006ㄴ), 「개정 문법 교육과정의 지향점과 교과서 개발의 방향에 관한 연구」, 『문법 교육』, 한국문법교육학회, pp. 49-80.

신명선(2007), 「문법교육에서 추구하는 교육적 인간상에 관한 연구」, 『국어교육학연구』 28, 국어교육학회, pp. 423-458.

신명선(2008ㄱ), 「개정 국어과 교육과정의 문법 교육 내용에 대한 고찰」, 『국어교육학연구』 31, 국어교육학회, pp. 357-392.

신명선(2008ㄴ), 「읽기 교육과 문법」, 노명완·박영목·박인기·박영목·이관규·최인자·이형래 외(2008), 『문식성 교육 연구』, 한국문화사.

신명선(2013ㄱ), 「'언어적 주체' 형성을 위한 문법 교육의 방향」, 『국어교육』 143, 한국어교육학회, pp. 83-120.

신명선(2013ㄴ), 「맥락 관련 문법 교육 내용의 인지적 구체화 방향」, 『국어교육연구』 32, 서울대학교 국어교육연구소, pp. 69-103.

신아사 편집부 편(1990), 『영어학 사전』, 신아사.

신현정(2000), 『개념과 범주화』, 아카넷.

신희성(2019), 「텍스트의 대인적 기능에 대한 문법교육적 연구: 언어하기 관점을 바탕으로」, 고려대학교 박사학위논문.

심현아(2013), 「문법 교육어로서의 문법 용어 사용 원리 연구」, 이화여자대학교 석사학위논문.

안명철(2013), 「논항 교체 구문의 의미론: [처소]-[대상] 구문을 중심으로」, 『국어학』 68,

국어학회, pp. 75-98.

양정석(2002),『시상성과 논항연결: 시상성 가설 비판을 통한 연결이론의 수립』, 태학사.

엄태동(1998),「교육적 인식론 연구: 키에르케고르와 폴라니의 교화적 방법에 대한
　　교육학적 고찰」, 서울대학교 박사학위논문.

엄태동(2001),『존 듀이의 경험과 교육』, 원미사.

오충연(2006),『상과 통사구조』, 태학사.

오현아(2010),「표현 문법 관점의 문장 초점화 교육 내용 연구」, 서울대학교
　　박사학위논문.

오현아(2012),「미군정기 검인정 중등 문법 교과서의 문법 지식 체계 구조화에 대한
　　시론」,『국어교육학연구』45, 국어교육학회, pp. 287-313.

오현아(2013),「미군정기 검인정 중등 문법 교과서의 조사 관련 문법 지식의 체계
　　구조화 연구」,『국어교육』143, 한국어교육학회, pp. 1-44.

오현아(2016ㄱ),「사용자 중심의 문법 기술을 위한 문법 교육 내용 재구조화 방안 모색」,
　　『어문학보』36, 강원대학교 국어교육과, pp. 27-52.

오현아(2016ㄴ),「통사 구조 중심의 '서술어 자릿수' 개념 관련 문법 교육 내용 재구조화
　　방안 모색」,『국어교육』155, 한국어교육학회, pp. 1-28.

오현아(2017),「충분한 학습 경험을 갖지 못한 중등 예비 국어 교사의 문법 개념화 양상
　　분석 연구를 위한 시론」,『문법 교육』29, 한국문법교육학회, pp. 29-63.

왕문용(2005),「문법 교육 변천사」, 한국어교육학회·이관규·왕문용·박덕유·조재윤·
　　박재현·김현 외(2005),『국어교육론 2: 국어 문법·기능 교육론』, 한국문화사.

왕문용·민현식(1993),『국어 문법론의 이해』, 개문사.

유승만(2006),「로만 야콥슨의 유표성 이론 연구」,『러시아연구』16(2), 서울대학교
　　러시아연구소, pp. 271-292.

유현경(1994),「논항과 부가어」,『우리말글연구』1, 우리말학회, pp. 175-196.

유현경(1996),「국어 형용사 연구」, 연세대학교 박사학위논문.

유현경·강현화·구본관·김성규·김흥범·이병규·이정택·이진호·한재영·황화상·김
　　문오(2015),「2015년 표준 국어 문법 개발」, 국립국어원.

유현경·안예리·손혜옥·김민국·전후민·강계림·이찬영(2015),『한국어의 문법 단위』,
　　보고사.

유현경·한정한·김광희·임동훈·김용하·박진호·이정훈(2011),『한국어 통사론의
　　현상과 이론』, 태학사.

윤노아·최윤정(2017),「2009 개정 교육과정 경제 교과서에 나타난 세계화 관련 내용의

비판적 담화 분석」,『시민교육연구』49(1), 한국사회과교육학회, pp. 41-67.

윤여탁(2015),「한국에서의 문식성 교육의 반성과 전망」,『국어교육연구』36, 서울대학교 국어교육연구소, pp. 535-561.

윤여탁·구본관·정정순·김기훈·장성남·소정섭·신효은·최혜민·김정은·송소라(2013), 『독서와 문법』, 미래엔.

이관규(2002),『개정판 학교 문법론』, 월인.

이관규(2008),『학교 문법 교육론』, 고려대학교민족문화연구원.

이관규(2009),「통합적 문법 교육의 의의와 방법」,『문법 교육』11, 한국문법교육학회, pp. 259-282.

이관규(2011),「통합적 국어교육의 가치와 '독서와 문법'」,『국어교과교육연구』18, 국어교과교육학회, pp. 91-118.

이관규(2012),「국어의 문장 구성에 대한 연구와 전망」,『한국어학』16, 한국어학회, pp. 105-147.

이관규(2018),「체계기능언어학의 특성과 텍스트 평가」,『문법 교육』34, 한국문법교육학회, pp. 195-222.

이관규·신희성(2020),「체계기능언어학적 텍스트 분석을 위한 동성 체계 기초 연구: 과정 유형을 중심으로」,『한국어학』87, 한국어학회, pp. 91-130.

이관규·김서경·노하늘·성수진·신희성·유상미·이현주·정려란·정지현·정혜현(2021), 『체계기능언어학 개관』, 사회평론아카데미.

이관희(2010),「문법으로 텍스트 읽기의 가능성 탐색: 신문 텍스트에 쓰인 '-도록 하-'와 '-게 하-'를 중심으로」,『국어교육연구』25, 서울대학교 국어교육연구소, pp. 119-161.

이관희(2012ㄱ),「문법교육에서 텍스트 중심 통합의 방향 탐색」,『국어교육』137, 한국어교육학회, pp. 173-211.

이관희(2012ㄴ),「문법으로 텍스트 읽기의 가능성 탐색 (2): 신문 텍스트에 쓰인 '-기로 하-' 구문을 중심으로」,『문법 교육』16, 한국문법교육학회, pp. 203-239.

이관희(2015),「학습자의 지식 구성 분석을 통한 문법 교육 내용의 조직과 표상 연구」, 서울대학교대학원 박사학위논문.

이도영·김혜정·문숙영·이숙형·장창중·최형용·한성우(2013),『독서와 문법』, 창비.

이병규(1994),「한국어 동사구문의 잠재논항 실현에 대하여」, 연세대학교 석사학위논문.

이병규(1998),「잠재논항의 개념 정립」, 남기심 편(1998),『국어 문법의 탐구』IV, 태학사.

이삼형·정재찬·김혜정·최형용·김정선(2013),『독서(읽기) 능력 향상을 위한 문법

　　　내용 개발』, 국립국어원.

이삼형·김시정(2014), 「'독서 문법'의 가능성 탐색」, 『국어교육』 145, 한국어교육학회,
　　　pp. 95-124.

이상태(2002), 「국어 문장 구조에 대한 지시-기능주의적 연구-교육문법의 체계 구성을
　　　위하여」, 『국어교육연구 34』, 국어교육학회, pp. 141-160.

이선웅(2005), 『국어 명사의 논항구조 연구』, 월인.

이선웅(2012), 『한국어 문법론의 개념어 연구』, 월인.

이성영(1995), 「언어 지식 영역 지도의 필요성과 방향」, 『국어교육연구』 2, 서울대학교
　　　국어교육연구소, pp. 97-124.

이용주(1993), 『한국어의 의미와 문법 I: 기본적인 관점』, 삼지원.

이원표(2012), 「'상품 정보 기사'의 언어학적 분석: 장르분석과 비평적 담화분석의
　　　관점을 중심으로」, 『언어』 37(4), 한국언어학회, pp. 949-993.

이원표(2015), 『한국 정치담화의 언어학적 분석: 비평적 담화분석의 관점을 중심으로』,
　　　한국문화사.

이익섭(2000), 『국어학개설』, 학연사.

이익섭(2003), 『국어 부사절의 성립』, 태학사.

이재성(2014), 「문장 분석에 기초한 문장 쓰기 교육의 효과 및 문장 구성의 특징
　　　연구: 대학생 필자의 칼럼 글을 대상으로」, 『인문논총』 28, 서울여자대학교
　　　인문과학연구소, pp. 35-57.

이정민(1992), 「(비)한정성/(불)특정성 대 화제(Topic)/초점- 개체 층위/단계 층위
　　　술어와도 관련하여」, 『국어학』 22, 국어학회, pp. 397-424.

이정택(2002), 「문장 성분 분류 시론: 그 체계 정립을 위하여」, 『한국어학』 16,
　　　한국어학회, pp. 375-389.

이정훈(2011), 「통사구조 형성과 명사구 및 동사구」, 『국어학』 60, 국어학회, pp. 264-288.

이지수(2010), 「문장 구성 능력 향상을 위한 교육 내용 연구」, 서울대학교 석사학위논문.

이지수·정희창(2015), 「문장 성분 교수를 위한 '문법 교과 내용 지식' 연구」,
　　　『새국어교육』 104, 한국국어교육학회, pp. 229-259.

이춘근·김명순(2003ㄱ), 「읽기·쓰기 능력 발달을 위한 문장 교육 교재 개발 연구: 문장
　　　성분 지도를 중심으로」, 『국어교과교육연구』 5, 국어교과교육학회, pp. 175-199.

이춘근·김명순(2003ㄴ), 「읽기·쓰기 능력 발달을 위한 문장 교육 교재 개발 연구: 문형
　　　지도를 중심으로」, 『국어교육학연구』 18, 국어교육학회, pp. 348-378.

이홍식(2000), 『국어 문장의 주성분 연구』, 월인.

이희자·이종희(2002),『사전식 텍스트 분석적 국어 어미의 연구』, 한국문화사.

임동훈(1995),「통사론과 통사 단위」,『어학연구』31(1), 서울대학교 어학연구소, pp. 87-138.

임동훈(2005),「'이다' 구문의 제시문적 성격」,『국어학』45, 국어학회, pp. 119-144.

임동훈(2009),「한국어 병렬문의 문법적 위상」,『국어학』56, 국어학회, pp. 87-130.

임동훈(2017),「한국어의 장소 표시 방법들」,『국어학』82, 국어학회, pp. 101-125.

임지룡·김령환(2013),「어순에 반영된 인지적 특성」,『한글』300, 한글학회, pp. 119-158.

임지룡·김령환·김억조·김옥녀·서혜경·송현주·이주익·임태성·정병철·정수진·최진아(2014),『문법교육의 인지언어학적 탐색』, 태학사.

임채훈(2012),『사건 발화상황 그리고 문장의미』, 역락.

임홍빈·이홍식(2002),『한국어 구문 분석 방법론』, 한국문화사.

임홍빈·장소원(1995),『국어문법론』I, 한국방송통신대학출판부.

장상호(1997),「교육의 재개념화에 따른 10가지 새로운 탐구영역」,『교육원리연구』2(1), 한국교육원리학회, pp. 111-212.

장상호(1998),「교육활동으로서의 언어적 소통: 그 한계와 새로운 가능성」,『교육원리연구』3(1), 한국교육원리학회, pp. 77-128.

장상호(2000),『학문과 교육(하): 교육적 인식론이란 무엇인가』, 서울대학교출판부.

장성민(2017),「귀추적 관점에 기반한 학습 목적 글쓰기 예측모형 재타당화」,『한국어교육학회 제284회 전국학술대회 자료집』.

장영준(2008),「On the Thetic Expressions in Korean」,『생성문법연구』18(3), 한국생성문법학회, pp. 549-558.

정성훈(2014),「현대 한국어 부사에 대한 계량언어학적 연구: 확률 통계 모형과 네트워크를 이용한 분석」, 서울대학교 박사학위논문.

전영옥(2002),「한국어 담화 표지의 특징 연구」,『화법연구』4, 한국화법학회, pp. 113-145.

전영철(2006),「대조 화제와 대초 초점의 표지 '는'」,『한글』274, 한글학회, pp. 171-200.

전영철(2013ㄱ),『한국어 명사구의 의미론: 한정성/특정성, 총칭성, 복수성』, 서울대학교출판문화원.

전영철(2013ㄴ),「한국어의 제언문/정언문 구별과 정보구조」,『국어학』68, 국어학회, pp. 99-133.

전헌상(2006),「아리스토텔레스 "형이상학"」,『철학사상 별책』7(9), 서울대학교 철학사상연구소.

정려란(2018), 「국어 문법적 은유에 대한 체계기능언어학적 접근」, 『한국어문교육』 26, 고려대학교 한국어문교육연구소, pp. 97-126.

정미숙(2006), 「쓰기 능력 향상을 위한 문법 교수학습 방안」, 『국어교과교육연구』 11, 국어교과교육학회, pp. 41-72.

정태구(2001), 『논항구조와 영어 통사론』, 한국문화사.

정혜승(2002ㄱ), 「제7차 국어과 교육과정 실행 사례 연구」, 『교육과정연구』 20(4), 한국교육과정학회, pp. 107-140.

정혜승(2002ㄴ), 「국어과 교육과정이 교과서에 반영되는 방식에 관한 연구: 중학교 국어과 교육과정 '내용'을 중심으로」, 『한국어학』 15, 한국어학회, pp. 229-258.

정혜승(2008), 「문식성(literacy) 교육의 쟁점 탐구」, 『교육과정평가연구』 11(1), 한국교육과정평가원, pp. 161-185.

정혜승(2012), 「대화적 문식성 교육을 한 상위담화 범주 구성 연구」, 『국어교육학연구』 43, 국어교육학회, pp. 459-485.

정혜승(2013), 『독자와 대화하는 글쓰기: 대화적 문식성 교육을 위한 작문 과정과 전략 탐구』, 사회평론아카데미.

정희모(2013), 「작문에서 문법의 기능과 역할」, 『청람어문교육』 47, 청람어문교육학회, pp. 137-168.

정희원(2001), 「한국어의 대조화제와 화제, 초점: 정보 구조적인 관점에서」, 서울대학교 박사학위논문.

제민경(2011), 「텍스트 중심 문법교육의 방향 탐색: 신문 텍스트의 '전망이다' 구문을 중심으로」, 『국어교육』 134, 한국어교육학회, pp. 155-181.

제민경(2012), 「내러티브적 앎을 위한 문법 설명 텍스트 구성 방향: 실용 문법서의 내러티브 분석을 중심으로」, 『국어교육』 139, 한국어교육학회, pp. 175-211.

제민경(2013), 「텍스트의 장르성과 시간 표현 교육: 신문 텍스트에서 '-었었-'과 '-ㄴ 바 있-'의 선택을 중심으로」, 『텍스트언어학』 34, 한국텍스트언어학회, pp. 179-206.

제민경(2014), 「'장르' 개념화를 위한 문법교육적 접근」, 『국어교육학연구』 49(3), 국어교육학회, pp. 393-426.

제민경(2015), 「장르 문법 교육 내용 연구」, 서울대학교 박사학위논문.

조진수(2013), 「텍스트 맥락 기반의 문장 확대 교육 내용 연구」, 서울대학교 석사학위논문.

조진수(2015), 「문장 확대 교육 내용의 다층성 연구」, 『국어교육학연구』 50(3), 국어교육학회, pp. 268-295.

조진수(2016), 「'타동성'의 문법 교육적 위상 정립을 위한 시론」, 『국어국문학』 174, 국어국문학회, pp. 71-97.

조진수(2017ㄱ), 「학교 문법 용어의 표상 방식 유형화 연구」, 『국어교육학연구』 52(1), 국어교육학회, pp. 463-493.

조진수(2017ㄴ), 「기능적 논항 구조 분석의 문법교육적 함의」, 『한국중원언어학회 2017년 춘계 학술대회 발표자료집』.

조진수(2018), 「문법 문식성 관점의 문장 구조 교육 내용 연구」, 서울대학교 박사학위논문.

조진수(2019), 「'반논항'과 '잠재논항'의 개념 규정 방식에 대한 재고」, 『국학연구론총』 24, 택민국학연구원, pp. 365-395.

조진수 · 노유경 · 주세형(2015ㄱ), 「'텍스트 표지' 교육 내용에 대한 문법교육적 고찰」, 『국어교육』 150, 한국어교육학회, pp. 1-31.

조진수 · 노유경 · 주세형(2015ㄴ), 「학습자의 논증 텍스트에 나타난 '것 같다'에 대한 문법교육적 고찰」, 『새국어교육』 105, 한국국어교육학회, pp. 217-245.

조진수 · 박진희 · 이주영 · 강효경(2017), 「탐색적 요인분석을 통한 문법 탐구의 구인 탐색: 고등학교 학습자의 자기 인식을 중심으로」, 『국어교육』 157, 한국어교육학회, pp. 37-67.

주세형(2005ㄱ), 「통합적 문법 교육 내용 설계의 원리와 실제 연구」, 서울대학교 박사학위논문.

주세형(2005ㄴ), 「문법 지식의 교육적 가치 재발견」, 『선청어문』 33, 서울대학교 국어교육과, pp. 561-589.

주세형(2005ㄷ), 「쓰기 교육을 위한 대안적 문장 개념」, 『어문연구』 33(4), 한국어문교육연구회, pp. 475-501.

주세형(2006), 「문법 교재 개발의 모형」, 『문법 교육』 5, 한국문법교육학회, pp. 113-136.

주세형(2007), 「텍스트 속 문장 쓰기와 문법」, 『한국초등국어교육』 34, 한국초등국어교육학회, pp. 409-442.

주세형(2008), 「학교 문법 다시 쓰기 (2): 숙련자의 문법 탐구 방법을 중심으로」, 『국어교육』 126, 한국어교육학회, pp. 283-320.

주세형(2009), 「할리데이 언어 이론의 국어교육학적 의미」, 『국어교육』 130, 한국어교육학회, pp. 173-204.

주세형(2010ㄱ), 「'사실과 의견 구별하기'의 국어과 전문성 탐색」, 『국어교육학연구』 37, 국어교육학회, pp. 469-497.

주세형(2010ㄴ), 「작문의 언어학 (1): '언어적 지식'에 근거한 첨삭 지도 방법론」,

『작문연구』10, 한국작문학회, pp. 109-135.

주세형(2010ㄷ), 「학교 문법 다시 쓰기(3): 인용 표현의 횡적 구조 연구」, 『새국어교육』 85, 한국국어교육학회, pp. 269-289.

주세형(2014ㄱ), 「국어 교과서 연구의 이론적 특성과 발전 방향」, 『국어교육학연구』 49(1), 국어교육학회, pp. 657-701.

주세형(2014ㄴ), 「통합적 문법 교육의 전제와 학문론적 의의」, 『국어교육연구』 34, 서울대학교 국어교육연구소, pp. 57-86.

주세형(2015), 「통합적 문법교육에서 장르문법으로」, 『제34회 한국작문학회 전국학술대회 자료집』.

주세형·남가영(2014), 『국어과 교사 전문성 신장 노트 1: 국어과 교과서론』, 사회평론아카데미.

주세형·정혜현·노하늘(2020), 「초등학교 4, 5학년 학습자의 경험적 대기능 발달 연구: 과정 유형 및 참여자 구성 패턴 분석을 중심으로」, 『한국어문교육』 32, 고려대학교 한국어문교육연구소, pp. 105-142.

주세형·조진수(2014), 「독서의 언어학」, 『청람어문교육』 52, 청람어문교육학회, pp. 197-232.

차미란(2003), 『오우크쇼트의 교육이론』, 성경재.

철학사전편찬위원회(2009), 『철학사전』, 중원문화.

최경봉(2015), 『어휘의미론: 의미의 존재 양식과 실현 양상에 대한 탐구』, 한국문화사.

최동주(1997), 「현대국어의 특수조사에 대한 통시적 고찰」, 『국어학』 30, 국어학회, pp. 201-224.

최수진(2016), 『커뮤니케이션 연구를 위한 네트워크 분석』, 커뮤니케이션북스.

최영환(1995), 「언어 능력 신장의 관점에서 본 언어 지식 영역의 지도 내용」, 『국어교육연구』 2, 서울대학교 국어교육연구소, pp. 177-208.

최영환(1999), 「국어교육학 정립의 방향」, 『국어교육학연구』 1, 국어교육학회, pp. 1-27.

최윤지(2016ㄱ), 「한국어 정보구조 연구」, 서울대학교 박사학위논문.

최윤지(2016ㄴ), 「구어에서 유의미하게 나타나는 어떤 통사구성에 대하여: 준분열문」, 『국어학』 79, 국어학회, pp. 187-237.

최현배(1971), 『우리말본』, 정음문화사.

한철우·성낙수·고재현·곽현주·김미희·오유경·윤국한·이재형(2013), 『독서와 문법』, 교학사.

함병호(2016), 「정보구조의 분절 방법」, 『한국어문학연구』 67, 동악어문학회, pp. 311-338.

홍윤표(1978), 「방향성 표시의 격」, 『국어학』 6, 국어학회, pp. 111-132.

홍재성 외(2002), 「21세기 세종계획 전자사전 개발 분과 연구보고서」, 문화관광부 국립국어연구원.

황재웅(2007), 「쓰기 능력 향상을 위한 문법 교육 방안 연구: 문장 단위를 중심으로」, 『청람어문교육』 36, 청람어문교육학회, pp. 329-365.


Alderson, C.(2001), *Assessing Reading*, Cambridge University Press. 김지홍 역(2015), 『읽기 평가 1』, 글로벌콘텐츠.

Anderson, L. W., Krathwohl, D. R., Airasian, P. W., Cruikshank, K. A., Mayer, R. E., Pintrich, P. R., Raths, J., & Wittrock, M. C.(Eds.).(2001), *A Taxonomy for Learning, Teaching, and Assessment: A Revision of Blooms's Taxonomy of Educational Objectives*, Pearson Education. 강현석·강이철·권대훈·박영무·이원희·조영남·주동범·최호성 역(2005), 『교육과정 수업 평가를 위한 새로운 분류학: Bloom 교육목표분류학의 개정』, 아카데미프레스.

Andrews, R., Torgerson, C., Beverton, S., Freeman, A., Locke, T., Low, G., Robinson, A., & Zhu, D.(2006), The Effect of Grammar Teaching on Writing Development, *British Education Research Journal 32*(1), pp. 39-55.

Aronoff, M. & Fudeman, K.(2005), *What is Morphology?*, Blackwell Publishing. 김경란 역(2005), 『형태론』, 한국문화사.

Bache, C.(2010), Hjelmslev's Glossematics: A Source of Inspiration to Systemic Functional Linguistics?, *Journal of Pragmatics 42*, pp. 2562-2578.

Banchi, H. & Bell, R.(2008), The Many Levels of Inquiry, *Science and Children 46*(2), pp. 26-29.

Berger, P. L. & Luckmann, T.(1966), *The Social Construction of Reality: A Treatise in the Sociology of Knowledge*, Knopf Doubleday Publishing Group. 하홍규 역(2013), 『실재의 사회적 구성: 지식사회학 논고』, 문학과지성사.

Bernstein, B.(1996), *Pedagogy, Symbolic Control and Identity: Theory, Research, Critique*, Taylor & Francis.

Bernstein, B.(1999), Vertical and Horizontal Discourse: An Essay, *British Journal of Sociology of Education 20*(2), pp. 157-73.

Birks, M. & Mills, J.(2011), *Grounded Theory: A Practical Guide*, SAGE Publications.

공은숙·이정덕 역(2015), 『근거이론의 실천』, 정담미디어.

Blumer, M.(1969), *Symbolic Interaction*, Prentice-Hall.

Bowker, G. & Star, S. L.(1999), *Sorting Things Out: Classification and Its Consequences*, MIT Press.

Bryant, A. & Charmaz, K.(2007), Grounded Theory in Historical Perspective: An Epistemological Account. In A. Bryant & K. Charmaz(Eds.), *Handbook of Grounded Theory*, SAGE Publications.

Cajkler, W. & Dymoke, S.(2005), Grammar for Reading: Why Now and What for?, *Changing English 12*(1), pp. 125-136.

Chafe, W.(1994), *Discourse, Consciousness, and Time*, University of Chicago Press. 김병원·성기철 역(2006), 『담화와 의식과 시간』, 한국문화사.

Charmaz, K.(1983), Loss of Self: A Fundamental Form of Suffering in the Chronically Ill, *Sociology of Health & Illness 5*, pp. 168-195.

Charmaz, K.(2006), *Constructing Grounded Theory: A Practical Guide through Qualitative Analysis*, SAGE Publications. 박현선·이상균·이채원 역(2013), 『근거이론의 구성』, 학지사.

Charmaz, K.(2009), Shifting the Grounds: Constructivist Grounded Theory Methods for the Twenty-first Century. In J. M. Morse, P. N. Stern, J. Corbin, B. Bowers, K. Charmaz, & A. E. Clarke(Eds.), *Developing Grounded Theory: The Second Generation*, Routledge. 신경림·김미영·신수진·강지숙 역(2011), 『근거이론의 발전: 제2세대』, 하누리.

Charmaz, K.(2012), The Power and Potential of Grounded Theory, *A Journal of the BSA MedSoc Group 6*(3), pp. 2-15.

Chomsky, N.(1965), *Aspects of the Theory of Syntax*, MIT Press.

Chomsky, N.(1981), *Lectures on Government and Binding*, Mouton de Gruyter. 이홍배 역(1987), 『지배·결속이론』, 한신문화사.

Clarke, A. E.(1998), *Disciplining Reproduction: Modernity, American Life Sciences and the "Problem of Sex."*, University of California Press.

Cope, B. & Kalantzis, M.(1993), The Power of Literacy and the Literacy of Power. In B. Cope & M. Kalantzis(Eds.), *The Power of Literacy: A Genre Approach to Teaching Writing*, University of Pittsburgh Press.

Cranny-Francis, A.(1996), Technology and/or Weapon: The Disciplines of Reading in the Secondary English Classroom. In R. Hasan & G. Williams(Eds.), *Literacy in Society*, Longman.

Creswell, J. W.(2007), *Qualitative Inquiry & Research Design: Choosing Among Five Approaches*, SAGE Publications. 조흥식·정선욱·김진숙·권지성 역(2010), 『질적 연구 방법론: 다섯 가지 접근』, 학지사.

Dalrymple, M. & Nikolaeva, I.(2011), *Objects and Information Structure*, Cambridge University Press.

Dean, G.(2003), *Grammar for Improving Writing and Reading in the Secondary School*, Routledge

Devrim, D. Y.(2015). A Grammatical Metaphor: What Do We Mean? What Exactly Are We Researching?, *Functional Linguistics 2*, pp. 39-51.

Dey, I.(1999), *Grounding Grounded Theory*, Academic Press.

DfEE(2000), *Grammar for Writing*, DfEE Publications.

DfES(2002), *Grammar for Writing: Supporting Pupils Learning EAL*, DfES Publications.

DfES(2003), *Grammar for Reading: Course Handbook*, DfES.

Dixon, R. M. W.(2010), *Basic Linguistic Theory: Vol 2. Grammatical Topics*, Oxford University Press.

Du Bois, J.(2003), Argument Structure: Grammar in Use. In J. Du Bois, L. Kumpf & W. Ashby(Eds.), *Preferred Argument Structure: Grammar as Architecture for Function*, John Benjamins.

Eco, U.(1976), *A Theory of Semiotics*, Indiana University Press. 서우석 역(1985), 『기호학 이론』, 문학과지성사.

Ede, L. & Lunsford, A. (1984), Audience Addressed/Audience Invoked: The Role of Audience in Composition Theory and Pedagogy, *College Composition and Communication 35*(2), pp. 155-171.

Erteschik-Shir, N.(2007), *Information Structure: The Syntax-Discourse Interface*, Oxford University Press.

Fairclough, N.(1995), *Media Discourse*, Hodder Arnold Publication. 이원표 역(2004), 『대중매체 담화 분석』, 한국문화사.

Fairclough, N.(2003), *Analysing Discourse: Textual Analysis for Social Research*, Routledge. 김지홍 역(2012), 『담화 분석 방법: 사회조사연구를 위한 텍스트 분석』,

경진.

Fearn, L. & Farnan, N.(1998), *Writing Effectively: Helping Children Master the Conventions of Writing*, Allyn and Bacon.

Fillmore, C. J.(1968), The Case for Case. In E. Bach & R. T. Harms(Eds.), *Universals in Linguistic Theory*, Holt.

Flick, U.(2002), *An Introduction to Qualitative Research*, SAGE Publications. 임은미·최금진·최인호·허문경·홍경화 역(2009), 『질적 연구방법』, 한울.

Fowler, R.(1991), *Language in the News*, Routledge.

Frankel, K. K.(2013). Revisiting the Role of Explicit Genre Instruction in the Classroom, *Journal of Education 193*(1), pp. 19-30.

Frestad, M. & Wright, P.(1994), The Persuasion Knowledge Model: How People Cope with Persuasion Attempts, *Journal of Consumer Research 21*, pp. 1-31.

Friestad, M. & Wright, P.(1994), The Persuasion Knowledge Model: How People Cope with Persuasion Attempts, *Journal of Consumer Research 21*(1), pp. 1-31.

Givón, T.(1993), *English Grammar Function-Based Introduction*, John Benjamins Publishing Company. 김은일·박기성·채영희 역(2002), 『기능 영문법』 I, 박이정.

Glaser, B. G. & Strauss, A. L.(1967), *The Discovery of Grounded Theory: Strategies for Qualitative Research*, Walter de Gruyter. 이병식·박상욱·김사훈 역(2011), 『근거 이론의 발견: 질적 연구 전략』, 학지사.

Goddley, A.(2004), Commentary: Applying "Dialogic Origin and Dialogic Pedagogy of Grammar" to Current Research on Literacy and Grammar Instruction, *Journal of Russian & East European Psychology 42*(6), pp. 53-58.

Goulding, C.(2002), *Grounded Theory: A Practical Guide for Management, Business and Market Researchers*, SAGE Publications.

Gundel, J.(1988), Universals of Topic: Comment Structure. In M. Hammond, E. Moravcsik, & J. Wirth, J.(Eds.), *Studies in Syntactic Typology*, John Benjamins.

Gundel, J. & Fretheim, T.(2004), Topic and Focus. In L. Horn & G. Ward(Eds.), *The Handbook of Pragmatics*, Blackwell.

Gundel, J., Hedberg, N., & Zacharski, R.(1993), Cognitive Status and the Form of Referring Expressions in Discourse, *Language 69*, pp. 273-307.

Habermas, J.(1987), *Theories des Kommunikativen Handelns*, Suhrkamp Verlag.

장춘익 역(2006), 『의사소통행위이론1 : 행위합리성과 사회합리화』, 나남.

Halliday, M. A. K.(1978), *Language as Social Semiotic*, Edward Arnold.

Halliday, M. A. K.(1994), *An Introduction to Functional Grammar(2nd ed.)*, Edward Arnold.

Halliday, M. A. K.(2004), *The Language of Science*, Continuum.

Halliday, M. A. K. & Matthiessen, C.(1999), *Construing Experience Through Meanung: A Language-based Approach to Cognition*, Continuum.

Halliday, M.A.K. & Matthiessen, C.(2004), *An Introduction to Functional Grammar(3rd ed.)*, Hodder Arnold.

Halmari, H. & Virtanen, T.(2005), Towards Understanding Modern Persuasion. In H. Halmari & T. Virtanen(Eds.), *Persuasion across Genres*, John Benjamins.

Hénault, A.(1992), *Histoire de la Sémiotique*, Presses Universitaires de France. 박인철 역(2000), 『기호학사』, 한길크세주.

Hjelmslev, L.(1961), *Prolegomena to a Theory of Language*, University of Wisconsin Press.

Huang, Y.(2009), *Pragmatics*, Oxford Publishing. 이해윤 역(2008), 『화용론』, 한국외국어대학교 출판부.

Hudson, R.(2001), Grammar Teaching and Writing Skills: The Research Evidence, *Syntax in the School 17*, pp. 1-6.

Hudson, R.(2004), Why Education Needs Linguistics, *Journal of Linguistics 40*(1), pp. 105-130.

Hyon, S.(1996), Genre in Three Traditions: Implications for ESL, *TESOL Quarterly 30*(4), pp. 693-722.

Ivanič(1990), Critical Language Awareness in Action. In Carter, R.(Eds.), *Knowledge about Language and Curriculum: The LINC Reader*, Hodder & Stoughton.

Jones, S., Myhill, D., & Bailey, T.(2013), Grammar for Writing? An investigation of the Effects of Contextualised Grammar Teaching on Students', Writing, *Reading and Writing 26*(8), pp. 1241-1263.

Keith, G.(2001), *Learning about Language: Teacher's Resource*, Hodder and Stoughton.

Kelle, U.(2007), The Development of Categories: Different Approaches in Grounded Theory. In A. Bryant & K. Charmaz(Eds.), *Handbook of Grounded Theory*,

SAGE Publications.

Knapp, P.(1992), *Resource Book for Genre and Grammar*, Metropolitan West literacy and Learning Program, NSW Dept of School Education.

Knapp, P. & Watkins, M.(2005), *Genre, Text, Grammar*, UNSW Press. 주세형·김은성·남가영 역(2007), 『쓰기 교육을 위한 문법: 장르, 텍스트, 문법』, 박이정.

Kolln, M.(2002), *Rhetorical Grammar: Grammatical Choices, Rhetorical Effects*. Longman.

Kress, G.(1989), *Linguistic Process in Sociocultural Practice*, Oxford University Press.

Kress, G.(1993), Genre as Social Process. In B. Cope & M. Kalantzis(Eds.), *The Power of Literacy: A Genre Approach to Teaching Writing*, University of Pittsburgh Press.

Kress, G. & Knapp, P.(1992), Genre in a Social Theory of Language, *English in Education 26*(2), pp. 4-15.

Lambert, S. D. & Loiselle, C. G.(2008), Combining Individual Interviews and Focus Groups to Enhance Data Richness, *Journal of Advanced Nursing 62*(2), pp. 228-237.

Lambrecht, K.(1994), *Information Structure and Sentence Form: Topic, Focus, and the Mental Representations of Discourse Referents*, Cambridge University Press. 고석주·김현강·박용한·서승현·손희연·이병규·황선영 역(2000), 『정보 구조와 문장 형식: 주제, 초점, 담화 지시물의 심적 표상』, 월인.

Lambrecht, K. & Michaelis, L. A.(1998), Sentence Accent in Information Questions: Default and Projection, *Linguistics and Philosophy 21*, pp. 477-544

Larsen-Freeman, D.(2003), *Teaching Language: From Grammar to Grammaring*, Heinel. 김서형·이혜숙·김민희 역(2012), 『언어교수: 문법에서 문법 사용하기로』, 지식과 교양.

Locke, T.(2005), Grammar Wars: Beyond a Truce, *English Teaching: Practice and Critique 4*(3), pp. 1-10.

Lyons, J.(1977), *Semantics I*, Cambridge University Press. 강범모 역(2011), 『의미론 1: 의미 연구의 기초』, 한국문화사.

Mannheim, K.(1929), *Ideologie und Utopie*, Verlag G. Schulte-Bulmke. 임석진

역(2012), 『이데올로기와 유토피아』, 김영사.

Martin, J. R.(1992), *English Text: System and Structure*, John Benjamins.

Martin, J. R.(1993). Genre and Literacy: Modeling Context in Educational Linguistics, *Annual Review of Applied Linguistics 13*, pp. 141-172.

Martin, J. R.(2013), Embedded Literacy: Knowledge as Meaning, *Linguistics and Education 24*, pp. 23-37.

Martin, J. R.(2014a), Looking Out: Functional Linguistics and Genre, *Linguistics and the Human Science 9*(3), pp. 303-317.

Martin, J. R.(2014b), Evolving Systemic Functional Linguistics: Beyond the Clause, *Functional Linguistics 1*(3), pp. 1-24.

Martin, J. R.(2015), One of Three Traditions: Genre, Functional Linguistics, and the "Sydney School". In A. Artemeva & A. Freedman(Eds.), *Genre Studies around the Globe: Beyond the Three Traditions*, Inkshed Publications.

Martin, J. R. & Matthiessen, C. M. I. M.(1991), Systemic Typology and Topology. In F. Christie(Ed.), *Literacy in Social Process*, Papers from the Inaugural Australian Systemic Linguistics Conference.

Martin, J. R. & Rose, D.(2007), *Working with Discourse: Meaning Beyond the Clause(2nd ed.)*, Continuum.

Martin, J. R. & Rose D.(2008), *Genre Relations: Mapping Culture*, Equinox.

Marzano, R. J. & Kendall, J. S.(2007), *The New Taxonomy of Educational Objectives*, Crown Press. 강현석·권대훈·박영무·이원희·조영남·주동범·최호성·이지은 역(2012), 『새로운 교육목표 분류학』, 원미사.

Maxwell, J. A.(2005), *Qualitative Research Design: An Interactive Approach(2nd ed.)*, SAGE Publications. 이명선·김춘미·고문희 역(2009), 『질적 연구 설계: 상호작용적 접근』, 군자출판사.

Melia, K. M.(1996), Rediscovering Glaser, *Qualitative Health Research 6*(3), pp. 368-378.

Micciche, L.(2004), Making a Case for Rhetorical Grammar, *College Composition and Communication 55*(4), pp. 716-737.

Mruck, K. & Mey, G.(2007), Grounded Theory and Reflexivity. In A. Bryant & K. Charmaz(Eds.), *Handbook of Grounded Theory*, SAGE Publications.

Myhill, D. A., Jones, S. M., Lines, H., & Watson, A.(2012), Re-thinking Grammar: The

Impact of Embedded Grammar Teaching on Students' Writing and Students' Metalinguistic Understanding, *Research Papers in Education 27*(2), pp. 139-166

Oakeshott, M.(1962), *Rationalism in Politics and Other Essays*, Methuen.

Olson, S. & Loucks-Horsley, S.(2000), *Inquiry and the National Science Education Standards: A Guide for Teaching and Learning*, National Academies Press.

Opsahl, T., Agneessens, F., & Skvoretz, J.(2010), Node Centrality in Weighted Networks: Generalizing Degree and Shortest Paths, *Social Networks 32*, pp. 245-251.

O'Regan, J.(2006), The Text as a Critical Object: On Theorising Exegetic Procedure in Classroom-based Critical Discourse Analysis, *Critical Discourse Studies 3*(2), pp. 179-209.

Palmer, F. R.(1986), *Mood and Modality*, Cambridge University Press.

Paltridge, B.(1995), Working with Genre: A Pragmatic Perspective, *Journal of Pragmatics 24*, pp. 393-406.

Paraskevas, C.(2006), Grammar Apprenticeship, *English Journal 95*(5), pp. 65-69.

Patton, M. Q.(1990), *Qualitative Evaluation and Research Methods*(2nd ed.), SAGE Publications.

Purpura, J. E.(2004), *Assessing Grammar*, Cambridge University Press.

Pustejovsky, J.(1995), *Generative Lexicon*, MIT Press. 김종복·이예식 역(2002), 『생성어휘론』, 박이정.

QCA(1999), *Not Whether but How: Teaching Grammar in English at Key Stages 3 and 4*, QCA Publications.

Ravid, D. & Tolchinsky, L.(2002), Developing Linguistic Literacy: A Comprehensive Model, *Journal of Child Language 29*, pp. 417-447.

Rose, D.(2015), Genre, Knowledge and Pedagogy in the Sydney School. In A. Artemeva & A. Freedman(Eds.), *Genre Studies around the Globe: Beyond the Three Traditions*, Inkshed Publications.

Scott, J. (2000), *Social Network Analysis: A Handbook*, SAGE Publications. 김효동·김광재 역(2012), 『소셜 네트워크 분석』, 커뮤니케이션북스.

Shulman, L. S.(1986), Those Who Understand: Knowledge Growth in Teaching, *Educational Researcher 15*(2), pp. 4-14.

Simon-Vandenbergen, A. M., Taverniers, M., & Ravelli, L.(Eds.)(2003), *Grammatical Metaphor: Views from Systemic Functional Linguistics*, John Benjamins.

Smirnova, E. & Mortelmans, T.(2010), *Funktionale Grammatik Konzepte Und Theorien*, Walter De Gruyter GmbH. 최지영 역(2015), 『기능문법의 개념과 이론』, 한국문화사.

Spiro, R. J., Vispoel, W. P., Schmitz, J. G., Samarapungavan, A., & Boerger, A. E.(1987), Knowledge Acquisition for Application: Cognitive Flexibility and Transfer in Complex Content Domains, *Technical Report 409*, Illinois University Center for the Study of Reading.

Star, S. L.(1989), *Regions of the Mind: Brain Research and the Quest for Scientific Certainty*, Stanford University Press.

Star, S. L. & Griesemer, J.(1989), Institutional Ecology, 'translations' and Boundary Objects: Amateurs and Professionals in Berkely's Museum of Vertebrate Zoology, *Social Studies of Science 19*(3), pp. 387-420.

Steffe, L. P. & Gale, J.(Eds.)(1995), *Constructivism in Education*, Lawrence Erlbaum Associates. 이명근 역(2005), 『교육과 구성주의: 교육공학의 인식론적 기반』, 학지사.

Steier, F.(1991), *Introduction: Research as Self-Reflexivity, Self-Reflexivity as Social Process*. In F. Steier(Ed.), Research and Reflexivity, SAGE Publications.

Stern, H. H.(1983), *Fundamental Concepts of Language Teaching*, Oxford University Press. 심영택 · 위호정 · 김봉순 역(1995), 『언어 교수의 기본 개념』, 하우기획출판.

Strauss, A. & Corbin, J.(1990), *Basics of Qualitative Research: Grounded Theory Procedures and Techniques*, SAGE Publications.

Taverniers, M.(2011), The Syntax-semantics Interface in Systemic Functional Grammar: Halliday's Interpretation of the Hjelmslevian Model of Stratification, *Journal of Pragmatics 43*, pp. 1100-1126.

Thornberg, R. & Charmaz, K.(2011), Grounded Theory. In S. Lapan, M. Quartaroli, & F. Riemer(Eds.), *Qualitative Research: An Introduction to Methods and Designs*, Jossey-Bass.

Vallduví, E.(1993), The Informational Component, University of Pennsylvania, Ph.D. Dissertation.

van Leeuwen, T.(1995), Representing Social Action, *Discourse & Society* 6(1), pp. 81-106.

van Leeuwen, T.(1996), The Representation of Social Actors. In C. R. Caldas-Coulthard & M. Coulthard(Eds.), *Texts and Practices: Readings in Critical Discourse Analysis*, Routledge.

van Leeuwen, T.(2008), *Discourse and Practice: New Tools for Critical Discourse Analysis*, Oxford University Press.

Wallace, C.(1997), The Role of Langeage Awareness in Critical Pedagogy, In van Lier & Corson, D.(Eds.), *Knowledge about Language*, Kluwer Academic Publishers, pp. 241-250.

Wasserman, S. & Faust, K.(1994), *Social Network Analysis: Methods and Applications*, Cambridge University Press.

Weaver, C.(1996), *Teaching Grammar in Context*, Boynton/Cook.

Wyse, D.(2001), Grammar for Writing? Critical Review of Empircal Evidence, *British Journal of Educational Studies* 49(4), pp. 411-427.

⟨신문 자료⟩

문화일보(2011), 서울시 주민투표가 준 '나쁜 교훈' 3가지, 2011. 08. 25.

동아일보(2016), 초등 1, 2학년 영어수업 금지가 옳다는 비현실적 헌재, 2016. 2. 26.

매일경제(2017), 블라인드 채용이 부정에 더 취약할 것이란 조세硏 보고서, 2017. 09. 01.

중앙일보(2015), '북측이 유감 표명' 명시했지만…도발 주체는 보도문에 없었다, 2015. 08. 26.

한겨레(2016), 고교 저녁급식은 폐지해야 한다, 2016. 02. 15.

M-원리 95

[ㄱ]
간접 인용 201
경험적 은유 101
계열화 161, 167, 175, 286
계층적 모형 126
공간 관계 107
과정 101, 105-107
관계적 구정보 113-117, 278
관계적 신정보 113-117, 278
관계적 정보 구조 277-278, 281-282
관념적 기능 101
관형사절 100, 176-177, 218-221, 279
광의의 문장 구조 82, 85, 87
구성주의 근거이론 36-41, 49, 51, 136, 243
구어성 153-154
국어 구조의 활용 58
국어 지식의 적용 58
귀추 46, 135
근거이론 37, 235, 243
기능성 28, 30, 55, 240
기능적 논항 분석 108
기법적 지식 253

[ㄴ]
내용 75-76
내용 실질 76, 131
내용 형식 76, 131
내재적 통합론 33, 55
내포 111, 195
내포 기호학 76-77
네트워크 분석 39
논리적 관계 101-102
논리적 은유 101-102
논항 103, 127
논항 교체 273
논항 구조 82, 91, 103, 131, 168, 259
논항 구조 제약 97
논항 생략 162
논항성 110, 132
논항 숨기기 110, 172
논항 초점 99, 179, 280
능동 265, 294

[ㄷ]
다중 장르적 텍스트 27, 70
담화 표지 187
대등절 279, 294
대응 규칙 97, 265
대화성 202, 283